向世界说明中国（续编）

赵启正的沟通艺术

新世界出版社

图书在版编目（C I P）数据

向世界说明中国（续编）：赵启正的沟通艺术／中国外文局对外传播研究中心编．—北京：新世界出版社，2006.1（2023.7 重印）

ISBN 7-80187-833-7

Ⅰ．向… Ⅱ．中… Ⅲ．中外关系—宣传工作—文集 Ⅳ．G219.26-53

中国版本图书馆 CIP 数据核字 (2005) 第 154143 号

向世界说明中国（续编）

作　　者：赵启正
责任编辑：崔舒琪
封面设计：贺玉婷
责任校对：宣　慧　张杰楠
责任印制：王宝根
出　　版：新世界出版社
网　　址：http://www.nwp.com.cn
社　　址：北京西城区百万庄大街 24 号（100037）
发 行 部：(010)6899 5968（电话）　(010)6899 0635（电话）
总 编 室：(010)6899 5424（电话）　(010)6832 6679（传真）
版 权 部：+8610 6899 6306（电话）　nwpcd@sina.com（电邮）
印　　刷：北京虎彩文化传播有限公司
经　　销：新华书店
开　　本：787mm × 1092mm　1/16　尺寸：170mm × 240mm
字　　数：320 千字　印张：27.25
版　　次：2006 年 1 月第 1 版　2023 年 7 月第 7 次印刷
书　　号：ISBN 7-80187-833-7/G·294
定　　价：48.00 元

致　谢

本书从构思到资料的收集和整理得到了许许多多同事和朋友的大力帮助。

出书前除了出版者外，有三位挚友蔡名照、周明伟、黄友义通读了全部书稿，他们在新闻、外事、外语等方面有综合性的专长，他们提出过许多宝贵的建议。

感谢中外翻译们、负责记录和精心收存资料的同事以及专业和业余摄影家们的通力协助。

衷心感谢国务院新闻办公室各局的同志们。本“续编”内容由国际交往扩大到新闻发布制度建设、对外出版物的改革、网络内容建设、地方外宣工作、干部培训、人权事业进展诸领域。书中有关文章的思想内容的形成均与各局的工作实践密不可分。

没有以上多方面的支持和帮助，本书的形成和出版是难以想象的。

谨以此书献给所有给予我慷慨帮助的同事和朋友们。

趙啓正

2005年12月18日

出版者的话

“海内存知已，天涯若比邻”是1400多年前唐朝诗人王勃惜别友人时的希冀，如今全球化的浪潮已跨时空地将其变为了现实。

今天的中国比以往任何时期都需要沟通与交流，了解和理解。因此，如何向世界说明中国就更具有迫切性和现实意义。

融入开放的世界，构建和谐的社会，要求我们学习和提高交流与沟通的能力。工作在对外传播战线上的同志更需要把握传播规律，掌握宣传艺术。同时，创造良好的国际舆论环境，也是新时期加强党的执政能力的一项重要任务。

《对外传播理论与实践研究》丛书是中国外文局对外传播研究中心主持编撰的一套理论性和实用性兼备的系列丛书，主旨是探索新时期对外传播工作的特点和规律，总结经验，供涉外工作系统的各级领导、从业人员、新闻工作者、高校相关专业的师生、研究机构以及对时政新闻有兴趣的人们参考。该丛书正在由新世界出版社陆续出版。

该丛书的开篇之作为《向世界说明中国》及其“续编”两本。其中《向世界说明中国》精选了赵启正1998年任国务院新闻办公室主任以来的22篇对外演讲和41篇访谈。演讲一般是在对外公开场合进行的，其中多篇为即兴演讲，演讲和访谈的对象基本上是外国人。访谈是根据记录整理而成的，经过作者本人同意，许多材料都是首次完整公开。该书出版之后受到国内外媒体及广大读者的广泛关注和好评，数月之内多次再版加印。其“续编”则根据赵启正的对外传播理念分为“中国立场，国际表达”“选‘好’故事，‘讲好’故事”等七个部分，精选了赵启正在国内外各种活动中的演讲、访谈、撰写的各类文稿60篇；其中有几篇是作者为一些专著写的序言，这些序言不是狭窄地介绍该书，而是对这些专题发表了颇有深意的见解。同时在“附录”中还收有“中外媒体眼中的赵启正”15篇，为我们从不同侧面描绘出富有人格魅力的赵启正。

这两本书的完成还要感谢另外一些作者。他们或是从事外交、外宣工作多年的领导同志，或是资深的对外报道记者、翻译或编辑，或是相关学科领域的专家、学者。他们从亲身经历、工作实践和理论研究的角度，对本书作了很好的点评与解读，带给读者尤其是年轻读者以阅读启示。这也是本书有别于一般汇编的重要特点。

他们的解读不是官样文章或应对之作。通过这些文章，我们可以从多个角度领悟到赵启正是如何向世界说明中国的；学习如何将“坚持贴近中国发展的实际，贴近国外受众对中国信息的需求，贴近国外受众的思维习惯”的“三贴近”原则，智慧灵活地运用于对外传播与沟通之中。相信读过本书的同志，可以从中学到很多东西，从而提高对外传播的意识、水平和技巧。

我们相信，该丛书的出版，不仅有利于推动对外传播理论建设和队伍建设，也向广大的有机会参与对外交流的人士提供了日常实践的参考。我们也期待更多的优秀的探索研究对外传播理论的作品加入到《对外传播理论与实践研究》丛书中来。

2005年10月

序

李肇星

严格地或不严格地说，都差不多，“发言人”不是“人”，而是一种发布信息、阐述立场的机制。同时，一个国家的发言人又必须是一个比较全面发展的公民，一位能为多数同胞和外国人接受的朋友。

在我看来，启正同志是上述两者的理想结合。

作为国务院新闻办公室主任，多年来他经常受权代表政府发言和组织记者招待会。他被一些媒体誉为“中国第一新闻官”“公关总领”。同时，他也是一位普通的优秀中国公民。

他介绍党的政策、国家的建设成就时，那么实实在在，生动活泼。他抨击损害正义事业、扭曲人类良知的坏事时，那么铿锵有力，入情入理。他谦和平易，勤奋好学……

我第一次见他，是十几年前在上海浦东新区管委会主任办公室。他对改革开放的激情和对本职工作的专注令我感动。我们在国外多次见面，他对祖国的忠诚和世界和平发展事业的热爱令人钦佩。

我和他有一段耐人寻味的巧遇。那是20世纪末的事儿。经年轻老乡、南开大学副校长逄锦聚介绍，我去见一位在报上经常发表中英文诗作的老教授。据说，这位老教授也爱读我的一些业余文字。见到老教授时，正撞上了党校同班同学启正。在那之前，我不知道这位老教授是启正的妈妈。锦聚说，老教授也从未提及儿子是京城高官。

写着上面这些话，我想起启正以及同启正一样的许多同学和战友，觉得我们伟大祖国有理由为有一大批为人民进行辛勤和创造性劳动的儿女而欣慰。

我读过启正同志的《向世界说明中国》，他的深刻思想和流畅的对外表达可视为交流的样本。近日，他又请我读了“续编”的书稿，发现此书依然精彩，比起前一本书来更提醒读者，对外表达的资源就在每人的身旁，因此，也就值得有机会参加对外交流的人士引为参考。

我也做过发言人，有点一开口就没完没了的毛病。且就此打住。

我知道本书作者也曾在我国核工业和航天部门从事过多年科研工作，让我们模仿一句时尚的话 “5、4、3、2、1……”，开始读本书的正文。

我热切希望中国的声音传得更远、更远……

2005年10月20日

于欢庆神舟六号成功回家的喜悦中

目　录

一、向世界说明中国，建立好的“国缘”

二、中国立场 国际表达

三、选“好”故事 “讲好”故事

四、在国际舆论中加强中国的声音

五、全方位展示中国

六、文化交流是相互理解的基础

七、尊重 理解 沟通

附录：中外媒体眼中的赵启正

一、向世界说明中国，建立好的“国缘”

XIANG SHIJIE SHUOMING ZHONGGUO JIANLI HAO DE “GUOYUAN”

参加2005北京《财富》论坛高端人物对话

（参见《文化是财富，友谊也是财富》一文）

精彩《对话》谈交流

（2001 年 11 月 4 日晚接受中央电视台《对话》节目访谈）

主持人：大家好！这里是《对话》节目。

今天在这个小小的《对话》演播室的现场，我们汇集了来自世界五大洲的朋友。其实今天的《对话》现场就是当今世界的一个小小的缩影。随着各国人民之间的距离越来越短，相互之间的理解、沟通和交流就显得更加重要。

一直有两个人尽心尽力地在为中国的对外交流、理解和沟通工作并肩作战，他们就是中华人民共和国文化部部长孙家正先生和国务院新闻办公室主任赵启正先生。

2001 年，文化部和国务院新闻办公室发起和主办了中华文化海外行系列活动。“柏林亚太周中国节”和此前的“'99 巴黎中国文化周”“中华文化美国行”等大型对外交流活动展现了当代中国的真实面貌，是西方社会了解中国和中国社会的窗口。文化部部长孙家正和国务院新闻办公室主任赵启正亲自组织并参与了中华文化海外行系列活动。在 2000 年“中华文化美国行”活动中，他们充当了文化使节，以精彩的演讲赢得了美国公众的热烈掌声。

下面我们有请赵启正先生和孙家正先生上场。

孙家正（以下简称孙）：大家晚上好。

赵启正（以下简称赵）：希望我们能够非常愉快和直率地交流。

主持人：好，刚才我说了，他们两位工作的一个重合点，就是都在向世界介绍和说明中国，大家有没有发现他们两位还有另外一个共同点？

观众：名字当中都有一个“正”字。

主持人：非常细心。我知道两位部长平时工作非常忙碌，像今天这样一个场合，这么一个珍贵的机会，你们希望今天的谈话氛围是怎么样的？

孙：我为什么急着要赶过去坐下来呢？我觉得我站着他们坐着不平等。

主持人：所以你希望是特别平等的一个交流。

孙：对，对。

赵：我希望大家没有拘束，有的是老朋友，有的从今天起就是朋友了。

主持人：好，今天我们也是一个交朋友的过程。今天请到的两位嘉宾，他们的工作的重合点就是向世界介绍和说明中国，那么我们今天也就把主要的话题锁定在这儿，好吗？

赵：不一定是典型的问答形式。每一位出席者也可以表达自己的观点，讨论加问答。

主持人：好的。

孙：我希望今天晚上的对话能成为一个从事文化交流的同行和同事之间的真诚的讨论。

主持人：要向世界介绍当今的中国，那么今天的中国在大家的眼里究竟是什么样的？我们先来听听大家的看法，好吗？

观众：我觉得我们中国像一朵茉莉花。

主持人：为什么像茉莉花呢?

观众：就是说它比较雅致，但是它的能量非常大，因为它的幽香可以迷倒所有的人。

主持人：好，我们来听听巴西大使的看法。

萨尔索（巴西驻华大使）：中国变化非常快，同时又保留了它的传统文化。

龙安志（美国南龙集团总经理）：我对中国的印象有两方面。在文化方面，中国就像一个四合院，从外边看是高墙，很难进去，进去之前，你必须拐弯；当你进入院子里，会发现里边非常安静。我的第二个印象是中国像一列火车，这列火车的车头非常先进，前进得非常快，但是火车后面有些车厢跑得不是那么快，有的车厢还装着煤。现在的情况就是你们的火车前半截前进很快，后面有的部分相对落后，但无论如何方向是确定的，所有的努力都会跟随这个方向。

主持人：所以您用四合院来代表您心目中的中国文化，然后用火车和火车头的形式来代表中国的经济。好，谢谢，很有想象力。还有吗?

观众：我是中央台国际频道的新闻主播。刚才很多朋友说了，中国是在快速发展的，所以我想用一句话来概括，就是中国确实是一个快速发展的、令人振奋的，而且是有着无限美好未来的国家。

主持人：刚才我们听了那么多朋友讲述对中国的印象，不知道你们两位对谁所描述的中国印象比较深刻?

孙：我觉得他们讲得非常好，因为每一个人的眼睛里面都有他自己的中国。

主持人：那么，如果请您也用一句话来说说您眼中的中国的话，是什么样的呢？

孙：我古老的祖国真像一个生机勃勃的少年。

主持人：谢谢。好，赵先生。

赵：第一位发言的巴西外交官说得好，天天变化的中国。我再加一句，她是努力奋斗、天天向上的国家。

主持人：如果用一分钟的时间，让你们来说中国，说自己眼中的中国，怎么样？看来孙部长已经准备好了，请您先来。

孙：我想有三个词最能够概括当今的中国的现状和发展趋势：第一，改革。它和开放是联系在一起的，这是我们新时期中国的一个最显著的特点，改革开放的中国，改革开放才使我们这个古老的民族像少年一样生机勃勃。第二，发展。发展成了中国的一个主题。我说的这个发展，除了经济，还有政治，还有文化，是人与社会、人与自然的协调发展。第三，稳定。新的时期，中国取得这么大的成绩，与中国各民族的团结、社会的稳定和进步是分不开的。改革、发展、稳定，是当代中国的最本质的特点。这样一个特点就决定了我们对外方针的宗旨，就是江泽民主席概括的，叫“维护世界和平，促进共同发展”。用这三个词和江泽民主席的两句话就可以完整地概括中国在当今世界的形象和内政外交的方针。谢谢。

主持人：好，谢谢孙先生。我注意到在您说话的时候，赵先生已经悄悄地把手表拿了下来，是不是准备给自己掐时间？好，请开始。

赵：中国是一个古老的国家，是世界上四大文明发源地之一，曾经很先进。有人估算，在1800年，中国的GDP占世界的30%，在1900年，占世界GDP的7%，但是后来落后了。我们不能够再睡在我们四大发明的那段历史上了，我们醒了，我们要奋斗，所以在新中国成立之后，我们开始了这种奋斗。在邓小平先生提出改革开放之后，我们的路子对了，我们在建设中国特色的社会主义，就是中国人喜欢的那种社会，这让我们富裕起来。我们以前做梦都没有想到，自己有房子、有汽车的时代开始了。这个古老的国家焕发了青春，我们每天在进步。On time（按时完成）。（众笑）

主持人：刚才大家在讲对中国的印象的时候，外国朋友讲的中国和你们原来印象中他们对中国的印象一样吗？

孙：今天在现场的，包括大使，还有其他外国的朋友们，他们的意见、他们对中国的看法有独特的方面。第一，他们对中国比较了解；第二，对中国比较友好。但是，我经常是到国外跑一圈以后就要进行自我批评。

主持人：自我批评？为什么呢？

孙：发现国外对中国的了解太少了，就觉得我主管文化工作，通过文化的渠道把中国介绍给世界的工作做得是很不够的。

赵：可以说，在座的都是中国问题专家或者中国通，而大多数外国人不是这样的。

主持人：大多数外国人是怎么样的？

赵：对中国所知甚少。不久前在德国，我们问德国的出租汽车司机知道中国什么，他只说中国很大。

主持人：还有什么？

赵：他说中国好像很神秘。

主持人：今天来到现场的很多人都对中国非常了解。那么，远在中国国土之外还有很多朋友对中国不够了解。要向世界介绍一个当代现实的中国，到底要介绍哪些方面？怎么来介绍？外国朋友到底又想了解一些什么呢？

陈美银（联合国教科文组织官员）：我在中国待了17年，我特别喜欢中国，所以我就一直拼命地留在中国工作。今天晚上我带来了一幅我们制作的介绍中国的挂历，我们为了努力推介中国，必须首先让所有人都了解中国文化和中国优秀的世界文化遗产。

主持人：您的角度是介绍中国的文化。

王黎（英特尔中国代表处高级职员）：其实我觉得外国人最想了解的是普通人的生活。我在美国一个大学里工作的时候，发现他们对我的家史非常感兴趣。姥姥是一个小脚老太太，她是怎么把我带大的？妈妈怎么生活？我现在又怎么样？三代妇女在一个家庭里的生活，这个跨度很大。他们对这些情况非常非常感兴趣。

观众：我想还应该跟他们介绍中国也有互联网，也有手机，很漂亮的手机，还有很漂亮的时装等等。

主持人：你们两位经常上网吗？把这部分介绍出去也不错。

观众：我同意刚才那位女士的角度，就是说介绍普通中国人的生活。我在美国的时候，也是经常被人问到这类问题，比如说中国人家里面什么时候开始有的洗衣机呀？什么时候开始用电脑？都是很具体的家庭生活小事。

观众：“中国”这个词在很多外国人的词汇当中，我觉得不像名词，更像形容词。

主持人：为什么？

观众：就是说只要说什么地方古老、什么地方神秘、什么地方遥远，那就很“中国”，所以是个形容词。实际上外国人对中国的了解真是少得让我们觉得很不公平。如果要我向外国人介绍的话，第一点，我想告诉他们：我们中国和你们生活在同一个时空里，我们不是那么神秘不可知的，我们甚至是很现代的。第二点想让外国人知道的，就是现在在这个国土上的中国人活得挺开心的，希望他们能够，至少在同一个时空里来理解现在的中国。

主持人：好的，谢谢。

刘香成（美国新闻集团中国常务副总裁）：刚才孙部长说，他到了国外，发现很多人不了解中国。我的工作一天到晚都是在跟国外的同行们讨论中国是什么样的中国，而且讨论没有结果，所以我觉得赵主任跟孙部长的任务是非常艰巨的。

主持人：有没有其他外国朋友（发表看法）？如果您想了解中国的话，您想了解中国哪些方面？

外国观众：还是想了解中国的当代文化和艺术。我觉得很多外国人对中国现代文化的了解已经陈旧，大概是20年前的情况，他们不知道中国现在的电影、艺术、舞蹈的活力，我想这些还是应该加强对外介绍。

主持人：您希望了解更现代一些的中国文化。

外国观众：就是。

主持人：好，谢谢。

外国观众：我相信不仅是宣传当代文化的问题，而且是怎样宣传当代文化的问题。我觉得中国目前缺少科学性的宣传。

外国观众：应该多作一点解释，科学的解释，给大家多一点时间来了解改革政策带来的变化，就是中国的形势比过去复杂得多。

孙：有三个词在对外交流当中是非常重要的：自信、坦率、真诚。一些外国朋友讲，很了解中国，因为跑了好几个城市，我说你的了解是片面的。我说现在冬天还没有到来之前，中国政府已经在考虑还有几千万人是否能过一个温暖的冬天，温饱问题有没有解决。全世界每年增加一千万贫困人口，我们是每年减少一千万贫困人口，这是个很大的成绩。我觉得贫穷并不是什么耻辱的事，改变自己贫穷的命运，使自己的国家能够不断地发展，自己的生活能够不断地富裕起来，这是一种尊严。我们不掩盖自己的缺点。我们的电视每天都在揭露和批评我们的缺点，为什么不能很坦率地告诉外国的朋友，我们很多事情还没做好呢？应该真诚。

讲到交流，可以讲到很多方面，归根到底是人心的交流，人与人之间心灵的沟通。我觉得，介绍中国的历史也好，现实也好，样样东西都是说不完的，但最重要的是告诉世界，中国人在想什么，在干什么，他们的希望是什么。他们是世界真诚的朋友。这个认识是最重要的，集中到一点，让世界了解当代的中国人，这是最重要的。

主持人：了解当代的中国人，赵先生您觉得呢？

赵：要说不了解中国有很多例子，有的也是很可笑的，笑完之后要有一些思考。刚才王黎女士谈到小脚女人的故事，我在美国遇到一件趣事：有位中国记者问一位美国青年，提到中国会想起什么。这位青年说，他想到了中国妇女缠足。我把这件事说给了一位在美国政府主管旅游事务的资深女士，她马上回答说，这位青年说得不对，中国妇女不缠足，是日本妇女缠足。（众笑）

我们不能只就问题回答问题，在介绍中国进步的同时，还要讲到中国的两个方面，一是我们面临的困难，二是我们准备怎么做。如果我们不能较全面地说清楚，外国人会有误会的。

主持人：武田先生，您是三菱商事在中国的代表，我知道您已经在中国生活了很长时间，对中国也非常了解，您认为日本人民对于中国感兴趣的地方在哪里？他们想了解中国的一些什么呢？

武田胜年（日本三菱商事株式会社中国总代表）：有人对历史感兴趣，有人对经济感兴趣，有人对人民生活感兴趣，满足所有人的要求是不可能的。

赵：刚才武田先生说，需求是多方面的。我们介绍中国或说明中国会有某些困难。如果以为用向中国人介绍没有问题的方式，对外国人也没有问题，实际上是进入了一个误区，对中国人讲故事，可以不讲某些背景，对中国人可以讲 XYZ，但对外国人一定要从 ABC 讲起，这是很大的区别。故事应该重写，应该从他们的角度来写，应该适合外国人看。同时，也请在座的外国朋友帮忙，他们也许能写书，也能演说。他们的关于中国的作品可能适合外国人的需求。

主持人：谢谢。您想写一本书吗？

外国观众：当然。

主持人：现场的外国观众感受到世界对中国怀有巨大的兴趣，如果人们没有那么了解中国，人们对中国有什么样的兴趣呢？

外国观众：各种各样的：足球、工业、古老的文化……人们对中国有浓厚的兴趣。

主持人：您观看了中国足球队的比赛吗？

外国观众：我看了，因为这场比赛非常重要。

主持人：您为中国队欢呼了吗？

外国观众：当然。中国申办2008年奥运会成功时，我也欢呼了。这种对中国的浓厚兴趣正在世界各地不断增长。

主持人：听了一些朋友的想法，我们可以先请孙先生给我们来总结一下，这一轮过后，您觉得刚才在供求双方的市场上有没有一些差异？共同点又在哪儿？您怎么看这些差异和共同点？

孙：我们在谈论世界的时候，往往容易夸大差异部分，其实有许多东西是共同的。外国人渴望了解中国人的方面，和中国人想了解世界的方面，我觉得是一样的。外国人不但想了解我们的历史，更想了解当代的中国，不仅想了解总体的情况，还特别希望从具体的情况、具体的人、普通的人了解起。

赵：中国人和外国人的思想方法不太一样，所以中国人在对外国说自己事情的时候要注意外国人的思维习惯，外国人在看中国的时候也要想到中国人的特点。但是随着全球化，彼此也慢慢地走近了。刚才好些外国朋友说中国的事情，他们的表达很中国式，而几位中国人的表达也很外国式。我看这很好，越来越靠近了。

主持人：您讲到要站在中国的角度上来理解中国，我想到你们搞“中华文化美国行”的时候，据说这些册子、这些宣传册都是在国外印的，根据不同国家的特点印的，是这样吗？

赵：（举起几本画册）这本是法文的《中国文化周》，是法国阿歇特出版社编的，那本是《中华文化美国行》，是美国国际数据公司编制的。法国编的这本书，你注意一下，正反封面都是黑白的，它给人留下一些思索的余地，浪漫主义的色彩比较突出。那本美国人编的就比较鲜明，美国人喜欢这样透明，不太留思考的余地。你看封面三个小姑娘都很漂亮，就可以了。

主持人：来，现场的法国朋友举手。您觉得赵先生说的有道理吗？

法国观众：那当然，赵主任说得很对。

主持人：您觉得他说得很对？美国朋友有吗？

美国观众：我看也说不定。

主持人：您能不能够一下子就分辨出哪一本是美国编的，哪一本是法国编的？您能分辨出来吗？一下子就分辨出来？

美国观众：这个（指巴黎文化周画册）看起来跟好多法国的杂志一样。

主持人：好，谢谢。请坐。

赵：实际上还有一本德国人编的。

主持人：您能告诉我们德国的跟这两本有什么区别吗？

赵：德国人的封面没有图片，翻开以后，图片放在里面。

主持人：为什么呢？

赵：因为他觉得这含有哲学问题，不能一眼看透。

主持人：我来求证一下，您觉得刚才赵主任说得对吗？

德国观众：我觉得赵主任说的对德国人太友好了，我恐怕德国人没有找到一幅合适的照片。（众笑）

赵：幽默也是可以互相沟通的，所以我也很希望大家能理解美国幽默、英国幽默、德国幽默。英国的幽默像 red wine（红酒），就是喝了以后，还有半小时、20 分钟的回味；美国的幽默到处都是，非常普遍，是必需的，像可口可乐；德国幽默像 whiskey（威士忌），不是每个人都能喝的，但喝了以后可能要一小时还在玩味。（众笑）

主持人：我们刚才找了美国朋友和德国朋友，有没有英国朋友？您怎么看刚才赵主任的关于英国幽默的这个评述，您同意他的说法吗？

英国观众：正确！

赵：他的回答就是英国绅士的幽默。（众笑）

主持人：他说您的回答就是英国幽默。

英国观众：我想是这样。（众笑）

赵：我们俩已经沟通了。（众笑）

孙：对外介绍中国，要注意各个国家、各个民族的不同特点，我是赞成的。我的观点是，这个不是最主要的，最主要的就是要看到，不同国家、不同民族，人是有共性的。需要沟通是因为不同，如果都是相同的，就不要沟通了。但各个国家、各个民族，在有些方面都是共同的：善良、公正、正直。这些在任何国家都是受到赞扬的。

有一年我到亚特兰大，专门去访问一个普通的美国家庭，这个家庭夫妻俩，有三个孩子。大孩子五岁，小孩子三岁，最小的一个在地上爬。语言不同、肤色不一样、眼睛不一样。三个小孩看到我们这几个中国人，就躲在后面，但是两个小时不到，就非常熟了。一个孩子拉着我，要我去看他的玩具室，后来因为我喂一个孩子吃东西，结果另一个孩子争着要我来喂他。他们夫妻两个送我们走的时候，大孩子在前面送，那小孩子在后面跌跌撞撞地跑，最小的一个爬着到门口去送我们。后来我想，为什么孩子那么容易沟通呢？不需要用语言就能沟通呢？因为孩子最终感觉到这个人对他们没有威胁，这个人是善良的，是爱护他们的。所以我说人与人之间要沟通，第一必须没有偏见，去掉偏见就非常容易沟通，那些差别都不在话下。

主持人：您刚才讲到偏见问题，我就想起来，赵主任在国外接受媒体采访的时候，也讲到国外的媒体对中国的报道，一方面量很少，另外一方面在少量的报道当中可能还有一些偏见。

赵：这里边大概有四分之一是没有评论的事实报道，还有四分之一相当友善。产生带有偏见的报道的原因很复杂，这里面包括对一些问题的误解，也包括对中国的不了解。似乎很多评论中国的专栏作家并没有到过中国，所以我倒是特别想请那 50% 对中国报道有 distortion（歪曲）的人来中国看看。

主持人：您觉得要带他们看什么地方?

赵：我觉得除了国防机密之外，都可以看。到中国后写的新闻在事实方面我希望尽量准确，评论方面随便。比如说现在中国马路上汽车很多，但有人不遵守交通秩序，横穿马路，这都是事实，都可以报道，但是不能反过来说，中国没有汽车，那就错了。只要是符合事实，我就很高兴。至于怎么评论，可以不同。

主持人：这里正好有一位外国记者，我们来听听他有什么样的问题。

英国记者：其实刚才我听赵主任提到，说作了一个统计，50% 的报道是负面的，25% 大概是比较客观公正的，还有 25% 是比较正面的，比较中性的。如果任何一个英国的政客从英国的媒体里能够得到这样的报道，他会非常令人羡慕的，因为如果他能够得到 5% 到 10% 的正面报道，就很不错了。

赵：这个可能就是一个文化差异了。不过根据他的提醒，我也可以安慰一下自己，不要那么着急，慢慢来吧。

主持人：好，孙先生请。

孙：的确，向外国人说明中国的时候，应该说得比较全面，自己觉得得意的、好的一面要说，困难的、不满意的一面也要说。也就是说，我们讲文化交流，不要讲得题目很大，要从细节、从具体做起。

我可以讲一个小小的细节给大家听一听。上一次我们在美国，搞“中华文化美国行”活动，2000 年 9 月 8 日晚上，中央民族乐团指挥陈燮阳先生为美国观众演出。当时最高的主宾嘉宾是江泽民主席，江泽民主席在开幕之前一刻钟到达会场，但是那天纽约因为开千年首脑会议，到处戒严，所以普通的观众赶到剧场很困难。已经到了开场的时间，观众只到了三分之二，三分之一没有到场。后来我请示江主席，江主席说，美国的普通观众听一场中国的音乐会是很不容易的，应该等一等这些观众。当时我非常感动，但是我怕造成误会，明明是江主席要等等美国的观众，人家可能以为我们在等江主席呢。所以当时我同陈指挥和团长商量，一定要向观众说明，贵宾已经到达，但是有很多美国的观众，因为交通拥挤没有到达，要等一等。为了使先到达的观众不太寂寞，我们临时决定给他们加演几首曲子。我想这个细节说明，不是只能用我们的音乐让观众感受到中国文化，这个细节本身让美国的观众感到一个国家主席、国家元首那么关心普通人，中国的组织者也不错，让早到的也不吃亏，按时到达的人还可以多听几首曲子，觉得中国人是很关心人的，很体贴人的，这样就把中国文化通过一个细节传达给世界了。

主持人：赵先生当时是不是也在场？有什么补充？

赵：我在场。那天晚上有很多美国的重要人物，其中有不少世界 500 强中的美国公司总裁，当时我们很着急，觉得很难处理，这个时候用这样一个解决办法，我们觉得是比较完美的。

观众：您谈的这个细节，实际上反映了一个大国文化的大度的风格，是深厚文化的真正体现，我非常欣赏，也非常赞赏刚才孙部长谈的对文化交流的理念。他谈到了一种信心，就是你在文化交流中一定要有自信心。刚才谈到的这个细节，就是一种自信心的体现。

主持人：谢谢。好，我们来听听这位朋友的问题。

观众：我是中国国际广播电台的记者，我去年参加过“中华文化美国行”的采访，等我回来以后，我的好多朋友问我：你在那边采写了那么多报道都是“效果非常好”“影响特别大”，确实有这么大的影响力吗？国外的主流媒体是不是也这样报道？你们是不是有些夸大其词呢？好几个人问过我这样的问题。今天正好在这儿，我就把这个问题转给两位嘉宾，让他们来回答一下好吗？

赵：我应该送你一本书（《中华文化美国行新闻报道集》），其中都是各个通讯社，包括美联社、路透社、法新社，还有德新社的报道，以及一些华文报纸的报道，收集到的文章有 100 多篇。你作为中国记者没作泡沫性的报道，你作了比较实在的报道。

孙：我想是这样的，我看主流媒体对这次活动的报道比以往的报道多得多，包括《纽约时报》，很多大的媒体，基本还是正面的。

主持人：我看更多的朋友能不能给怎么样更好地把中国推向世界、让世界更好地了解中国提一些建议？

外国观众：我们今天谈了通过很多渠道去解释或者展示中国，有一个我们还没有说，是我的行业，就是电影。我记得我在美国读书的时候，我通过电影了解中国而对中国感兴趣。

主持人：您是从中国电影开始对中国感兴趣的？

外国观众：对。

主持人：赵先生好像曾经说过，中国人通过美国电影来了解美国，已经做到了，但是美国人通过中国电影来了解中国，似乎还没有做到。您是不是现在还这样认为？

赵：是这样认为，不是美国人都不看中国电影，而是看中国电影的人很少，但他就是那个少数之中的一位，并且是有心人，看了以后能够被中国文化所吸引，这是很难得的，向他致敬。

外国观众：我想提个问题，是关于2008年奥运会的。北京2008年怎么样办奥运会呢？给国外介绍中国哪些方面？两位部长就这个问题有什么想法？

赵：我想：第一，把运动会办好；另外，我们希望通过这个机会，让世界了解一个真实的现代的中国。

孙：我觉得一方面是让世界来认识中国，同时应该努力把向世界介绍中国的过程当成中国人向世界学习的过程，互相学习的过程，不光是把中国的文化延续下去。

主持人：我们这个导演组也设想了很多很多的结尾，但是最后我们都觉得不满意，所以现在我就想把这个难题交给两位嘉宾。

赵：一件事情过去之后还要回味，不要过去就忘了，不要忘记旧日的时光。对今后，今天就是旧日的时光。We shouldn't forget old times, and shouldn't forget old friends.（不要忘记旧日时光，不要忘记旧日朋友。）我们要保持联络，不是今天见了面，今后在路上见了就不认识了，应该说我们见过面，我们在那次《对话》节目上见过面，大家可以给我们发电子邮件，也可以给我们写信。我们应该做一个文化的朋友，不是做生意，也不是谈政治。这比较容易做，我想大家也愿意，这样我们的“对话”就有永久性。

孙：实际上鲁迅先生说过，沟通人们心灵的没有比文化艺术再好的东西了。文化艺术应该成为沟通人们心灵的桥梁，这个桥梁是双向的，我们走出去，国外的朋友走进中国来。我希望有更多的人来做建筑桥梁的工作，使我们中国人更多地了解世界，也使世界更多地了解中国。谢谢大家。

主持人：好，谢谢两位嘉宾，也谢谢所有观众朋友今天的支持，谢谢你们。

做好国际公关，有利于中国文化传播[1]

(2002年4月23日在广东外宣系统座谈会上的讲话)

要表达一个真实的中国，我们的任务是何等地艰巨

一个国家的发展和进步，除了该国的各种内在因素，如经济发展水平、政治制度、教育程度和历史传统等外，往往还受制于外界环境的影响，这些环境主要是指外交环境、经济环境、军事环境、文化环境和舆论环境。以往我们不大留意“舆论环境”这个词，但在卫星技术和互联网技术出现后，舆论环境就显得特别重要，并且和其他几个环境具有互动作用。而通过电视、互联网随时表现出来的外交、政治、军事、经济关系，特别是其中的冲突，往往国际舆论环境会起着放大或缩小的作用——对谁有利谁就愿意放大，反之，就故意缩小。

舆论环境直接影响到一个国家的国际形象，我们对外宣传的任务就是要营造一个有利于社会主义中国的国际舆论环境。向世界介绍中国，增进对中国的了解，维护社会主义中国的国际形象，积极开展国际问题的报道和更好地为改革开放及现代化建设服务，为祖国统一、世界和平

1 本文为谈话摘要，标题为编者后加。

和人类进步作出新的更大的贡献。我们工作的重点是在国际舆论中表达中国的声音。我们与西方在文化等方面的交流还存在较大的“逆差”。从整个世界的舆论格局来看，中国的声音还太小、太弱。我国电视上的外国电影和新闻比比皆是，而与此形成鲜明对比的是，在外国的电视上中国的内容比例很少，并且多有失准之处。

在西方社会，由于受冷战思维的影响，相当数量的人对中国的社会主义心存怀疑，还有许多人确实对中国无知。要表达一个真实的中国，并让人信服，我们的任务是何等地艰巨。

还是“先发制人”好

报道突发事件，在大多数情况下，还是“先发制人”好，也就是越快越好。但绝不能把因为效率低而行动慢的做法，说成是“后发制人”。打个比喻，一个突发事件发生了，就好像一块石头突然从天而落，如果我们反应迅速，在第一时间把石头拿到手，就可以率先说明，我们就占据了主动。如果我们不抓住，视而不见，就等于把猜测和曲解的机会让给了别人。“千岛湖事件”[1]发生之初，由于没有及时作好报道，几天之内就被港澳台和海外媒体炒作成一个极其复杂的问题。而对民进党发言人林滴娟被害事件[2]，我们在第一时间就开始连续地就地发表信息，结果境外媒体基本上没有片

1 1994年3月31日，台湾长风旅行社旅游团一行24人乘“海瑞号”游轮在浙皖交界处千岛湖游览时，有三名歹徒登船抢劫并纵火焚船，致使该船所有乘客全部遇难，从而酿成一起特大抢劫纵火杀人案，即“千岛湖事件”

2 1998年7月27日，台湾居民韦殿刚携女友林滴娟（民进党籍高雄市议员）应辽宁海城市铧镁实业总公司大连办事处负责人李广志的邀请赴大连（此前双方公司有业务往来，韦殿刚欠铧镁公司货款70余万美元）。韦、林到大连后不久，李广志谎称谈生意，派人将韦、林二人绑架，非法拘禁，要求韦在10日内交出20万美元，并给两人注射药物，造成林滴娟于29日死亡。

面炒作。一位台湾记者说，这种做法很好，使他们的新闻报道有了根据，即使写得不全面，也不会太离谱。大道不通，小道就会猖獗，就留下了臆想的空间。这个臆想的空间在某些境外记者那里，就会变成不实新闻。

在对突发事件的新闻处理上，时间是争取主动的重要因素，有时甚至是决定性的因素。

盲目讨论“媒体全球化”会使我们陷入被动

关于“媒体全球化”，目前并没有一个公认的定义，甚至没有一个较为清楚的定义。如果媒体的全球化是指传播的全球化，那是存在的，如卫星传播技术、互联网，但这只是“公路”，不是内容；如果是指世界上少数的媒体跨国公司，那也是有的，如美国在线—时代华纳集团和新闻集团等。是不是出现几个跨国公司，就等于媒体的全球化？“媒体全球化”如同“文化全球化”一样是不合理的，也是不可能的。盲目讨论“媒体全球化”会使我们陷入被动，因为在媒体与传播发展方面我们与西方并不对等。西方发达国家比较热衷于“全球化”，他们希望能像经济全球化那样，实现媒体的全球化。我们十分清楚：我们用自己的媒体来表达自己，才是最靠得住的。

建立广泛而又良好的国际公共关系

建立广泛而又良好的国际公共关系，有助于对外宣传工作。目前我们从事对外传播的一些同志这方面意识还不强，有些人不愿意主动与外国人打交道，更谈不上交朋友了。这就很难开辟对外传播渠道。要善于同外国人打交道，即使不赞成我们的人，也要交往，增进彼此之间的了解，沟通才有效果。

对于外国主流媒体，我们要建立广泛的公共关系，这是我们做好对外交流的重要对象，经常见面才算是朋友，对外国主流媒体，最好与媒体负责人建立良好的个人关系，就有话好说了，也就有了做工作的机会。如何交朋友？一样要以诚相待，交流真实想法，自己以为正确的，就“坚持己见”，也多听对方的阐述，接待礼仪是为思想交流服务的。

面对国际舆论

（2003年12月3日在外交学院举办的“外交学院论坛”上的演讲）

吴建民院长：我认识赵启正同志有十年了。十年前，启正同志作为上海市副市长，率团到澳大利亚。当他动员澳大利亚的羊毛商人将羊毛送到保税区时，他说：“你的羊毛放到上海的保税区，这羊毛就会‘叫’。”这句话让人觉得很有味道，充满了智慧。后来，这句话变成了报纸的大标题。启正同志在担任国务院新闻办主任之后，在（巴黎）联合国教科文组织发表过一次演说[1]。他用图片对比的方法讲述了中国妇女的变化：解放前中国妇女是小脚女人，而如今中国的女足进入世界前列。这个比较多鲜明啊！这些点子都是启正同志想出来的。他是学核物理的，但是他很懂得和人交流。我想外交学院要开一门课，叫交流学。在某种意义上，这一讲就是交流学的第一课。

吴院长请我来和大家见见面，和同学们交流，我觉得我应该来。他不仅是我的偶像，也是我尊重的朋友。外交学院是外交家的摇篮，同时，我深知外交家除了应具备国际政治、世界经济等基本知识外，一定要有国际舆论斗争的基本概念。如果一个外交家在经济全球化时代、IT时代，

1 此演说全文见新世界出版社出版的《向世界说明中国》P27。

不能从容对待媒体，或者不能运用媒体来表达自己国家的立场，就是一个缺点。同学们如果能够在面对国际舆论方面有初步的知识和专业的训练，那将来工作时就会如虎添翼。当然，今天你们还是雏虎。

媒体有时是哈哈镜

在世界多极化、经济全球化和科学技术日益进步的新形势下，国际舆论对国家发展的作用越来越大。如果阅读许多年前的外交学经典著作，大家就会发现，那时候大使的责任是比较小的，因为无线电发明之后，可以实现“外交无小事”了。在无线电发明之前，大使的权力很大，因为他没有办法及时请示，只能自己决定许多事情。可是在今天，突然发生的事情太多，又太复杂，通讯、媒体反应迅速，大使们往往来不及向国内请示和等待答复，要依靠自己的知识和阅历来判断和处理问题。

舆论环境就是国际社会对一个国家的评论，大多数媒体的报道和评论形成对该国的舆论并产生影响，这就是舆论环境。许多国际舆论到底是媒体造的还是政要做的？我们觉得，往往是他们联合制造的。

前段时间有一个最典型的例子，就是感恩节时布什在没有宣布的情况下，突然跑到伊拉克待了两个半小时（他穿着飞行服，还在自控状态下驾驶了一会儿）。对此国际舆论有很多报道。英国媒体称：这是英勇无畏的行为，在此之前这种突访被认为是绝对不可能的。有的媒体就说这至少是一箭双雕。一方面，他个人的威望上升了；另一方面，他向世人表示在伊拉克问题上决不后退。旧金山大学的政治学教授、中东问题专家史蒂芬说，这是做给美国公众看的公关活动，它只有象征性的意义。可以说，现在的西方政治家很善于利用媒体，因为报刊、电视、互联网对外交、政治、军事、文化的信息进行报道时可以起放大或缩小的作用。这说明并不像某些美国新闻学者说的：美国的媒体像一个平面镜一样没有失真地反映世界。媒体不一定是平面镜，有时是哈哈镜。

我说 CNN 不一定公正

CNN 的创始人是泰德 · 特纳（Ted Turner），我们多次见过面。他问我 CNN 好不好，我说："CNN 不一定公正，报道中国和亚洲的时候以阴暗面为主。如果北京有七处鲜花盛开的地方，有三处垃圾箱，你拍摄的时候，拍七分钟垃圾箱，拍三分钟鲜花，最后大家认为北京是个垃圾城市。"他说："这也许有可能吧。"所以说媒体对事实的报道并不都是十分客观的。可以看得出，谁占领了舆论的制高点，谁就有可能赢得国际社会和广大公众的理解和支持，把握先机和主动。

媒体是国家权力的重要资源

所谓制高点就是拥有遍布世界各地的记者、高效的通信网络、强大的广播和印刷能力，特别是拥有全球传播的渠道，能够率先发布独家的重大新闻，发表独到的评论使受众容易相信你的观点和消息。舆论宣传作为各国政治、外交、经济、贸易的一种战略武器，在历史上起过重大作用。第二次世界大战后的几十年冷战期间，舆论曾对国家政权的改变、世界历史的进程起过十分重要的作用。

我们必须从维护国家利益的大局出发，高度重视舆论环境对国家安全的作用。毛泽东在延安时就曾说过：“笔杆子和枪杆子结合起来，事情就好办了。”拿破仑也曾说过：“一支笔杆子胜过两千条毛瑟枪。”艾森豪威尔说：“一美元的外宣费用等于五美元的国防费用。”他任总统期间，建立了美国新闻署，提出“美国之音”要越过国境、越过海洋，穿过铁幕和石墙，同共产主义进行斗争。尼克松在“水门事件”中受挫，差点受到弹劾，他慨叹：“三份不友好的报纸比一千把刺刀更可怕。”他还说：“媒体已经成为国家权力的重要资源。”基于这样的认识，美国历届总统都很重视舆论的作用，将其作为对内，尤其是对外战略的一个手段。

两个新英文词

最近有个新的英文词叫 mediadiplomacy，译为“媒介外交”或“媒体外交”。它的定义就是，运用媒体阐述和推进外交政策。媒体外交在 20 世纪 50 年代以来在苏伊士运河事件、匈牙利事件、古巴导弹危机、越南战争、历次阿以战争、马岛之战、两伊战争以及最近的伊拉克战争中都起了重要作用。1987 年戈尔巴乔夫做了一个大动作：在美国的压力下取消了对“美国之音”“自由欧洲广播电台”的干扰。当时美国舆论对此大加赞扬，认为他这个行动比他决定从东欧撤走 50 万苏军还重要。当时“美国之音”的执行委员会主席泰勒说：“东欧发生了惊人的变化，正在土崩瓦解，‘美国之音’和它的同行几十年如一日的辛勤劳动得到了回报。”

另一个英语新词是 infosphere，它是由 information 和 atmosphere 组成的，意思是信息如同空气一样重要，现代人一刻也少不得的。也许可以译成“信息氛围”吧。

美国强化宣传自己

1999年，美国成立了一个全球交流办公室（Office of Global Communications）。该办公室属于白宫，主要职责是：第一，评估美国对外宣传的方式和策略，协调相关机构，根据美国战略沟通交流的构架和战略重点，谋划宣传内容，协助相关机构制定有效的对外宣传战略；第二，与决策和传媒机构共同制定战略，真实、准确、有效地宣传美国的政策、人民及文化，并与外国政府合作，制定宣传策略。他们认为，要说美国好，不能只是美国的通讯社说美国好，要让外国也说美国好。

以美国为首的西方媒体在国际舆论格局中占有垄断地位，全世界重要的国际新闻主要是发达国家有数的几个大通讯社提供的。而发展中国家很少有能对全世界国际舆论起主导作用的大媒体。

对外文化交流的逆差

虽然我们的对外沟通在局部和某些重大问题上有所突破和进展，我们在西方的声音有所增强，但影响力仍十分有限。在世界上至少有三分之二的消息来源于占世界人口七分之一的发达国家。美联社、路透社、法新社基本上主宰了全球国际新闻的报道。发展中国家的国际新闻大多是转载他们的信息。这是因为他们没有机会抢到第一手资料。有一份对91个发展中国家广播电视的调查研究资料表明，他们从发达国家进口的节目，包括电影和新闻，最少的占30%，最多的占75%，平均占55%。和中国的国际经济贸易相反，中国在对外文化交往方面处于逆差。报刊类我们出口是1，进口是4；影视类产品出口是1，进口是14。造成这种状态的原因很多，其一是我们的文化产品从设计时就是针对国内市场的，外国人理解起来很困难；其二是我们缺少国际文化贸易的经验。还要注意互联网在（免费的）文化交流上的独特作用。十年前互联网技术开始在民间商业化，此后不久就被国际公认为是继报纸、广播和电视后的第四大媒体。由于它的储存量大，传播迅速，具有独特的互动性，加之使用成本低廉，在全世界迅速普及，美国的一位政要曾说：中国不会拒绝互联网技术，因为它要现代化，我们要利用互联网把美国的价值观送到中国去。

互联网是当前国际舆论的新舞台。我们在这个舞台上首要的任务是丰富关于中国的（中文和外文的）内容，在这个虚拟世界展现一个与时俱进的真实的中国。

国际媒体对中国的舆论毁誉参半

国际媒体对中国的经济发展持肯定态度的居多，但对发展中存在的问题有许多夸大甚至歪曲，一般说来发展中国家的报道多持较正面的态度。把中国经济的发展现实推演为中国经济威胁论的文章也屡见不鲜。这些文章也经常相互矛盾，如前两年开始宣扬中国输出“通货收缩”，此论尚未落定，后来又说中国下一个“出口商品”是“通货膨胀”。

而在时政报道中，西方主要媒体则多持负面态度，不同时间反复炒作几个“热点问题”，所谓“炒作”就是偏离事实，正面事实负面解释，甚至无中生有肆意编造，如美国一个叫《华盛顿时报》的小报专擅此道。此种现象产生的原因无非是冷战思维的残余未消，意识形态的差异在作怪，以及对中国发展的防范。

西方炒作的几个“热点问题”

人权问题：他们把所谓的人道主义干涉作为当今外交的理论基础，美国每年3月发表《国别人权报告》，对130到190多个国家的人权进行指责，但是不列举自身的问题。对中国指责的篇幅最大，不实之词最多，连续多年他们乐此不疲，我们不得不提醒他们。于是我们每年准备一个《美国人权纪录》，历数美国的种族歧视、性别歧视、私藏枪支、选举的不公道、吸毒、司法不公正等现象。每年他们的“报告”发表之后二三日内，我们的“纪录”随之发表，成为“报告”的“补充”。我国的人权建设逐年发展，我们不能把人权的旗帜老让给美国，我们也要高举我们的人权旗帜。请大家注意阅读我们每两年左右就会发表一次的《中国人权进展白皮书》（有多种文本），同时我们还出版《人权》杂志，有中、英文两个版本，报道我们人权事业随时的发展。

西藏问题：西方媒体长期攻击我西藏政策，无视西藏发展进步的事实。近年西藏的活佛、西藏的文化工作者、藏医或过去的农奴不断走出国门，用亲身体会讲述西藏的变化；同时也邀请较多的外国记者和藏学家到西藏去，效果比较好。

台湾问题：这是以美国为首的西方国家干预中国内政的一张牌。我们对台湾问题写了很多文章，也不断地发表一些言论。我们的目的是想让台湾人民明白“和平统一、一国两制”的真意，向世界舆论表明最渴望和平手段统一的是中国人民。我们还建立了台湾问题的网站，台湾民众点击的很多。海峡两岸通过这个网站，彼此致意，十分亲切。

宗教问题：这是西方媒体长期炒作的老问题。美国在《国别人权报告》中有很大的篇幅指责我们的宗教政策，事实上中国各宗教发展较以往任何时期都迅速，宗教场所的修复和新建数量很大，中国的宗教书籍和研究宗教、神学的书籍出版了很多。我曾去北京一个有宗教书籍专柜的书店看过，令人目不暇接。问题在于这些情况我们的媒体并未留意报道出去。

这些“热点问题”，就直接关系到中国在国际舆论中的处境，值得大家认真对待，对外国人说明这些热点问题的真实情况，解疑释惑，要了解这些问题的历史背景、现实情况，还需要擅长对中西文化的比较。我希望外交学院能就每个专题都举行讲座，以期帮助同学们开始思考有关的问题。

外交学院毕业生有这个本事

有人问我：“国务院新闻办公室的任务是什么？”我说：“向世界说明中国。”向世界说明什么呢？说明中国的政策、说明中国的社会发展、说明中国的历史、回答对中国的问题、澄清对中国的误解，就这么简单。但内容是极其丰富的，形式是多种多样的。我们对突发事件的报道要快。大使们对我们说，每当遇到国内突发事件，不及时知道事实就很难解释，常常失去向外解释的最好时机，这对我们的伤害很大。不仅突发事件，政府工作的进展都需及时地发布，向公众报告，增加政务的透明度，便于舆论对政府的监督。

说明我们的制度、说明我们的发展、说明我们的政策，表达我们是如何支持先进文化、先进生产力的。如果简单地把给中国读者的文章译成外文，外国人不容易明白。给外国人读的文章还要符合他们有关中国的知识背景和文化习惯，最好是专门写给他们的。这也提示同学们不仅要学好外语，还要学习外国文化，与外国人交流不只是语言的翻译，还有“文化的翻译”，希望外交学院的毕业生都有这个本事。这个题目留给你们的校长和老师们，他们对此有丰富的经验。

一篇切中时弊的演讲

外交学院院长　　吴建民

2003年12月3日，国务院新闻办赵启正同志在“外交学院论坛”发表了一篇重要讲话，讲话之后还回答了我院同学的许多问题。启正同志的讲话给我校同学很多帮助和启迪，同时，对这些明天要走上外交、外事岗位的年轻人来说也是一次很好的学习机会。他讲得非常好，答问也十分精彩。我有以下几点感受：

一、全面认识中国面临的国际舆论环境是从事外交、外事人员所必须正视的一个问题。

我们经常说，“我们的朋友遍天下”，这话很对。中国在世界上的朋友很多，但这并不意味着世界就了解中国。世界人民是通过国际传媒、互联网来了解中国的，它们是不是很客观呢？启正同志的讲话作了明确的回答。他说，美国的“媒体不一定是平面镜，有时是哈哈镜”，这话讲得很形象。多少美国的中国问题专家曾经预言中国政府要垮台了，中国经济要崩溃了，灾难会降临到中国人头上。如果他们这些话是真的，大概中国早就从地球上消失了。媒体报道反映世界并非是完全客观的，舆论环境是媒体与政要联合制造的。中国在前进，中国在发展，中国人的生活在改善，很多人为此而高兴，但也有人不高兴，其中就包括美国某些媒体和政界人士。在他们影响下，在美国要通过美国媒体来客观全面地了解中国，难度是比较大的。而美国媒体在国际媒体中又居于主导地位。因此，中国所处的国际舆论环境是严峻的。认识到形势的严峻，这并非是泄自己的气。认识到形势严峻可以促使我们更加努力地工作、更加有针对性地工作。我们要研究游戏规则，我们要提高对外交流的本领。一句话，我们可以使严峻的形势成为推动我们做好工作的动力。

二、我们不能把人权的旗帜老让给美国，我们也要高举我们的人权旗帜。

启正同志这句话讲得非常对。中国人为什么起来革命？因为活不下去了嘛！中国共产党为什么能够领导中国人民取得革命胜利？这是因为中国共产党所领导的人民革命斗争能使中国人站起来，能使中国这个文明古国重新屹立在世界东方。从这个意义上说，中国人起来革命就是为了人权。“打土豪分田地”“大家有饭吃”难道不是为了人权？人权是写在中国人民革命的旗帜上的。今天我们在中国正在从事一项前无古人的事业，就是要实现中国的现代化。为什么要搞现代化？那是为了使中国人生活得更好，这也是为了人权。当然在中国和在世界其他地方一样，争取人权是一个不断完善的过程。世界上没有一个国家的人权状况是十全十美的，美国也不例外。美国每年发表《国别人权报告》，对全世界100多个国家横加指责，而只字不提美国的人权状况，好像美国的人权状况是十全十美的，这是不符合事实的。1996～1998年，我在日内瓦工作了三年，每年我们也发表《美国人权纪录》，许多国家的代表竞相阅读。因此，我们要理直气壮地高举人权的旗帜。

三、报道要快。

启正同志在对外介绍中国方面提出了一条很重要的原则即对突发事件“报道要快”。这完全符合新闻的规律。新闻的最重要的特点是什么？那就是一个字“新”。发生了一件事情，有一家媒体首先报出去，这是新闻，第二家再报，就不那么新了。而且，对公众来说，看新闻往往是先入为主。是新闻大家很有兴趣去看，你再报，那已经不是新闻而是旧闻了，公众阅读的兴趣就不那么大了。在中国发生的事，中国人最先知道，为什么以前不是中国的媒体第一家报道？令人欣慰的是，这种状况正在改变，越来越多在中国发生的事是由中国媒体首先报道出来，这是可喜可贺的！

总之，启正同志这篇讲话很有针对性，并切中中国外宣工作的时弊，而且语言生动鲜明，没有套话，这也是启正同志的风格。我认为，如果我们能切实按照启正同志要求的那样去做，我们的外宣工作就一定能够越做越好。

以文化的方式向世界说明中国

（2004年1月接受《对外大传播》主编申宏磊访谈）

理解和沟通是极有价值的

申宏磊（以下简称申）：赵主任，您好！我在见到您之前两次到过浦东，曾对外发表了一组《世界跨一步，浦东跨六步》的文章，我认为这个数字之比虽然不一定十分精确，但浦东高速发展却是不争的事实。那里的人们没有忘记您，我最近去了您工作过的那栋小楼，满院子的树木依然郁郁葱葱。

赵启正（以下简称赵）：您说得太好了！您这么一说，我们一下就找到共同语言了。

申：我不仅去过浦东，还在去年采访过深圳。我认为，当年深圳是以三天起一层高楼的建设速度引起世人瞩目的，而浦东一起步就是面向太平洋面向世界的，它是以面向世界的高度赢得了世人惊羡的目光的。如果没有浦东，上海至今还会是一座因负重而不能舒畅呼吸的城市。深圳和浦东如同“双子星座”，在改革开放的中国交相辉映，也正因如此，才有了今天“珠三角”和“长三角”的并驾齐驱之势。

赵：您能这样描述浦东和深圳，证明您对中国经济发展的把握是好的，要我说，这该是深圳的速度、浦东的高度和您的深度，一见如故了！这也

是一种沟通吧！（大家都被开场时的愉快氛围感染得笑了）

浦东刚刚起步时，的确吸引了全世界的智慧和全世界的资金，我们是站在地球仪前考虑浦东开发的。浦东开发不仅是经济的开发而且是社会功能的开发，争取的是社会共同的进步。在这里我要再夸深圳几句：深圳不仅仅体现在“速度”上，它是中国改革开放的先驱，正是由于这个中国最早的经济特区，克服了改革开放进程中的一些尖锐的矛盾、冲破了一些思想枷锁后，才有了浦东的开发。有日本记者曾问我：“邓小平说浦东开发晚了十年是他的错，这句话怎么理解？”我说，当年深圳是个渔村，改革失败了对中国影响不大，而上海当时承担着中国七分之一的税收，只有深圳试验成功了，浦东才能起步，而邓小平这样说则体现了他的责任感。

申：您在浦东工作多年，外事繁忙时，听说有一天会见了13批外国客人，仅接待过的日本朋友就有3500多人次，这段与外国人频繁接触的经历，对您后来做国务院新闻办的领导工作有什么帮助吗？

赵：在浦东我虽没有专职去做外宣，但奠定了一个基础，那就是更了解了如何与不同国家的人沟通，即只有分清对象，由对方最感兴趣的部分开始交流才能争取到最大的收获。正如您和我一见面就谈浦东一样，不是吗？而事实证明，这种理解和沟通也是极有长远价值的。今天我们“走出国门”的文化交流活动，不仅需要强大的经济实力支撑，也需要国际友好人士利用他们的威望为之“护航”。我们为在美国举办“中华文化美国行”进行筹备的时候，我去美国，与曾在浦东投资的几家美国大公司总裁见了面，他们分别表示，愿意给予各种帮助，例如：时代华纳集团为我们提供了办公室，还无偿借给我们一名会计师；国际数据集团（IDG）为我们的活动做了大量的画册也没收费用，文化活动的很多费用也是由一些知名公司主动赞助的，后来包括基辛格等社会知名人士也都参加进来，这使得我们在国外的文化交流活动一路畅通。

我们所做的是外交部之外的“外交”，也就是“媒体外交”

申：您的演讲总是激扬着文采，言谈中，又传递着一种力量，那是一种无处不在的智慧的力量，比如您在美国的演讲《中国人眼中的美国和美国人》演讲[1]。我想了解这是您个人文风使然，还是您有意识地在改变、在向大家示范传播中国的方式和技巧呢？

赵：每个人的工作风格都各有特色，这不需要我去示范，再者，在美国的那篇演讲还不是我最满意的，那次演讲据说被美国的一个机构拿去研究看是不是能代表中国官方的观点，研究的结果，证实了是代表中国政府观点的。（风趣地笑了）

我认为，在经济全球化、世界多极化、通信技术高度发达的今天，任何人、任何国家都不能孤独地生活，任何国家和民族对世界别的国家和民族的理解，都将对本民族的发展和振兴产生重大意义。

也许可以说，我们所做的工作是外交部之外的“外交”，也就是“媒体外交”，通过媒体来说明中国，表达国家和政府的想法。我们就是要通过“沟通”告诉人家一些客观事实，当然，还要有观点。“外宣”的意义一是传播事实，二是传播友谊。圣彼得堡的芭蕾舞、百老汇的音乐剧《猫》、中国民乐的出国表演等，都属于友谊交流。我们要针对不同的国家、不同

1　全文见新世界出版社出版的《向世界说明中国》P57。

的人，精心准备我想说的和对方想知道的最重要的内容，并将其融会贯通。

中国对外开放比较晚，也是外国人了解中国不够的原因之一。

世界上除中国之外有50多亿人口，当然绝大多数人没有来过中国。大约每年来中国访问的外国人有1000万人次，不到世界人口的六百分之一。因此，只靠外国人访问也不能解决如何让外国人了解和认识中国的问题。那么，就需要加强对外“说明”中国。我们的任务就是做与外国人的沟通工作，向他们说明今天中国的现状，以达到相互了解和理解。

申：初次听到您在讲对外宣传用了“说明”这个词时，确实有一种耳目一新的感觉，甚而意识到这是中国新闻传播领域内一个新的时代的到来，您为什么使用“说明”这个词呢？

赵：我刚才说了，能来到中国的是很少数的外国人，他们中许多人对中国的认知不多。对这些人要从头讲起，耐心说明，因为他们不是在中国生活和受中国教育长大的。

我在法国演讲时说，1900年，中国妇女是挪着小脚进入20世纪的，到了2000年，中国女足是以队长孙雯临门一脚的劲射迈进新世纪的。我对他们说，巴尔扎克的译文在中国比在法国出版的原著还多，但比较起来法国人对中国的了解就少得多，这是需要补足的。

接下去的答问中，他们问：“中国有二奶现象，您怎么看？”

当时“二奶”这个单词是用法语音译的，发音不准，一开始我没反应过来是什么意思。明白过来后我说，“二奶”是个丑陋的现象，中国政府是坚决反对的。中国是从封建社会过来的，有些落后地区的妇女竟能容忍丈夫的这种陋习。在这里我们也传达出一个信息，我们希望这些中国妇女勇敢地站出来，利用法律的武器与这种现象作斗争。于是大家在下面鼓掌。

然后，我又说中国离婚率原来只有1%到2%，现在到7%了，法国的离婚率接近50%，那么法国离婚率高是由于天生的浪漫主义色彩呢，还是受美国生活方式的影响？噢，于是大家又理解了，哪个国家都有自己的弊病，下面又有许多人鼓掌。

申：这种沟通太有必要了！

赵：人与人的沟通有时是为了达到谅解。

2002年到德国时，正遇上“9·11”。新闻发布会[1]上有人问：“美国‘9·11’事件之后，中国大学生在网上有很多言论庆幸美国被袭击，这是怎么回事？”

我就对他们说：中国大学生有1000多万人，他们都很年轻，也都富有感情。他们中多数人都喜欢上网，那时他们会想到中国大使馆被美国导弹轰炸和在中国近海撞毁中国飞机的事情，于是话语间就有些激动，那是一种情绪的表达，而不是哲学的思考。下面又理解了，哦，原来事出有因啊！本来有可能出现的对立情绪被化解了，结果又是一片掌声。

为了能沟通得更好，每次演讲前，我不但要看许多书，有时还把演讲稿请在美国大学当教授的弟弟看，他是研究比较文学的。为了演讲成功，我还曾在美国大学先试讲。我发现，我的演讲到了美国教授和美国记者那里，他们会在不同的地方鼓掌，都是美国人，职业不同，幽默感也有不同。对外表达只说“内外有别”还是不够的。

---

1 见新世界出版社出版的《向世界说明中国》P237。

所以说，我不是在给国内的什么人作示范，国内有名的演说家很多。最近的“两会”上外长李肇星的“答记者问”反响相当好啊！

沟通首先不是为了获取对方的好感，而是争取别人的理解、认同与尊重

申：在2003年的“迎春招待会”上，您在对一位美国记者举杯敬酒时，讲了一番话，在那段不足300字的话语中，您既提醒了对方中国人民没有忘记那段兵戎相见的历史，又回顾了“二战”时期，中美两国结下的友谊；既婉转地告诫美国人要在台湾问题上审时度势，又用编辑《中美关系30年》画册这一件“小事”表明了热爱和平的中国人民顾全大局的立场。请您多谈一点这方面的情况好吗？

赵：二战时，美国、苏联都帮助过我们，“驼峰航线”上空气稀薄，用螺旋桨飞机升空有限。可那些年轻的美国飞行员怀着崇高的国际主义精神，就在山峰之间飞行。有600多架飞机，前仆后继，有去无回，这是中美两国人民都很珍重的一段历史。今天美国如能恪守“一个中国”的立场，并支持中国解决台湾问题，也能成为一段新的友好的历史。

申：我们还看到您在日本电视台“舌战群儒”时[1]，您以“以柔克刚”的方式，化解了外国记者提问中那些十分“尖锐”的触角，连许多日本朋友都被您那种处变不惊的儒雅风范所折服……

赵：在日本电视台接受访谈那次，是与一个主持人和三个经济学家对话，不是“群儒”。那位主持人非常厉害，据说和他交过锋的日本政

1　见新世界出版社出版的《向世界说明中国》P258。

客也有“失足落水”的。掌握事实，才能实事求是；心存善意，才能真诚对话，倒也没有什么太值得称道的。

申：我看到您在斯莫尔尼宫演讲[1]时，既讲到中俄两国人民深厚的友谊，又讲到中俄之间文化交流还有巨大的逆差，表明中国在“走出去”方面仍需努力。其实，最感动我的是您始终贯穿在演讲之中的那种无处不在的责任感。

赵：在那些场合，沟通首先不是为了获取对方的好感，而是自己真实观点的表达，并争取别人的理解、认同与尊重。这是原则。当我在莫斯科访问时，有记者问：“俄罗斯有许多中国的非法移民，你们对这些非法移民怎么看？”我说，中国本身也有许多其他国家的非法移民，我能体会到非法移民给贵国政府带来的麻烦。只要你们能证实他们的身份，我们就会按国际公认的规则依法办理。但随后我又严肃地告诉他们，我希望贵国政府对中国公民在俄罗斯境内的利益和生命给予保护。

申：那些中国公民离开祖国是不辞而别的，您作为政府官员还能想到保护他们，俄罗斯媒体在报道时，对您说的这些话给予了很突出的位置，说您这样说是全面的，是合理的，您也因此获得了更广泛的尊重。

有这样一句话“外交工作无小事”，这也说明了对外说明中国的责任重大，但也在某种程度上容易使人谨小慎微或过多地使用外交辞令，这样不仅会给人留下刻板的印象，也容易让人感觉不真诚。正在中国各地紧锣密鼓地举办的新闻发言人培训班，是否会让大家能尽快掌握像您这样自如地“向世界说明中国”的技巧呢？

1　演讲全文见新世界出版社出版的《向世界说明中国》P116。

赵：“新闻发言人制度”，是国际上通行的做法，也是中国政府向世界最快捷、最有效地表述立场的最好的方式，这能使我们的政府更贴近人民群众，使人们了解政策制定的缘由，从而更积极地支持政府的工作。中国的各级政府新闻发言人还不够活跃，目前我们还没有规定从何时起，各地必须实行新闻发言人制度。但我们正在各地办培训班，不仅在北京办，还在西部城市办。现在我们正在云南办班呢，大概有200多人参加。有时我们也请外国专家讲课，这叫知己知彼。做事情要讲究效果，最后结果如何要用“三个代表”的准则去衡量。

申：在去年两会采访期间，当温家宝总理路过我身边时，目光对视的那一刹那，我亲耳听他说了声：“谢谢记者们，辛苦了！”从这里我又一次感受到中国高层领导对媒体的亲和态度。您认为记者是自己的朋友吗?

赵：记者是通向公众的桥梁。媒体的作用一是传播事实，二是传播观点。在新闻发布会的场合他们是挑战者，记者提问是职业的需要，通过他们表达正确的观点和内容是我们的职业需要。但记者作为个体的人是我们的朋友。

申：您能这样说是对我们记者职业的一种尊重。最后请您谈谈在美国举办的“西藏文化周”的情况。在电视中看到，每一件来自家乡的物品都勾起了漂泊在外的藏胞们对故乡的思念。西藏历史长河中蕴藏着许多永不泯灭的东西，许多藏民想找到它，找到民族的根。

赵：西藏问题实际是“达赖问题”，是达赖在外国制造的问题。他们企图用所谓的与汉族文化的冲突掩盖分裂西藏的目的。我们在美国举办“西藏文化周”时，有位美国老人说：西藏的孩子总是微笑，据此我看出在西藏没有种族压迫。还有人问：这么漂亮的孩子是西藏来的吗？还有的藏胞试着用藏语与他们交谈。我们很欢迎海外藏胞观看演出，他们看了很想念家乡。

申：是啊，唐卡上每一个熟悉的图案、每一块色彩都凝聚着青藏高原的风情啊！

赵：在中国特色的社会主义道路上，整个中国的万里河山不断换着新颜。西部大开发战略已实施4年，初见成效，包括西藏在内的西部地区的大发展势不可挡。事实上，海外藏胞每年都有不少人回来带走唐卡，西藏的新景色和新生活的展示，也许能澄清他们心中的困惑吧！

申：听您谈话受益匪浅，谢谢您接受我的采访！

国际舆论是国家发展的重要环境

(2004 年 5 月 13 日在清华大学的演讲)

谢谢大家对我的欢迎，我一定尽力把报告作好。我想这样安排：我先讲一个多小时，然后，如果大家愿意的话，就看一个 28 分钟的录像，是我在日本朝日电视台和一位日本主持人就中日关系进行讨论和辩论，是现场直播，里边反映了日本对中国的认识和中日之间的一些复杂问题——以此弥补我报告的重点是针对西方，尤其是针对美国的舆论，涉及日本的比较少。最后大家提问，我回答。

种种国际环境都会影响国家的发展

影响一个国家发展的不外乎内部因素和外部环境，影响我国发展的内部因素有——政治制度（即中国特色的社会主义国家）、文化传统、人民素质（如平均受教育程度）、经济结构、自然资源等等。内部因素是一个国家发展的基础；外部因素有政治环境、军事环境、经济环境、文化环境、舆论环境等，往往内部因素和外部环境并不独立。就像数理方程式本身和边界条件，最后的解和边界条件关系很大一样。

政治环境

中国的国际政治环境有很多要素，我想重要的有三个：

1. 中国是联合国常任理事国

这是奠定中国国际地位的一个重要支柱。多年来，德国、日本、印度、巴西等国努力想成为常任理事国，目前还没有成功，他们还在继续努力争取。

2. 中国坚持独立自主的外交政策，致力于发展与各国的友好关系，并得到了反馈。虽然各国人民和政府对我们的看法是多样的，但实实在在地存在着很多友好的因素。

3. 美国对中国的接触加遏制政策

影响我国政治环境很重要的一个因素就是美国的对华政策。对我影响大是由于美国实力强大：美国是世界第一经济强国，它的人均 GDP 是中国的 40 倍，我国 GDP 增长 8%，只相当于美国 GDP 增长 1%。美国的政策表明对我国实行接触加遏制政策，由此有了一个新名词：containment+ engagement=congagement，将 congagement 单纯翻译成“接触”或是“遏制”都不准确。congagement 就好像自动挡汽车的刹车闸：想接触就接触，想遏制就遏制。

军事环境

1. 中国在美国武器防扩散名单之列

大家都知道，上次克林顿访华时，双方协议“中美核武器彼此不瞄准”，这也是一种政治表态。美国自己不卖武器给我们，还不让欧洲卖给我们，他们却又极力鼓励台湾购买美国的武器。

2.《日美安保条约》[1]

《日美安保条约》使日本成为美国的盟国，同时日本又通过了《周边事态法》，该法对“周边”的定义有意模糊，是否把台湾海峡也包括进去了？我曾当面问过日本的要员，没得到过明确的回答。

3. 朝核问题

中国周边国家中有核武器的不少了，我们并不希望在东北亚再出现有核武器的国家，我们主张朝鲜半岛无核化。

经济环境

中国是WTO成员国，WTO有很多国际贸易规则，这是经济全球化的环境的大条件。这个大边界条件，对我有利有弊，我们利用得好则利大于弊。

文化环境

1. 中国文化贸易严重入超

随着经济全球化和信息技术的发展，各国政治、文化方面的交流不断加深：外国人到中国来，带着他们的文化来，我们走出去，带着中国文化去。互联网发达了，再加上学外语的热潮，文化的国际传播大为方便了。

我们欢迎世界优秀文化，也留意着剔除糟粕。

我国是世界四大文明发源地之一，中华文化，博大精深。可是今天，

1　1951年由日美两国签署。第二次世界大战之后，日本亟须在三个方面取得稳定地位和发展：一是重建日本国内经济，二是发展国际政治关系，三是确保日本安全。因此，签署《日美安保条约》一方面可以维持最低军事开支，专注国内经济重建；另一方面可以加入战后美国主导的西方民主阵营，迅速摆脱战败国的政治阴影，取得国际政治地位，更可以整合融入美国主导的国际自由经济架构，发展对外贸易市场；第三方面当然可以因此获得美国军事保障，减少外在安全威胁，同时解决因为宪法限制的军事防卫难题。

我国的其他产品贸易总体上出超，但文化产品贸易却是严重入超。书籍和影视的版权贸易的逆差都在 10 倍以上！

索尼娱乐公司把美国的《美女与野兽》引进中国时，索尼的经理跟我说："中国的演员是一流的，中国的舞台美术是二流的，中国的文化产业经营却是三流的。"是说我们不太善于经营。我们缺少有国际营销能力的文化产品公司，也没有跨媒体的大集团公司[1]，这是明显的劣势。

2. 中文使用国家少

中文是世界上使用人口最多的语言，又是使用国家最少的语言之一。使用西班牙语的有 3 亿人，但使用西班牙语的国家有 20 个。在世界上中文不如英文普及，也是我们文化传播中的一个劣势。

人有"人缘"，国有"国缘"

舆论环境，这是我们今天讨论的主题，那么就把本来与前面几种国际环境并列的这一题目单独提出来，多做些说明。

以往人们并不特别重视舆论环境，或者只把它视为文化环境中的一部分。其实自从国际社会形成的同时就诞生了国际舆论，一个国家，一个民族，一个政党，一个公众人物的国际形象存在于国际舆论之中。人有"人缘"，国则有"国缘"，"国缘"好的国家，在世界上影响力就大，被信任程度高，为了本国利益的国际运作，付出的"成本"就低。可是"国缘"犹如"人缘"一样并非与该国、该人的实际品质一致，这就是舆论的偏差

1　跨媒体集团（cross-media group），指同时经营多种媒体的集团，例如同时经营电影、广播、电视、报刊、发行、互联网等。

所致。

一个国家传播本国政治、经济、文化信息的能力，引导国际舆论的能力都属于小约瑟夫·奈[1]定义的“软力量”[2]的范畴。当今强大的国家除了日常的对外传播工作之外，每一有国际行动，小至促进联合国通过一个提案，领袖出访，大至要发动一场战争，都必是“兵马未动，舆论先行”。美国对科索沃、对阿富汗、对伊拉克都是先行“舆论轰炸”，再出动B-2和F-117。

国际传播力量是“西强我弱”，西方以富有经验的人力和强大的物力输送他们的价值观，像美国之音、自由亚洲广播电台更是专门面对我们，以一种意识形态的对抗姿态，传播不实信息，干涉我国内政和妨碍我国的“和平统一，一国两制”的对台政策。

在经济全球化、世界多极化的背景下，信息的需求倍增，又正巧数字化的通信技术连续取得重大进展。有了需求，有了技术基础，使当今世界进入了国际信息大传播的时代。

在国际新闻流动中，西方媒体处于垄断地位，他们的涉华报道，对世界上大多数地区，比我们的媒体的报道传播得广，影响也大。西方对华舆论也表现得很复杂：总体上看承认我国经济的发展，也及时报道我国的重大时政信息；但在选题上和评论上则往往带有强烈的负面色彩。从他们的意识形态和商业利益出发经常炒作甚至制造一些中国的热点问题。

---

1 小约瑟夫·奈（Joseph Nye Jr.），美国哈佛大学肯尼迪政府学院院长，著名国际关系学者，曾任美国国防部负责国际安全事务的助理国防部长。他提出了“三维棋局”和“软力量”等观点，著有《美国霸权的困惑》等。

2 软力量的意思即不是通过军事、经济实力强制，而是通过吸引别人来达到别人认可的一种能力。

20世纪90年代，我参与浦东开发的时候，收到一位在美国的中国留学生寄来的一份《波士顿星期天环球报》，其中一版上有一幅漫画：一个人手拿筷子在夹几张小的美国国旗当菜吃，题目是——《世界，要不要惧怕中国？》[1]。因为导言中提到了我描述浦东开发计划的话，我就给《波士顿星期天环球报》写了封信，我说，该文的文章和漫画，我都不赞成，在历史上，中国没有把任何国家当作菜吃，而在近代，倒是总被外国当菜吃。当前正值反法西斯战争胜利五十周年（1995年），中美应该共同回忆当年共同战斗的历史，将中美战略关系提到一个新的高度，却不幸发表了这样的文章。结果它刊登了，还加了题目——《中国人说，不喜欢弱肉强食》。美国和日本还出版了许多宣扬中国威胁论的书，也希望同学们对这些书的内容都能有所了解。这对学新闻专业的人是必不可少的，知己知彼嘛！还有一些其他被炒热的热点问题，如人权、台湾、西藏、宗教、新闻等，也希望同学们特别是研究生们深入调研一下，一方面要明白他们为什么选择这些题目，炒作手法是什么；另一方面也要了解我国这些方面的实情。这也算是你们的一项基本功的练习吧！

去年暴发SARS时，中国政府和人民站在全球的第一线全力以赴迎战，战胜了这个突然降临的灾难，也是为全人类作了贡献。可是一些西方媒体不是同情我国遭遇灾难，而是妄加猜测，制造种种对我国不利的言论，那两个月的美国和英国一些著名杂志的封面图画及标题不只限于政治攻击，甚至是攻击了全人类应友好相处的共同价值。

---

1 见本书P170。

向世界说明中国的能力是“软力量”

世界上许多国家的人民对中国真实情况所知不多，给了对中国抱有冷战思维残余的舆论制造者歪曲中国的机会，我们就更应该努力向世界说明中国，这是我国建设社会主义强国的需要，是改革开放的需要。如果世界不了解中国，中国的改革开放就会遇到障碍。这也是在激烈的国际竞争中赢得主动的需要，是维护我国人民的最根本利益的需要。

我们对外说明中国的能力是我国的“软力量”之一，是我国综合国力的重要组成部分。胡锦涛同志去年就说过，随着我国对外开放的不断扩大和国际交往的日益频繁，切实做好对外宣传工作，对维护我国的国家安全稳定，对实现我国的新世纪新阶段的战略目标越来越重要。

我们已经具备一些做好对外传播与沟通工作的有利条件：我国的综合国力持续增强，国际地位提高，国际社会对我国信息的需求增加。国力增强后，我国在对外传播与沟通方面的投入也有能力相应增加。经过这些年的努力，我们也有了对外宣传的初步经验。

我国的对外宣传要进一步丰富内容、改进方法，要多种渠道并行：新闻发布会；报刊、书籍；广播、电视；互联网；文化交流。

a）做好新闻发布会

新闻发布会是国务院新闻办公室的一个日常工作，目前约每周一次，请各部部长介绍各领域发展情况，介绍新的政策，回答中国的问题，报道突发事件。这些新闻发布会，国内外记者参加踊跃，其中80%的发布会的内容都能列入国外几大通讯社的当日重点新闻。新闻发布制度正在扩大到中央各部和省市政府。

b）发展互联网

中国的网民现有 8000 万，受众面广，而且成本较低，效果较好，时效性强。有多种外文网站，丰富内容是当务之急。

c）改善对外广播

我国有 40 种外语广播，问题在于改善远距离传播的落地效果。

d）外文书刊

除本办系统的外文杂志外，各边疆省区都有邻近国家文字的外文杂志。中国出版的外文图书质量和数量都在逐年提高。

e）文化交流

每年都有中国文化周或文化年在一些国家举行，起到了促进交流和增进友谊的作用。

国家发展、社会进步是外宣的基本资源，国家越进步就越有话可说。但也要注意谦虚，我们是发展中国家，人均 GDP 还只是世界平均值的五分之一，也有许多前进中的困难。不要把话说得太满。正如小平同志所说，我们不要吹，越发展越要谦虚。中国发展了，实现了目标，就实现了社会主义优越性。中国这样搞下去，影响就会很大。对外表达中国不只是专业部门的事，广义上讲应是每个中国公民的义务，国民素质的提高自然有助于国家和民族的形象的提高。中国进步了，对外沟通的内容与形式也要进步。

凡是有利于中国的事，就要努力去做，要按中国实际去讲真话，要了解外国人的需要，要按照不同受众的知识背景和思维习惯去写，去说，去演。要使我国的声音和国际形象与我国的国际地位相称，我国对外宣传工作需长期努力，任重而道远。

清华大学本是中国最著名的理工科大学，信息技术、通信技术专业是学校的强项，而新闻与传播学院是培养“内容产业”人才的。清华大学新闻与传播学院是应运而生，我们的外宣事业需要懂政治、有知识、会思考的后继人才，等待你们学成，投入我们的事业。

知己知彼 入情入理

清华大学新闻与传播学院院长　　范敬宜

赵启正同志的这个专题报告，是2004年5月13日为清华大学师生作的。那天，我本来已经决定去听，不料临时有事，没有去成，感到非常遗憾。事后听说反响极好，许多老师、学生都说很少听到这样有说服力的报告，我就更加后悔了。最近，得到这份报告的清样，展读再三，深感听众的评价绝非夸张。如果有人问我：你的感受是什么？我想用两句话来概括：知己知彼，入情入理。

20年前，我曾在外文局工作过一段时间，对于对外传播与沟通工作的甘苦多少有所体会。建国以来，中央对于这项工作一直高度重视，投入了大量人力、物力、财力，也确实取得不小的成绩，但是作为从业人员，总感到与客观形势的需要还存在较大的差距。其中，"针对性不强"始终是一个困扰我们的老问题。我的前任和我都曾经为之煞费苦心，包括到海外进行调研，希望在这个问题上有所突破，有所进步。问题是由于大环境的局限，思想观念的局限，包括对"以我为主"的片面理解，都使得我们对"针对性"的认识只能停留在比较主观、肤浅和技术的层面。

赵启正同志这篇专题报告最大的特点是，他对于对外传播与沟通的针对性问题，不是仅仅作为一个业务性、技术性的问题来研究（比如如何适合国外、海外读者的阅读习惯、阅读口味等等），而是高屋建瓴，把它放在"国际舆论大环境"和"国际信息大传播""交流"这样的时代大背景下来加以考察、研究，这样就使得视野大大开阔，使我们对许多过去为之困惑的问题豁然开朗。

更重要的是，赵启正同志的报告不是仅仅提出了这样一个大命题，还条分缕析地具体分析这样一个国际舆论大环境、国际信息大传播的特征，清晰而客观地勾画出了在这样的大背景下，我国对外传播与沟通所处的地位——有利和不利；我们的工作——成就和不足；我们的前景——光明和困难……等等。通过对客观现实的描述，一方面，详细告诉我们：我国当今所处的政治环境是什么样的，军事环境是什么样的，经济环境是什么样的，文化环境是什么样的，舆论环境是什么样的；另一方面又详细告诉我们，国际舆论环境中的中国又处于什么状况，包括发展中国家对中国的舆论，西方对华舆论的复杂性（包括西方媒体经常歪曲报道中国的热点问题）等等。这一切，都是为了增强我们的大局意识，告诉我们，做好传播与沟通工作，第一要务是学会审时度势，知己知彼。只有这样，才能立于主动地位，不至于“宽严皆误”或“左右为难”。缺乏大局意识，只在一些具体方法上兜圈子，是永远走不出“针对性不强”之类的怪圈的。

当然，在强调宏观意识、大局意识的同时，赵启正同志并没有忽略沟通策略、沟通方法的重要性。在“向世界说明中国的能力是‘软力量’”这一部分里，他非常具体地指出了“说明”的方法问题，特别强调了对外传播与沟通如何贴近国外受众的文化背景和需求，提出“要多种渠道并行”，包括：新闻发布会；报刊、书籍；广播、电视；互联网；文化交流及全民传播与沟通等各个方面。“凡是有利于中国的事，就要努力去做，要按中国实际去讲真话，要了解外国人的需要”，“中国进步了，对外沟通的内容与形式也要进步”。——这些话说得真好。毛主席当年经常强调“过河必须有桥”。“桥”指的是达到目的的方法、技巧、艺术。对外传播与沟通同样如此，方向明确了，还必须讲究“桥”。随着中国的进步，“桥”也必须进步。不能老是独木桥、木板桥、水泥桥，应该有更多飞架南北东西的如“长虹卧波”的现代化的、宏伟壮丽的“立交桥”，更通畅地和世界沟通起来！而“桥”的主要架构，应该是四个大字——“入情入理”。这个问题，我期盼启正同志在稍有余暇的时候，为我们再作更详细的阐述。

清华园里的答问[1]

（2004 年 5 月 13 日在清华大学演讲后的答问）

学生：我是清华大学新闻与传播学院的研究生，谢谢您今天下午给我们带来了这么多精彩的内容，让我们学到了很多知识。我们中国的媒体目前在国际上还是处于比较弱势的地位。就拿伊拉克战争为例，我们几乎都是引用来自美国媒体的报道，这样对于我国开展国际舆论斗争非常不利。我非常想听听您个人对此的看法。

赵启正（以下简称赵）：对伊拉克战争的报道，我们缺少获得直接的信息和资料的机会。美国人事先说，新华社可以参加报道，但是去了之后，不仅中国记者，美国以外的记者都受到了不同程度的限制。不过，我要告诉你伊拉克战争打响第一报道，由于一个特殊的机会，新华社还领先了美联社，获得了第一。

加强我国对外传播的力量需长期努力，同学们都是后备的力量，即使力量强大了也还需要借助外国媒体表达中国。长驻北京的 320 多个外国记者，我们给他们采访条件。要让他们充分认识中国，欢迎他们到新疆去，到西藏去，请他们直接采访，自由报道。

我们（中央电视台）的 9 频道、4 频道在世界各处开始落地。这也是

1　本文根据 2004 年 5 月 13 日赵启正主任在清华大学演讲后回答师生提问的记录整理。

传播中国声音的重要渠道。

美国上一届政府负责新闻的副国务卿李普曼女士，在华盛顿我见过她，她来北京时对我说，国务卿奥尔布赖特来北京时想演说，你们电视台也没给她安排。我说：“那么，下次来请9频道和4频道来采访。”他们大使在旁边说：“不，还是1频道吧。”（众笑）

学生：我想问您，对我们这些未来的“准记者”的学习提出了什么样的要求？我是清华大学新闻与传播学院大一的学生，谢谢您。

赵：现代社会对新闻记者有很高的要求。建议你们在学校除了学新闻专业外，能再学一门专业，政治学、经济学、社会学，甚或一门自然科学的基础知识，这在清华大学是有条件办到的。只掌握报道技巧是不够的，缺少其他专业知识就难选择有价值的新闻，也不容易报道得准确和深刻。在我们的新闻发布会上，我们发现多数外国记者具有相关专业的知识，所提问题表现出了这一点。

也可以给你们学校一些名额，旁听我们的新闻发布会，轮流参加，也不要影响你们学习。

学生：赵部长，您好，您今天来清华做这个讲座我非常高兴，因为我是研三的学生，正在准备我的论文。我论文的题目就是“政府危机传播和对外新闻媒体的关系”。我们知道“危机”有两个意思：危险和机会。当政府遇到社会危机的时候，对整个社会的结构和价值体系造成很大冲击，这是它的危害；但是如果我们处理得好的话，对政府形象是很有好处的。我特别想听到您在这方面的高见。

赵：你已经研究得有一定深度了。的确，“危机”有危险和机会并存的意思。以“非典”的暴发为例，它就是一种危机，处理得好，就可以使我们早日渡过难关。处理这种危机的原则是及时告诉公众，公众了解了“非典”的有关情况，就变成了防治“非典”的支持者，也就变成了政府的支持者。危机不仅是政府，任何一个机构都有可能遇到。比如有个医院给人治病，把用过的导管再用一次，再收一次钱，被曝光后，这个医院就会遇到很大的危机。南京的“冠生园”把去年的过期月饼馅做在今年的月饼中，说不定其中还有前年的月饼馅，加上它对这样的危机事件没有处理好，它就倒闭了。

我们现在很想做一个事情，就是举办危机处理培训班，培训各行业，首先是大企业的发言人。如果我们办这个班的话，就请刚才发问的这位研究生去讲一课。（众笑）

学生：我是北京广播学院的学生。传播学的理论告诉我们传播者也十分重要，但是很不幸，在一次会议上中国的两个记者竟然当众打起来了，而且被一位外国记者给拍了下来。您对现在的媒体从业人员这个群体的素质如何评价？

赵：对那两位当然不能给高的评价了，只能表示遗憾。他们大概不是北京广播学院毕业的吧！（众笑）我们的队伍总体还是优秀的，敬业的，是有战斗力的。个别的人搞有偿新闻，这些是属于教育和改进的方面，实在不行就只好请他离开新闻行业了，就像我们很好的学院也有被勒令退学的学生。

教师：您好，我是工程物理系的老师，我知道您也在核工业系统工作过，所以您来作报告，我们感觉很亲切，刚才看您接受日本电视台采访的录像，我感到很高兴，但您的表情似过于严肃。我的感触是：随着国家经济实力的增强，国家政府官员的素质也越来越高，而且大家也变得更有胆量去面对这样的挑战。我希望将来咱们的政府官员，尤其是高级官员能够在咱们的中央电视台栏目里举办类似的互动，如果觉得直接上中央电视台或外部环境还不太成熟的话，欢迎他们到清华来互动。

赵：您是学核物理的。物理学者面对的是物质：物质的结构，物质的运动规律和物质的相互作用。而社会科学面对的是人，人的思想活动，人的行为，人的相互影响。您似乎是两种学科“双通”的人！

我们的电视台也有与官员互动的节目。不过我们主持人的问题常常不会这么尖锐，他们太客气。有尖锐的问题，才容易回答得漂亮。刚才放的录像中，我的表情是比较严肃，这里有两个原因：它是直播，不是录播。我面对的是大多数日本民众，又是回答极为尖锐的和敏感的问题，如果让日本民众误解，我就失败了。但如果对日本右翼我不明言，我也失败了。我既不能讨好，也不能过度。另外日语我一点都听不懂，我的精力完全在听懂同声传译上，没有一点预想的时间。我想在接受采访时，回答正确还是首要的原则。

中国对外传播事业的宗旨光明磊落

（《软力量与全球传播》序言）

全球传播主要是指国际间的新闻及相关评论的传播，最早的全球传播是靠使用摩尔斯码的电报，再由报纸传给受众。二战中使用无线电短波广播战争信息，鼓舞在异国作战的战士，打击敌人军心效果显著。在冷战中全球传播是主要的武器，在苏联和东欧社会主义国家的瓦解过程中，“美国之音”和“自由欧洲广播电台”的作用不可低估。

今天全球传播更迅猛地兴旺起来，这是受经济全球化和世界多极化两个过程的激励。一方面是当代社会对信息的需求，如若没有可靠的信息，个人、机构或政府就不能充分地分析形势和有把握地决策；而另一方面政府（也包括许多非政府组织）把全球传播当作维护本国利益、推行对外政策的必不可少的重要手段。政府愿意大量投入人力、财力，并鼓励各种传媒机构为国家利益服务。

这两种需求的增长又正逢以卫星电视和互联网为代表的高新技术的出现。这种“三碰头”使以全球传播为业的传媒集团应运而生。加之原来因为运输时间的限制难以进行全球传播的报刊，也可异地同时印刷发行了。难怪又出现了“全球大传播”的说法。

《软力量与全球传播》是在清华大学国际传播研究中心多年科研和教学成果的基础上写成的。全书条理分明，论说深刻，观点鲜明，单参考文献就有 470 种，可见此书述之有据。全书对以美国为首的西方全球传播历史作了综述，对国际流行的传播手法有详尽的剖析。中国的新闻工作者在阅读本书时，应视自己为中国的全球传播工作者。在“知己”的基础上，读起此书来达到“知彼”，就颇受裨益——特别是了解西方某些媒体如何在全球传播中，包括涉华报道中，通过精心选择的片面的信息、扭曲的信息甚至虚假的信息，配合政府领导人的议程，来误导国际受众的。

中国对外的传播已有几十年的历史。新华社对外部以外文发稿始于 1944 年，中国现有多种外语报刊，有 40 多个语种的对外广播和差不多同样数量语种的网页。但是，中国对外传播的实力与中国的国际政治、经济地位并不相称，加快发展乃势在必然。中国的对外传播事业的宗旨光明磊落：向世界说明真实的中国。这包括说明中国的社会进展，中国政府的政策，回答对中国的问题，介绍中国的文化，从而促进和世界人民相互的了解，推动世界的发展与和平。

小约瑟夫·奈 (Joseph Nye Jr.) 在提出软力量概念时，特别列举了“美国之音”“半岛电视台”和“阿拉伯电视台”作为论述全球传播重要性的实例。今年早些时候，他曾来国务院新闻办访问，我和他都认为美国人对中国的了解比不上中国人对美国的了解。他说，美国人认为中国对美国的大量出口和人民币汇率过低造成了美国人失业。这不正是我国对外传播中应当解释的重要问题吗？！这种解释必然有助于外国受众对中国的正确了解，从而促进中国国际关系的发展。

2004 年 10 月 6 日

文化是财富，友谊也是财富

（2005 年 5 月 15 日参加中央电视台《高端访问》节目——2005《财富》对话）

嘉宾：

赵启正，中华人民共和国国务院新闻办公室主任

理查德·D. 帕森思（Richard D. Parsons），时代华纳公司[1]董事长兼首席执行官

主持人：

水均益，中央电视台（CCTV）节目主持人

主持人：我们今天请到的两位嘉宾是这次《财富》全球论坛的两位顶级人物，一位是时代华纳的董事长帕森思先生，另一位是我们作为东道主的代表——中华人民共和国国务院新闻办公室主任赵启正先生。

首先介绍一下帕森思先生，帕森思先生是在 2003 年 5 月 16 日被任命为时代华纳董事长和首席执行官的。赵启正先生，观众们应该对他非常熟悉，但我在这儿不妨给大家抖一点爆料：赵先生 1963 年毕业于中国科技大学现代物理系，他一度是上海市最年轻的高级工程师。20 世纪 90 年代，赵先生出任第一任浦东新区管理委员会主任，当时外国人送他一个绰号叫

1　时代华纳是世界最大的跨国传媒公司之一，旗下有《财富》杂志、《时代》杂志、华纳电影公司、CNN 等，拥有美国电影、电视、杂志及互联网各 20% 的份额。

“浦东赵”。从20世纪90年代末开始，他的名字又和中国的外宣工作联系在了一起，成为中国名副其实的第一新闻官。特别需要提一句，赵先生和全球《财富》论坛有着密切的关系，因为1999年是他第一次把《财富》论坛引到了中国的上海，所以，有人给他起了另一个绰号，那就是Forum Zhao（“论坛赵”）。

深刻理解“财富与文化”

主持人：今天对话的主题是“财富与文化互动”，请两位先做开场白。当然，赵先生作为东道主一方，按照我们中国的传统，请先说。

赵启正（以下简称赵）：热烈欢迎帕森思先生又来北京，我们多次在北京和纽约见面，每次交流都有新的见解，这次我要听您的最新见解。

财富和文化，应当从广义上去理解。财富不只是指金钱或经济实力，作为一种价值观，文化是一种财富，友谊也是一种财富。而从广义上来看，文化不只是书刊、报纸、电影，而是一种民族特性。国家与国家、民族与民族之间的沟通，文化沟通是基础，是最重要的沟通。文化沟通了，财富就能沟通，也就是说，能促进各国的经济和其他方面的社会发展。

主持人：这是一个简短而精辟的论述，也请帕森思先生先就这个问题来一个开场白。

帕森思（以下简称帕）：首先，我要感谢我的朋友赵启正先生。我们以前在上海、北京、纽约见过很多次面。他一直都是向世界宣传中国的一个最好的大使，他向我们所有人宣传介绍中国文化的深层因素是什么。我也非常同意他的看法——财富不光指金钱。论坛的主旨之一就是不仅仅让商人聚集在一起，探讨我们如何更好地发展世界经济，探讨世界和中国经济如何才能更好地联系起来。同时，我们也可以更好地增加对彼此的了解，了解相互的文化和相互的预期。所以，当我们谈到财富与文化的时候，我们是把它们作为一个整体来看待的，对于全世界各个国家都是如此。

主持人：现在，我想给帕森思先生展示一本书，书名用英文讲应该是 *Explain China to the World*（《向世界说明中国》）。这本书里至少有两处提到了赵先生与《财富》论坛和时代华纳的关系，其中第 245 页有一段话里还提到了帕森思先生。赵先生提到了上次他和您的前任李文先生的一次谈话，李文先生向赵先生隆重地介绍了您。而且，李文先生当时说了这样一句话："中国已经植根于我们的 DNA 之中了。"

赵：李文先生说，帕森思先生接任之后会一脉相承地对中国友好，在文化产品交流方面，会和中国成为战略伙伴。帕森思先生继任后，对中国倾注了热情，多次到中国访问，不断提出新的建议。《财富》论坛多次在中国举行,这也需要他的坚持才能实现。在这里,我向帕森思先生表示敬意。

《财富》论坛为何频繁来到中国？

主持人：这次《财富》全球论坛得以在北京举行，是不是由于你们俩的私交特别好，所以才来到中国？

帕：尽管我们是非常好的朋友，但《财富》论坛在中国召开是因为这里有头号的新闻。中国很显然已经是世界上最重要的经济实体之一，而且每一个来自其他国家的商界领袖都很愿意来中国，了解这里正在发生的情况，了解如何才能利用这些机遇，同时也因为中国张开了双臂，欢迎更多的外来人士参与中国的经济发展，并进行一种国际经济的互动。这是我们选择中国的原因之一。当然赵先生和我是朋友，可以说是锦上添花了。

主持人：《财富》论坛已经是第三次来到中国了。赵先生，您认为把这样一个全球性的带有经济风向标意义的论坛引到中国，能给中国带来什么样实际的东西？

赵：《财富》做了世界500强的评定工作，500强能在它的号召下参加这个论坛。在经济全球化过程中，跨国公司的重要性是突出的。根据一般统计，50%的生产、60%的贸易、70%的技术转让、80%的直接投资是由大约60万个跨国公司完成的。之所以在这里召开《财富》论坛，是因为跨国公司要不断了解中国的发展，它要观察每时每刻的中国。

帕：我们都明白，在一个较短的时间里，也许就20年吧，中国会形成一个很强劲的经济体，这会影响到世界上其他国家。事实上，这种情况已经发生了。帮助中国经济进一步增长，就是让世界上的其他国家都参与进来。我们欢迎这样的21世纪，中国和亚洲的崛起，会对全球经济发展带来很大的影响，同时中国也会成为世界最强大的经济体。

主持人：帕森思先生，很多观众可能会这样想，《财富》论坛每隔两年到中国来举办一次，他们到底图什么，是不是想来挣点钱？

帕：简洁地说，答案是“是的”。我们是一家商务性公司，我们存在的目的就是要为我们的股东挣钱。但从整体上说，我们更高的目的并不仅仅是为了挣钱，而是为全世界做一些事情。我经常对我的员工说，我们做任何事都要尽可能实现三个目的：第一，要使得投资得到回报；第二，要为世界做些好的事情；第三，要能从中获得乐趣。所以，当我们召开这些论坛的时候，我们要尽力使它盈利，当然必须要挣钱。但我们选择北京，就是为了让世界了解中国正在发生什么。世界想要了解中国的活力。刚才赵先生也谈到了世界需要了解中国的经济和文化，了解中国是如何迅猛地改变和发展，而做到这点的最好途径就是让他们到中国来。在这里召开论坛，同时满足了这三个目的。

赵：我觉得任何一个集团都要考虑盈利，没有盈利就不能维持。但是获得利益有各种不同的方法，赚钱有光明磊落地赚钱，也有不择手段地赚钱，那么时代华纳呢，是通过文化服务来获得利益。这是正当的，因此也是我们欢迎的，欢迎它分享中国的机会。我们因此也加强了沟通，想分享美国的机会，所以我们是相互帮助的。

中国的版权保护与媒体开放

主持人：今天我想请你们分别问对方两个问题，我在中间做主持。帕森思先生，在明天《财富》论坛就要开幕之前，您有什么问题问您的老朋友赵先生？

帕：我想这并不是一种交锋，而是一种对话和交流。我们刚才私下里谈论了中国的电影、图书及其他文化产品，这些可能在中国卖得很不错，但是在国外不行，反之也有这样的情况。我们公司特别感兴趣的是寻找更多的合作伙伴，来实现一种文化的表达，比如说图书、影视、音乐等。但这在今天的中国是非常困难的，因为尽管中国是一个法治国家，也有保护知识产权的法律，但中国的现实是，有一些知识产权被盗用了。所以，我要问赵先生的第一个问题就是，他是如何看待这个问题的？他认为政府应该作出怎样的回应，才能维护一个良性的环境？

赵：中国政府坚决打击盗窃知识产权的犯罪行为，并采取了一些法律措施及奖赏。在中国广东，检举一个非法复制CD的生产线，奖励50万元人民币，超过一个普通人一生的全部积蓄。我本人曾做了21年的工程师，也有几项专利，也出过书，我就不希望人家盗窃我的知识产权，因为这并不是我个人利益的问题。如果一个科学发明被盗窃了知识产权，就会影响这个实验室或者这个人去研究第二个题目，实际上是阻碍了社会的进步，这并不只是个人损失。可以说，中国目前存在盗版的现象是由于中国原来的法律不够健全。现在中国在不断加强这方面的法制建设，并成立了知识产权局。所以，可以告诉帕森思先生和各位朋友的是，中国的知识产权保护一定会一天比一天好。

帕：我受到了鼓舞。我相信政府正朝着正确的方向努力。在我看来，这个问题不仅可以保护中国人民的创造力，而且能够使创造性的文化行业得到解放，提供更多就业机会，而且可以把中国更好地宣传到外部世界去。我要问赵先生的第二个问题是，您如何看待媒体市场的开放进程？

赵：中国在与美国和其他国家关于对外开放的谈判中，并没有涉及到媒体开放，这是新提出的问题。中国的媒体开放，也要参考各国的经验。比如，美国媒体的开放也有相当的限制。不是美国国籍的人在美国办媒体，就会受到极大的限制而不能展开，因此，默多克先生放弃了澳大利亚国籍变成美国人了。中国在这方面还没有完整的法律，但有开放的迹象，就是在互联网方面，如ICP（互联网内容提供商）、ISP（互联网服务提供商），现在允许有50%的外国股份。这种开放的姿态，也许超过了世界上其他一些国家，并且效果较好，外国投资者也很积极。所以，纳斯达克上中国网络的股票倒是很坚挺。帕森思先生，您可以买一点儿！

帕：如果赵先生买我的股票，我就买那些股票。

赵：那我就买时代华纳的，你买新浪、搜狐的。当然您也不能买太多，也有风险。

跨媒体发展与全球媒体市场竞争

主持人：赵先生，现在您可以向帕森思先生提两个问题。

赵：时代华纳是一个跨媒体集团，这一集团的好处是可以节省成本共享资源。中国现在开始有媒体集团了，但是跨媒体的很少，像英国的BBC，日本的NHK，美国的几个大广播网，就是电视和广播同一个集团。您认为，媒体集团是不是都应该是跨媒体的?

帕：这是一个非常好的问题，这个问题在美国现在也是在辩论之中，几个比较大的媒体公司正在考虑是否要向比较小的组织分化。我个人的观点是，要做到在全球富有效率，就要有规模，这样才能不仅在当地市场，而且在全球市场推广产品。为了追求那样的规模，我们就必须有投资的实力，要有好产品并进行正确的包装，然后销售。

媒体行业起码有一部分是需要合并的，也就是说需要有跨媒体的公司和集团，但并不是所有的媒体都是这样的。在美国也有一些非常好的独立电影公司、独立出版商和独立电视制片公司，但他们不能在全球范围内和时代华纳或者新闻集团、迪士尼这样的公司竞争，因为它们的规模还不够。它们是垂直一体化的，并没有跨行业的趋势，所以不能够和比较大的跨行业公司竞争。因此，对赵先生刚才提出的问题，我认为至少中国媒体产业的一部分应该成为一种跨媒体的集团化实体，或者叫“综合性集团”，这样你们才能够在全球范围内竞争。

主持人：在采访中，我插入一个与两位嘉宾有关的小故事，其中反映了美国的媒体集团公司在中国市场上也有非常激烈的竞争。2002年赵先生去美国访问时，从华盛顿到纽约见您，但他下了火车之后被人接走了，等到了地方，您的竞争对手默多克先生在那儿等他。这样，在他再回来见您的时候，已经迟到了10分钟。我想替赵先生问您一个问题：美国媒体看重中国市场的哪些方面？

帕：事实上，在美国的每一个人，不只是媒体公司，都在关注着中国，都意识到中国会在未来20年里崛起成为经济强国，而且都意识到必须伸开双臂去拥抱这样一个国家。作为媒体公司，我们每一个人都想更好地了解，如何能够和中国的业界、政府以及人民进行合作，来帮助中国的媒体事业发展。因为这不仅符合中国的利益，也符合全世界的利益。而且坦率地说，我们在这儿也是要赚钱的。在我们的帮助下，中国人也可以赚钱，因为他们的行业可以发展得越来越好。不管是默多克还是其他的公司，所有美国媒体公司都希望跟中国的伙伴合作，在政府的相关体制下进行协作。

国家的形象人人有责

主持人：接下来我向二位分别提一些问题，先从赵先生开始。我们都知道赵先生在中国常年从事外宣工作，您在很多场合强调一个概念叫“国缘”。您强调国缘的原因是什么呢？

赵：“国缘”是个比较形象的说法，我想说国家的形象人人有责。美国的每个人，从总统到清洁工都对美国的形象负有责任。在中国也是一样，从国家主席到我们普通人，都对国家的形象负有责任。目的就是要使外国人、使世界对中国有一个好的印象和评价。有一些国家在贸易中不讲信用，货到了不付款，它的“国缘”就不好。如果一个国家“国缘”不好，那么在国际交往中付出的成本就会增加，甚至有的事情做不成。我们有些事本来挺好的，但由于我们对外表达得不够，人家不了解我们，也不行呀。所以，我觉得要向世界说明中国，说明中国的社会进展、政策，回答外国人对中国不明白的问题，这样使中国的国际形象得到一个真实的表达。而真实的中国是很伟大的，也是很可爱的，也就是说中国有好的“国缘”。

时代华纳的全球视野

主持人：请问帕森思先生，时代华纳在中国的发展对哪些方面特别感兴趣?

帕：首先从世界范围来看，我们在美国已经是一个很大的集团了，我们拥有美国电影、电视、杂志出版以及网络各 20%的份额。所以，当我们要寻求增长的时候，就必须寻找美国以外的市场。我们在欧洲占有一定的份额，但那里已经很发达了，所以我们看重的是世界上一些主要的发展中国家。中国、印度、俄罗斯和巴西是我们看好的四个主要市场。目前，拉美国家的经济还在恢复过程中，还没有准备好，所以机会很有限；而俄罗斯现在还比较动荡，所以，对于我们来说国际扩展的领域就是中国和印度了，而中国显然是位居榜首的。为了扩展业务，我们在中国已经有所发展了。比如，华纳兄弟公司在中国电影事业方面已经有了合作，我们同样也对杂志出版业、电视和网络很感兴趣，这就是我们在中国关注的四大焦点。

赵：很多美国大片进入中国很成功，但是中国的片子进入美国的较少，其中有经济的原因，也有文化的原因。据我所知，美国拍一部大片，大约平均需要8000万美元，更贵的需要几亿美元。中国的片子，一般大概500万人民币就够了，好片子大约1000万人民币（个别的上亿人民币），从成本上看，双方相差几十倍。在文化方面，是如何把中国的故事让美国人看得懂。很惭愧，“花木兰”是中国故事，让美国拍成（动画）电影了，并且成绩不错。我的问题是，你们的电影业很成功，那么你们能否给中国的电影业提出些忠告？您能不能帮中国每年在美国放映几部电影？

帕：这是现实情况。在西方，大家都知道中国的文化是世界最古老的文化之一，有非常丰富的故事。我们行业的主旨就是要给人们讲故事。电影、电视甚至是报道都是这样，当然说的是真实的故事。世界上再也找不出第二个像中国一样拥有如此丰富的文化的国家。我想反映中国文化的电影要在全球包括美国取得成功，需要两个条件：

第一个条件是制作的质量问题。电影制作有很高的技术含量，这里涉及技术转让的问题，我们非常愿意和中国建立合作伙伴关系，进一步改善中国电影制作的质量。我以前谈过两个重要的原则，第一是要建立公平、公开的竞争平台，以形成更开放的市场；第二就是加强法治，以保护知识产权，这样才能使得更多的美国技术进入中国。

第二个条件是规模。我刚才也谈到了，像时代华纳、默多克和迪士尼这样的大公司，都有自己的规模，有雄厚的经济实力，因此他们有能力把自己的电影向全球推销和发行。我们非常愿意帮助中国电影业的发展，通过与中国建立合作伙伴关系的方式，投入技术和资金，利用我们的技术力量和财力，在全球进一步推销中国的电影。这对双方来说都是双赢的合作，因为我们可以加速这方面的工作以创造更多的就业机会。同时，也可以使中国的故事在世界上更广为人知，并且更具竞争力。

主持人：非常精彩的回答。

赵：最后我有一件小礼物，是一条领带。领带本来是西式的，但图案是中式的。帕森思先生能说出领带上的图案是什么意思吗？

帕：一个奥林匹克花环，另一个是中国式的图形？

赵：能认出是中国式的，就说明您已是中国通了，这是一个奔跑的运动员和“京”字巧妙的结合。咱们两人的领带图案一样，只是颜色不一样，是“求同存异”吧。

帕：很漂亮的！颜色也和衣服相配，谢谢！

主持人：谢谢两位嘉宾，谢谢大家！

心灵沟通的钥匙：智慧和真诚

中国日报社总编辑　朱　灵

本篇文字记载的既是一次高端人物的对话，更是一次高端思想的交流。

物质财富具有排他的特质，而思想财富则具有共享的特质。如何才能不断汲取先进思想的营养，达到共享的目的，最好的方式就是沟通，即进行真正意义上心灵之间的沟通。

中国二十多年的高速发展，得益于全面的对外开放，得益于与世界各种先进思想的充分的交流。因而，如何与外界进行成功的沟通和交流，就成为说起来似乎简单、实践起来却并不容易的课题。因为其中往往有历史恩怨的隔阂、思维方式的差异、文化背景的不同以及意识形态的束缚等等因素。这也使得沟通与交流成为一门大大的学问。

我多次聆听过启正同志的精彩演讲，也拜读过他的《向世界说明中国》。相形之下，本次对话的议题算不上广泛，但其沟通的强烈愿望和高超技巧却是一脉相承的。

以我的观察，启正同志与他人沟通的突出特点，是注重进行心灵的沟通；而其开人心扉的钥匙则是他的真诚和智慧。

在本次对话中，启正同志首先通过对财富概念的精辟阐释赢得对方的高度共识，为彼此共享人类文明的成果奠定了沟通的基调，也使双方能够沿着一个既定的思路寻求合作中各自的机会；同时，又以坦诚的态度求教于对方，使之毫无保留地谈出自己的真实看法和深层次经验。整个交流过程都十分自然地融会着他的真诚与智慧。

真诚，一般来说属于道德范畴，表现为坦率、透明、诚恳和自信。智慧，则属于技术范畴，表现为理解、体察、宽容和善解人意。真诚和智慧的人，往往也是拥有比较好“人缘”的人。

启正同志用坦率地承认我国在知识产权保护方面还存在若干不足，我国的媒体经营还存在显著差距等来体现其真诚，使帕森思先生感到与中国的任何一点合作都是在“为世界做一些好的事情”，从而生发出强烈的使命感。与此同时，启正同志又以其智慧，客观地阐明中国的历史性进步和巨大的市场空间，使帕森思先生充分意识到时代华纳在中国所面临的难得的发展机遇和其利益成长的广阔前景。这种把自身的需求与对方的利益巧妙结合，运用的正是真诚与智慧这把沟通彼此心灵的百试不爽的金钥匙。

如果说启正同志在“浦东赵”时期主要是从事物质财富创造的话，那么在“论坛赵”时期则转入了思想财富的创造。启正同志由于特殊的工作岗位，其真诚与智慧已不能简单地看作他的个人素养和行为，而是折射出国家和民族的素质及文化底蕴；他也正是通过一次又一次充满真诚和智慧的沟通与交流，营造着中国的“国缘”，积累着中华民族的“软实力”。

通过这种高端对话所实现的思想和文化经验的引进，在一定意义上说，毫不逊色于直接的资金和技术引进，因为这种引进更具有共享的特质。

智慧地选择有效的传播途径

中央电视台节目主持人　　水均益

启正主任这本新书的内容比上一本又有了扩展，包括了如何发挥智慧去加强对外传播的论述。很长时间以来，我们的宣传比较注重立竿见影。换句话说，就是希望我们这样说别人就马上认为是这样，甚至我们要求别人的看法、思路要和我们的一模一样。正是因为这样，我们的宣传被人看作是“宣传”（propaganda）、灌输。结果也往往是适得其反。遗憾的是，长期以来我们并不知道问题出在了哪里。我们只顾自说自话，别人怎么想我们不听，也不管。

然而，有人看到了这个问题的症结。其中就有赵启正先生。

我第一次接触启正主任是在20世纪90年代末。那是1999年在中国上海举行的《财富》论坛期间。那一届的《财富》论坛是第一次在中国举办，而且据说其中的牵线人就是后来被媒体戏称为“论坛赵”的启正主任。我当时的采访任务是制作一期有关上海《财富》论坛的《焦点访谈》节目，其中的一个重点采访对象就是国务院新闻办主任赵启正先生。启正主任痛快地答应了采访，并约定我们在上海国际会议中心酒店的大堂见面。见面后，启正主任的第一个问题出乎我的意料。“在哪儿采访？”启正主任问我们一干人。我说，就在酒店吧。因为以我的经验，一般高层采访对象都喜欢选择一个比较安静、舒适的地方采访，比如，酒店一角的沙发或者是某一间会客厅。没想到启正主任建议我们到会议中心外面的花园里采访，并说那里环境好，周边还可以拍摄到上海浦东、黄浦江以及外滩的景色。他甚至以一位专业电视导演的语气建议我们可以边走边说，最后落座在一处石凳。采访前的沟通也让我受了一回教育，启正主任再三提示我们要谈得实在，用他的话说就是“来点儿深刻的”。说实话，那次采访让我对这位中国政府高级新闻官员大大地刮目相看了一回。一位政府的部级干部如此精通新闻，如此为记者着想，如此注重新闻宣传的真实效果，这让我深感中国的对外宣传和国际接轨的力度。

看到了问题的症结所在，明白了宣传的真谛，智慧地选择了有效传播的途径，这就是我们这些年来越来越清晰地看到的中国政府对外宣传的轨迹。而这中间的领军人物无疑便是赵启正先生。1999 年的上海《财富》论坛之后，人们又在北京的《财富》论坛上看到了启正主任活跃的身影。中法、中日、中美、中欧，可以说在当今世界的几乎每个角落都留下了启正主任的谈笑风生。而每每，他还会主动迎接挑战。做客日本、美国、欧洲等国最具挑战性的电视节目，接受最不客气的大牌主持人的采访，启正主任总能得胜而归，而且还能带回无数让我这个中国的电视节目主持人羡慕无比、赞叹不已、反思良久的话题和花絮。

2005 年，《财富》论坛在北京举行。我又多了一次采访启正主任的机会。说来意味深长，那期节目的创意是启正主任的点子。一场双边高端访谈，一方是《财富》论坛的主办方，美国时代华纳公司董事长兼首席执行官帕森思；另一方则是启正主任。那是一次名副其实的高端对话，一次智慧的谈话，一场经典的外宣实践。

和启正主任上一本书一样，《续编》应该，而且肯定会是一本好书。我这么说是负责任的。因为我认识启正主任，采访过他，领教过他的智慧，也佩服他对新闻、宣传的领会和把握之精妙。

纪念斯诺的意义

(2005年7月19日在北京大学斯诺百年纪念大会上的讲话)

六十八年前，斯诺出版了《红星照耀中国》一书，首次向全世界介绍了中国共产党领导的革命根据地的真相，展示了中国的光明和希望，在全世界产生了深刻而持久的影响。正如美国历史学家拉铁摩尔曾说的："斯诺的《红星照耀中国》就像火焰一样，腾空而起，划破了苍茫的暮色……原来还有另外一个中国啊！"

向世界说明中国，几十年前有必要，今天仍有必要。这是因为，中国是占世界总人口五分之一的国度，但在近代历史上，曾经沦落至无足轻重的地位；她曾经因封建、落后、疲惫，无法得到在世界民族之林与他人平起平坐的地位——这导致对她的旧印象还在一些外国人头脑中挥之不去。今日中国充满活力，发展迅速，逐步成为国际舞台上的重要角色之一——这却同时带来中国是"威胁"，还是就会"衰败"的舆论。

中国自从实行邓小平提出的改革开放政策以来，经济、社会保持较快和健康的发展。与以前相比，中国称得上是日新月异的国家，我们必须随时向外界说明中国的发展变化，并表明中国愿与世界分享中国发展带来的机会。

中国已逐渐成为国际社会关注的焦点之一，中国所发生的事情往往与其他国家息息相关。举例来说，人民币汇率现在成为国际热点问题——尽管在其中充满了相互矛盾的见解。这在二十多年前却是无法想象的，因为那时中国的国际贸易总量微不足道。

向世界表达一个真实的中国，使世界人民能够较准确地认识中国，才能正确地对待她。当然，中国也需要更多地认识世界，才能正确地对待世界。

可是，由于中国参与国际事务较晚，加之第二次世界大战后冷战思维盛行，其他国家人民对中国的了解仍然很少，有些是片面的，有些甚至是误解。不同国家、不同的人在不同时期对中国的看法也不尽相同。

中国对外传播自身信息面临的困难，还有与国际公众交流的文化差异的困难。汉语使用人口居世界之最，但分布国家很少。使用英语、西班牙语的文化产品可以直接出口，而中国还得把中文产品译成外文。由于多数中国作者的观察角度和对外国读者理解的不足，加之先由中国作者写成中文稿，再译成外文，这与用外文直接写作之间是十分不同的。中国老一辈专家，如伊斯雷尔·爱泼斯坦先生、林戊荪先生[1]等，都被认为是用外文写作的典范。

中国对外传播的困难还在于，我们现在提供的信息和外界想了解的有时不能交集。要准确把握外界对中国信息的需求，还要进一步了解国外受众的文化背景。总的来说，了解中国真实情况的外国作家写的关于中国的作品，能够超越这一困难。

斯诺在抗日的战火纷飞中，突破重重障碍，来到西北采访红色根据地。他同时跨越了文化和意识形态差异，将当时中国的真实情况介绍给世界，

1　林戊荪，中国著名翻译家，曾任中国外文出版发行事业局局长。

才取得了成功。

如果说，六十八年前，斯诺的一本《红星照耀中国》给了世界第一次认识当时的中国的机会，那么，今天在座的和一些不在座的外国友人，则能把当代中国顺当地介绍给世界。前不久，我们沉痛悼念了爱泼斯坦先生的逝世。爱泼斯坦先生本来是波兰籍犹太人，幼年时即随父母来到中国，很早就为美国合众社写稿。抗日战争结束后，爱泼斯坦先生回到美国。1951年，他又克服重重困难来到中国。他以自己的亲身经历写就《见证中国》等书，向世界展示了当代中国的发展变化历程。

今天请大家一起回顾历史，一起讨论如何加强中国与世界的沟通。我们对帮助过中国的诸位先贤和在座的各位表示衷心感谢。

中国的外国友人和在国外生活的华人，对外国了解较多，对中国也较为了解。他们是中外交流的重要桥梁。他们不仅可以自己卓有贡献，还可以就中国如何对外传播提出建议。

我们希望全世界都能够全面、准确、客观地认识和理解一个变化中的真实的中国，这符合全世界绝大多数人的愿望，也有助于全世界的和谐发展和全人类的共同利益。

谢谢。

二、中国立场　国际表达

ZHONGGUO LICHANG GUOJI BIAODA

正在用矿泉水瓶子作示范的佩雷斯
（参见《与佩雷斯论智慧》一文）

美国《领袖》杂志刊登的采访赵启正的文章（参见《品牌中国》一文）

关于乞丐的漫画
（参见《您是赞成？保留？还是限制？》一文）

您是赞成？保留？还是限制？[1]

（2000年8月30日在华盛顿全美新闻俱乐部[2]演讲后答听众问）

希克曼（全美新闻俱乐部主持人，以下简称希）：谢谢部长先生的演讲。要提问的人请分别站在台下两边两个话筒后边。我不点名，由左边那个话筒开始。

中国人对美国的了解远远超过美国人对中国的了解

问：去年七月我在中国访问，我们的行程沿着长江进行，当然也去了对中国的发展很重要的三峡大坝。我很吃惊地发现，大多数和我交谈的中国人都很了解中国同美国的关系，他们知道三峡大坝的由来可以追溯到第二次世界大战时期，设计过Coolie大坝、Boulder大坝和其他众多美国大坝的著名工程师John Lucien Savage。当时他作为顾问，最早提出应该在长江上建一座像田纳西流域管理局那样可以控制汛情的多功能大坝。而许多美国人甚至都不知道John Savage，中国人对美国的了解远远超过美国人对中国的了解。这是为什么呢？您刚才的演说帮我解决了疑问。如您所

1　这篇问答本应编入新世界出版社出版的《向世界说明中国》中《中国人眼中的美国和美国人》一文之后，但当时未收集到这份记录。

2　华盛顿的全美新闻俱乐部是世界有名的发表演说的地方，发表演说的多数是各国首脑及政要，在这里发问者提出的问题往往刁钻刻薄。

说，在美国的中国人要远远超过在中国的美国人。

中国有没有什么长期的计划，如让在美国的中国人对其他人介绍一些中国历史和当代中国政策？我认为您在本月里在美国所做的一系列工作能够继续进行下去是很有必要的。谢谢。

赵启正（以下简称赵）：感谢您的提问。您所描述的中国和美国之间相互了解的例子很生动。但双方了解不对称的原因是多方面的。例如，我刚才提到中国人能够读到许多被译成中文的美国文学和科学著作，而被译成英文的中国作品却不多。同时，美国人对中国的了解并不是直接的，他们通常是通过美国描写中国的电影、电视和美国报刊了解中国。

现在，如您所说，许多中国移民和他们的后代在美国生活，他们会很自然地成为两国沟通的桥梁，并不需要我们请他们这样做。遗憾的是，中国和美国距离太远，许多美国人没有机会到中国去看看。

您的建议非常好，我们需要持续地、长期地向美国人介绍中国，以促进我们双方的了解。

我也愿意在这里指出，美国电影中关于中国和中国人的描写很陈旧，甚至很不准确，而中国的电影往往由于想象力不够，也不够浪漫，所以在美国不是很有市场。我们需要更好的剧本、导演和投入更大的成本。

网络技术绝不是泡沫，正如啤酒有泡沫，但啤酒不是泡沫

问：首先，我要恭喜部长先生在上海成功举办了《财富》论坛。您为我们这些美国人提供了一个机会，看到中国的城市取得的超乎想象的进步，也为美国在线公司总裁和时代华纳公司总裁见面并且“联姻”提

供了契机，这些都始于上海。我想问的是，部长先生，在您看来，中国人对互联网在中国的发展的看法如何？您是赞同，还是有所保留和限制？

赵：中国对互联网的发展抱以很大的热情。在众多的技术发展上，中国是落后的。无论是内燃机、电力，还是其他种类的技术，中国的起步总是较晚。这一次，我们——政府和人民决定不再落在后面，要把互联网本身以及和传统行业的结合列入发展重点。确切地讲，从应用的角度看，中国已经进入互联网时代。但是，中国在网络的核心技术——硬件和软件方面还很落后，还远没有进入到创造自己的网络技术的时代。

去年中国使用互联网的用户比前年增长了 4 倍。去年，我们有 890 万网民，而今年 6 月底，我们已经有 1690 万网民了。

但我们也面临着一些问题。今年 6 月，我应邀到位于华盛顿郊外的美国在线 AOL 的数据中心参观。我发现，整个中国的服务器容量还不及美国在线这个服务器集群（server farm），我们还得长期努力。

另一个问题是，我们必须加快丰富网上的中文内容，目前它只占世界上网站内容总量的 3.8%。

另外，从全世界看，大众对网络的理解比较狭隘，也比较浮浅。在纳斯达克显示巨大潜力的时候才引起人们的广泛关注，但期望又似乎过高。

就在刚刚过去的这个春天，在北京流传着这样一个笑话（也许是从外国传来的）：在街头有个乞丐，他前面放着一张写有 beggar（乞丐）的牌子，但是没人给他钱。他就重写了一张 www.beggar.com（乞丐网站），人们就开始给他钱了。（*笑声*）

这个笑话表明人们是多么急于投资网络业，然而他们对网络股票的风险认识实在不足。这个夏天，一些人开始怀疑网络经济是否只是泡沫经济。

但我要说，网络技术绝不是泡沫，正如啤酒有泡沫，但啤酒（本身）不是泡沫。

我们必须健全法律，不让类似“文革”的事情再次发生

问：我来自中央电视台。今年9月，美国参议院将就给予中国永久性正常贸易关系（PNTR）进行投票。与此同时，中国将在美国举行文化活动。这样的时间安排有什么特别意义吗？

赵：人们会很自然地认为这两者有什么联系。但实际上，这个活动是去年就开始筹划了，而你知道，参议院就此问题投票的时间那时还未确定。

我们的这次展览，是不可以随便改期的，而且在纽约预订好的贾维茨展览中心的使用时间也是不能更改的。但我还是很高兴参议院将投票改到9月，这一时间上的巧合看上去我们很像是会“神机妙算”。

问：我早年曾学习过中国历史，从工作至今我一直都在思考您今天讨论的中美关系这个话题。我和Sasser[1]大使也多次交换过意见，并且还写过很多篇文章专门探讨，就在这个星期，我还把其中一篇分别提交给了两位总统候选人。

本来，我更愿意私下交流，但是，既然您今天的谈话如此坦率、直接，令人耳目一新，我想把我的想法当着媒体的面说出来是值得的。

我们在华盛顿工作时，讨论到中美关系，多次碰到一份声明，这份

1 James R. Sasser，中文名尚慕杰，美国前驻华大使。

声明出自经常激烈抨击中国的人之手。声明的内容是说中国在近25年里，甚至是近50年里没有改变过。我可以从一些政治文章中引述这样的例子，他们讨论是否给予中国永久性正常贸易关系问题时，写出的就是（这份）声明那样的文章。许多今天在这里的人也都明白这份声明是很荒唐的。

我快满58岁了。我这个年纪的许多人在成长过程中都有这样的印象，就是在“文革”期间，美国被中国视为强大的敌人。我们这些人对20世纪60年代的中国的印象非常深刻。当然，指导中国如何解释它自己的历史不是我们的任务，但是您作为中国的发言人，今天我很愿意与您如此直接地交谈，我只想告诉您，我们认识到处理这件事情的困难程度和我们对这件事的关注。

赵：您提醒我了，也就是说，美国人目前还没有忘记他们在“文革”时期对中国形成的印象。实际上中国政府已经彻底否定了“文革”，并且发布了正式的文件。不幸的是，这些文件发布的时候，中美关系正处于尚未建交和刚建交的初期，当时美国驻京记者很少，大部分美国人甚至一点都没有察觉到中国在粉碎“四人帮”后的大变化。

我的年纪大致与您相仿，“文革”期间我在中国，所以我有极为深刻的记忆。“文革”开始的时候，我刚刚大学毕业不久，被下放到农村“劳动锻炼”。就在那个时候，我从收音机里听到美国人乘坐“阿波罗”号飞船成功登月了，我和我的同事们心情都很复杂。我目睹了“文化大革命”如何阻碍了中国的社会进步。

中国人民从中得到的更为深刻的教训是，我们必须健全法律，不让类似“文革”的事情再次发生。现在的问题是我们如何让美国人改变旧有的印象？好像我们应该再写一些文章或者通过其他的表述方式，让你们知道中国现在对“文革”是如何评价的。在您提问之前，我没有认识到美国人对“文革”有如此固有的印象。感谢您提醒我。

回顾任何国家的历史，往往会发现有一些孤立的事件

问：我想接着上个问题提问。先生，我很同意您的观点。1975 年我在中国制作了我的第一部纪录片，是与受邓小平邀请的美国国会女议员一起拍摄的。周恩来逝世的时候我们还在中国。在 1976 年 4 月，影片拍摄结束的时候，中国联络官员却通知我们，只有将涉及邓小平的全部图像及讲话都删除掉，他们才会去看。两年后，邓小平“摘掉帽子”，重返北京。我有幸代表美中国家委员会在美国接待中央电视台台长。我给了他一份该纪录片的拷贝。我说：“现在邓先生已经回到北京，我认为您可以看了。”现在我想说的是，您的诚实以及您今天谈到的中美关系的起起落落给我留下了深刻的印象。我非常赞同您的观点，我们应该往前看，要努力加强联系。

我曾经在您工作过的城市上海工作过，那是个很棒的城市，我在那里有很多朋友。我亲眼看到了浦东新区矗立起一座座摩天大厦。您应该谈到更多，部长先生。

希：（问刚才发言的先生）您需要让他对您所说的进行评论吗？我们下面还有很多其他问题等待回答呢。

问：很抱歉，下面才是问题，我刚才是想给他解释一下我的问题的背景。再有一个就是天安门印象。

不幸的是，每当中美之间有峰会或出现任何情况的时候，我们美国

的媒体都会播放旧片子提醒人们曾经发生过的事情。世界上的其他国家的确了解，这是你们历史上的一部分，对于中国人来说至今依旧是很难处理的棘手问题。

上周，我帮助上海的一个电视摄制组拍摄节目。我把他们带到越战纪念碑那里，问他们是否认为有必要在你们国家建一个类似的纪念碑，纪念在当时的受害人，纪念那些士兵、学生和普通北京市民。我想知道您是怎么认为的。

赵：您花了相当时间才把关心的事情表述清楚了。您提出的事情发生在 11 年前。随着中国法制的进展和中国大学生的日益成熟，这样的事情不会再次发生了。

如您所说，这是历史事件，并且您也知道，中国政府对此已有结论。

当我们回顾任何一个国家的历史的时候，往往会发现有一些孤立的事件。1932 年，胡佛总统任期内，两万多名退伍军人和他们的家属搭建了帐篷，进行示威游行。就在我们这个大厦外，在宾夕法尼亚大街附近，麦克阿瑟将军在当时还只是少校的艾森豪威尔的协助下，动用了骑兵和坦克，冲击了示威队伍。帐篷被烧毁，打死了许多人，儿童也被刺刀刺中。美国并没有为这段历史建纪念碑。

（此时座位上的许多人开始议论，似乎不知道这件事情。一位老者站起来发言）

老者：这个事件确实发生过，是第一次世界大战的老兵由全国各地来到华盛顿，要求政府救济，当时叫“补偿金远征军”事件。

中美两国贸易赤字的统计数据经常有差距

希：我刚刚收到提醒时间的信号。那边那位，您还有问题吗？

问：部长先生，我有两个问题。您能解释一下中国是如何与美国一起减少巨大的贸易赤字的吗？还有，关于非法向美国移民的问题，您和哪个部门一起解决这个问题？

赵：美国政府最近公布上个月的赤字是70亿美元。但是中美两国在贸易赤字的统计数据上经常有些差距。中国的数据低一些，美国的数据高一些。原因是双方有不同的界定方式和计算方法。例如：在中国制造的产品，从香港转口到美国，关于商品的附加值，美国方面估计得比中国方面高。另外一个问题是，中国想从美国买更多高科技设备，但是美方禁止这些高科技产品出口到中国。最近，美国在某种程度上放松了对中国出口计算机设备，但允许卖到中国的计算机仍属中等水平以下的产品。

贸易不平衡还有另外一个原因，美国的公司在中国生产产品，再运回美国出售，也算中国是原产地了。

关于如何禁止中国人非法向美国和其他国家移民，这是一个有些麻烦的事情。中国政府想和美国政府加强合作，最终制止这样的事情。这种事情大多发生在中国东南沿海的省份，那里的一些人似乎认为在美国赚钱十分容易。有一些中国人，也包括一些美国人，专门从事这类人口偷渡活动。双方要加强对这类人口偷渡活动的打击。在中国方面，我们不仅要加强边境管理，更要加强教育。这些措施齐头并进，就会有明显的效果。

希：很抱歉，时间到了，我们不得不结束了。还有很多好问题没有机会提出，你们也许可以在场外同部长交流。

谢谢部长，感谢各位光临。

附：答问后三位美国的中国问题专家和活动家，对电视台记者发表的评论

尚慕杰（James R. Sasser，美国前驻华大使）：

他对中美关系历史的回顾很有裨益。他非常坦率，指出两国间存在的一些问题，并坦诚地回答了许多问题。他还表明中国的政府和中国人民愿意并热切希望与美国发展良好关系。一次非常有益的演讲。

柯白（Robert R. Sasser，美中贸易全国委员会会长）：

如果说赵部长今天的演讲代表中国开始作出持久的努力来拉近与美国人民的距离，我认为这次演讲将在这方面产生积极效果。

兰普顿（David M. Lampton，美中关系委员会前会长，美国约翰·霍普金斯大学中国研究所主任）：

我们将来不得不适应中国，就像中国现在适应我们一样。美国将来不可能简单地向其他国家发号施令，然后期待他们言听计从。我认为这次演讲阐明了中国正在发生的变化的规模和意义，也使美国人明白无误地认识到他们对中国施加影响的能力是有限的。

两位共产党人的对话

(2002年8月30日会见日本共产党中央主席不破哲三时的谈话[1])

文化的接近是中日关系有光明前途的基础

赵启正(以下简称赵):中日友好的基础超过中国与西方的任何一个国家,因为中日之间有一个支柱,这就是"文化"。日本学习了中国文化。在20世纪初,中国有很多近代词汇是从日本传来的,这些词汇又给中国带来了欧洲的文化。当时,中国是封建社会,不知道"宪法""国际法""诉讼法"这些词汇,是中国的留学生从日本带回来的。享受茶道与书法是中日人民共同的快乐。

不破哲三(以下简称不破):我赞成赵主任的看法。虽然日中两国之间有战争的创伤,但日本历史的基础是从中国文化的基础上发展的,日中两国都使用汉字,虽然使用的简化字不同。日本游客去欧美,如果不懂当地的语言就无法生活,但在中国就不同。日本钢铁联合会代表团首次访问中国时,丢了一个团员,这个团员把要去的地方写在纸上,最后找回了驻地。日中之间有这样的文化基础,完全可以发展广泛的密切的合作。

---

1 不破哲三著《访问北京的五天》中,也描述了这次谈话。

两国媒体有义务多做促进中日友好的工作

赵：中日友好是符合我们的现实和长远利益的。日本的媒体不断地说，日本对中国的抱怨很多，其中一个就是说中国总让日本赔礼道歉，但在中国也有一种抱怨：战争已经结束50多年了，日本领导人还不断地参拜靖国神社，日本居然批准否认侵略战争的教科书出版发行，等等。在这种情况下，双方媒体的作用就不可低估。如果客观的报道多一些，就是正面的、促进的作用，如果渲染负面的报道多一些，则是反作用了。正如毛泽东主席所说，中日两国人民都是战争的受害者。在日本只有少数人不承认侵略战争的事实。

中国人决不是要求现代日本人承担上一代或者上上一代日本人的战争责任。实际上是中国担心日本现在的领导人对历史问题的错误看法，会引发种种严重后果。可以说日本是发球方，中国是接球方。没有日本首相和政要的一次次参拜靖国神社，没有修改历史的教科书的出现，中国也不会对日本这些现象进行批判。

经济问题反映了政治问题

不破：10～20年前日本经济界对与中国接触有消极性。当时他们低估了中国的发展前景。他们认为中国的技术水平越低越好，害怕中国成为日本的竞争对手。日本刚刚认识到这个问题，但是已经有很大的损失了。中国现在已经变成了巨大的投资、销售市场，在中国可以感受到欧美企业的存在。以前在中国，日本车多一些，但是现在，大街上最多的是欧美车。日本企业落后的原因就是对中国市场判断的失误。另外一个原因就是政治问题。日本媒体现在刚刚开始介绍日本企业进入中国的情况，这是长期以来受到反华情绪影响的结果。这充分说明，在政治压力面前，日本企业的力量显得很弱。所以，还要谈政治问题。

日本的右翼在执政党内

不破：战后很长一段时间，虽然日本有一部分人认为战争没有什么错，但是不敢公开站出来说这种话。但是现在的情况完全变了。这里面主要有几个问题。

一个是中国的“文化大革命”中大量信息出现在日本报刊上。1998年日本电视台在好几个月的时间里反复播放天安门发生的事件，这都对中日友好带来负面影响。日本右翼政客可以利用日本对中国负面报道的影响，公然宣扬他们的历史观。

另一个是日本战后的政治进展情况与欧洲完全不同。在德国，在欧洲，侵略与和平有明显的划线，但是在日本没有。许多战犯在美国的扶植庇护下，成为战后日本的执政势力。欧洲的极右势力只是一小部分，而日本的右翼就在执政党里面。

第三个问题就是美国一直在推动日本自卫队参与海外的军事活动。《日美安保条约》中有一条叫作“有事参战”。其实这个条约是受到严格限制的，但是日美两国以这个条款为由不断加强日本自卫队，特别是海湾战争之后，在美国的压力下，日本自卫队派兵海外已成事实。

要用通俗的语言让日本人民了解中国政府的立场和历史的真相，因此我们要研究如何打破这种现状，回答日本人民的问题，改善日中关系。

实事求是地使日本人民了解历史的真相还需要经过更多的努力，这是日本共产党工作的重点。

我希望中国在让日本人民了解中国政府的立场和历史的真相时，多用一些日本人民可以理解的方式，效果可能会好一些。希望中国重视日本媒体的工作，使日本舆论多做有利于日中友好的工作，在日本人民中产生正面的影响。

赵：我赞成。你对历史的分析，逻辑上很清楚，哲学上很有说服力。我接待过许多日本的要人，但是，你今天的谈话给我留下了深刻的印象。也许是我们都有马克思主义哲学的功底的缘故吧。对中日关系中存在的问题，我们要面对现实，直率交流，重要的是正确地分析。如何让中国和日本人民都知道你刚才说的道理，这是个重大的课题。

对外书刊“本土化”[1]是创造性的新实践

（2004年11月5日在中国外文局对外书刊本土化暨《今日中国》中东分社及拉美分社成立总结汇报会上的讲话）

对外书刊“本土化”，或可简称“外刊外办”，外文刊物在目的国编印发行，是在外文局领导的鼓励下，由群众中来的一个创造性的新实践。我只是一个创造性新实践的呐喊者和支持者。外宣书刊本土化也是我们在中央外宣工作会议之后的一个新的进展。用“中央外宣工作会议”这样的名称召开这样的会议是第一次，这表达了我们党在加强执政能力的思考中把外宣工作的地位提得更高了。现在用三句话来描述外宣：一是“党和国家一项具有全局性、战略性的工作”，二是“我国国家综合国力的重要组成部分”，三是“我国国家安全的需要”。我们一定要用新的行动，来响应中央对我们的召唤。

我们那么多年来提“走出去”，是做了些事，但非常值得我们作为里程碑的那种“走出去”似乎还不多。这件事情做好了，将会成为“走出去”的新的重要内涵和重要形式，在本系统内可能被排在名列前茅的重大改革项目的位置，我有这样的期望。

1 “本土化”是2004年中国外文局的一项改革措施，也可称“外刊外办”，即派出编辑小组常驻目的国编印发行，国内本部以互联网与编辑小组保持联系，协同提供部分文章、有关数据、照片和排版。

我觉得“外刊外办”的好处就是避免了以往我们“闭门造车”的机制带来的种种问题。

“闭门造车”在以往是不得已，因为在五十年代、六十年代，很多国家根本不承认我们国家，我们到外国去办，谈何容易！人家对我们是封锁的。我们学了这么多年邓小平的中国特色社会主义的理论，又学了好几年“三个代表”重要思想，我们的思想进一步解放了。同时，国际环境也变化了，我们有走出去的条件了。走出去办刊的好处颇多，和当地的社会尤其是受众和潜在的受众直接接触了，针对性就清晰了。

第一个好处就是提供了“外刊外办”实践“三贴近”的机遇。即“坚持贴近中国发展的实际，贴近外国受众对中国信息的需求，贴近国外受众的思维习惯”。“贴近中国发展的实际”，意思就是多报道现代中国，再一层意思是报道要实事求是，不要泡沫，不要渲染。

我们不能当“百分比”领先时就说“百分比”，当“绝对值”领先时就说“绝对值”，不能把话说得太满。我们要记住小平同志在1989年说过的一句话：“我们不要吹，越发展越要谦虚。”我们在外办刊时如何保持“贴近中国发展的实际”，如何随时知道国情的新发展，请大家多用心。

“贴近外国受众对中国信息的需求”，外国受众到底想知道中国什么？外国人首先想知道现代中国。在了解外国受众需求的时候，一个很重要的问题是：在众多外国人当中，谁是你的受众？受众是什么水平？我认为，一定要把外国的受众对中国的理解假设为一个外国的中学毕业生，万万不能假设为一个专家，否则会把我们的书写得太深、太涩，那样写成中文都未必能吸引很多中国读者，更不用说翻译成外文对外国读者了。请大家考虑一下自己的知识结构。原来所学某一专业，有的已经陈旧了不说，至于大学专业以外的数理化、生物、地理、历史就是高中生水平，也许还不如现在的高中生。对外文章务必不能写得太深。写深了两边费劲，你写费劲，人家读也费劲。但是我们似乎写惯了深的文章，要改一改。

外国人对中国的经济感兴趣。但要记住你的对象不是经济学家，而多数是企业家。所以我们还是多介绍中国的实际发展和投资环境，少讲我们的经济理论为好。外国专家研究中国也不是依靠我们一般的外刊，他们会去找学术性刊物文章。

“贴近外国受众的思维习惯”，这也往往被忽视。外文局许多人的外文很好。但对外宣传不只是语言的翻译、文字的翻译，而是文化的翻译、思想的翻译。所以把一篇文章翻译成外文时，文章的段落你可以前后调整，某些段落也可以删，有些话不一定要一一对应。严格地说，让外国人读的文章应当是一篇再创作的新文章。

第二个好处就是实现了时效性。《北京周报》寄到美国要七八天，还有邮寄成本呢？那是编印成本的几倍！“外刊外办”可以直接投放到当地市场，大大提高时效，还可能降低成本。

第三个好处是以新的方式来培训干部，包括给干部发展的机会，要善用人才。善用人才包括发展人才。搞“本土化”就要派人去当地工作，希望大家在这个过程中提升自己的语言、文化，以及与外国人打交道的本领。

这项改革是革命性的措施，可能会使体制、机制相应地发生很大的变化，希望大家支持。但可能会有很多新问题，也许会涉及有些部门的利益，那就要通过其他的途径来弥补。

我们的舞台很大，未开垦的土地很多，我希望各外文刊都及时开始“出发”，不必等一两家的经验到手再出发。各国的情况不同，杂志也不同，除了共同的经验外，很多经验要自己创造，我期待着大家前进的消息和分享丰收的喜悦。实践当中我们还会有新的认识，新的创造，让我们共同努力吧！

国家形象的传播是一种特别的“营销”

（2005年5月14日祝贺清华—奥美公共形象战略研究室[1]成立的贺信）

热烈祝贺清华大学的校园里诞生了这样一个为公共政策与国家形象开展科研与教学的学术中心。

一个国家的形象或是一个政府的形象的传播，是一种具有特别意义的“营销”。例如，国务院新闻办与清华大学进行的政府发言人培训，就是通过发言人利用媒体传播政府的品牌、形象和声誉。

我们提倡“多做少说”或者“只做不说”，对于新闻传播来说就不太适合，那好比“锦衣夜行”。如今中国是开放的时代，世界是经济全球化的时代。中国有必要增进与国际社会的了解和沟通，传播中国的真实的国际形象。一个国家在国际上的形象，是由国际社会大多数媒体对这个国家的报道和评论形成的。但是，当今世界由于经济和技术力量的不均衡而导致西方传媒控制着一个国家品牌和形象的“营销”。面对严重的信息传播的不平衡，中国传媒和中国传媒研究机构的任务之重就不言而喻了。

在今天这样一个全球传播时代，一个成熟的政府，要训练自己的官

1　清华—奥美公共形象战略研究室是由清华大学国际传播研究中心和奥美整合传播集团合作成立的研究机构，成立于2005年5月14日。作为亚洲第一个公共形象与品牌思想库，该项目以科研和教学为基础，总结世界各地有关公共形象战略的成功经验，通过媒介调研、政府与企业游说以及专业培训的方法，在塑造城市品牌和旅游品牌、加强政府的危机管理和媒体关系等领域为各地政府部门提供资讯。

员像管理国家资产一样，精于管理国家和政府品牌，要熟知自己所负责的领域和世界舆论随时的变化，善用传媒，既实事求是，又能保护和发扬本国的形象和品牌。

高速发展中的中国，需要的不仅仅是政治、经济、军事实力，更需要有积极健康的推广国家形象的能力。国家形象不只是一个国家所展现给世界的基本面貌，还应该包括展现国家发展的战略。

对中国而言，就是和平发展战略，方法是和平的，目标是和平的。

随着中国的媒体产业化、商业化、市场化，特别是随着信息传播技术带来的媒体多样化、信息出口多样化、受众分散化，政府也在学习向中外媒体“营销”自己。这包括，政府发言人通过向媒体准确且有效地传达政府的立场、政策和社会发展，引导媒体作有利于政府和人民的报道。同时，及时收集媒体的意见，并作深入的分析，使政府作出及时反应，使政府的工作和媒体的报道都贴近人民、贴近生活和贴近实际。这种双向交流体现了政府与民众间的互动，发言人的每一句作答都成为一种对人民的交待和承诺，最终形成政府名副其实的为民、高效、开放的执政形象。

在全球传播时代，中国的国家形象和国家品牌的传播不但依赖于中国人自己的努力，也受到全球传媒报道的影响。中国需要寻找一种更具针对性、说服力和有效性的方法，向世界传递中国的声音。我祝愿清华—奥美公共形象战略研究室能够围绕这一主题，展开科研和教学工作，创造新闻传播学的另一部分——政府官员的新闻传播学。这将和传统的培训记者和编辑的新闻学一起构成一个“完全的”新闻学。

与世界媒体同行

(2005年5月16日在2005北京《财富》论坛文化圆桌会议上的对话)

主持人:

理查德·D. 帕森思 (Richard D. Parsons), 美国时代华纳公司董事长兼首席执行官

发言人:

赵启正, 中国国务院新闻办公室主任

蒲思鼎 (Norman Pearlstine), 美国《时代》杂志总编辑

主持人: 今天非常荣幸地请到国务院新闻办公室主任赵启正先生, 跟我们一起讨论媒体在中国日益重要的角色。我们要感谢赵主任多年来在与中外媒体打交道中所表现的职业精神、平等对待各个媒体的公平精神。感谢他在向全世界传播中国的丰富文化和传统方面所作出的不懈努力。同时, 我们还请到了时代公司总编辑蒲思鼎先生。首先我们请赵启正主任发言, 之后他们二人会进行一番对话。

"每天一个新中国"

赵启正 (以下简称赵): 谢谢帕森思先生。20世纪末, 英国布拉顿第18届世界哲学大会提出了"新的世纪是文化世纪", 而我们这次《财

富》论坛的主题是“中国与新的亚洲世纪”。这两个命题结合起来，就是今天圆桌会议的内容。

由于互联网、卫星电视等现代通信方式的发展，媒体越来越重要了，文化也越来越重要了。文化可以促进政治、经济和社会各领域的发展，但如果处理不好，也可能成为发展的障碍。亨廷顿教授在他的著作《文明的冲突与世界的秩序的重建》中谈到了这些制约因素。而中国在新旧世纪交替之际提出了一个全国的战略方向，就是要发展先进文化。我们要继承传统的优秀文化，克服不适应时代的落后文化。这在中国是一个很响亮的命题。

中国在快速发展，特别是近二十年，中国健康、稳定的发展引起世界各国的关注。中国发展得如此之快，可以说“每天一个新中国”。在中国，不论是想积极推动这种变化，还是仅仅享受、适应这种变化，都需要了解每天发生的信息，这包括国际的和中国的信息，因为它不仅影响社会，也影响每一个社会成员的命运，影响每一个企业的前途。特别是中国加入WTO之后，中国对世界的信息要求和世界对中国的信息要求，双向剧烈地增加。这种需求不仅是经济方面的，也包括社会发展的各个方面。

在这种快速的发展中，中国的媒体得到了发展的机会，快速成长。不仅数量迅速增加，内容也更加丰富，国际新闻和国际报道的篇幅也增加了。中国媒体能够向国际提供及时、全面和客观的中国信息。但中国还需要国际媒体的合作，需要各大通讯社、各大电视网的信息。

我们要提供最好的信息源

中国政府鼓励媒体更多地报道中国的社会发展、中国的政策，并且回答国际舆论对中国提出的问题。因此，我们要提供最好的信息源。中国国务院新闻办公室推动了新闻发布会的发展。去年，中国中央政府和地方政府共举行新闻发布会九百多场。特别是在我的办公室举行的发布会，美联社、法新社、路透社、CNN（美国有线新闻网）、中国中央电视台的三个频道和香港凤凰电视台都进行了及时的报道或转播，中国的互联网还在现场进行文字直播。据了解，我们发布的信息有80%都被中外媒体列为当天或当周最重要的新闻，剩下的20%也都进行了报道。

但与国际同行相比，中国传媒在资本、经营网络、经营理念、管理体制和人才素质等方面还有较大的差距，特别是文化产品贸易存在着严重的逆差。

因为中文的不普及，中国要对外表达就必须开办外文的报纸、杂志和网页。我们的英文报纸只有几家。在北京的就是《中国日报》（*China Daily*），这是一个非常严肃、正规的报纸。地方也有几家英文报纸，如《上海日报》（*Shanghai Daily*）。中国有多种外文杂志，我们每个边疆省都有一两种邻国文字的杂志。北京也出版几种英文、日文杂志。但是传播仍旧有困难，在外国的书店里很难见到。

我们希望与世界媒体同行

总体来说，在国际上，中国的表达还较弱。因此，重大的国际新闻，中国难得有独家报道，也难得在现场直接采访，往往都要购买外国的新闻，加以综合分析再变成我们的报道。这样在时效性和准确性上都会出现一些问题。

我们需要和外国媒体合作，并且已经进行了一些合作，比如和时代华纳、新闻集团以及日本的富士电视台等等，他们帮助我们让CCTV-4和CCTV-9在美国、欧洲、日本落地。当然，这些节目的内容如何改进和改善还有讨论的余地。我们希望能够在今天这个会上表达我们和世界媒体同行、和文化界进一步交流的愿望。谢谢！

媒体应多讲事实，让读者自己去判断

蒲思鼎（以下简称蒲）：赵主任，您能不能从中国人的角度来解释一下什么是“宣传”，什么是“说明”？这两者有什么区别？

赵：中文中的“宣传”找不到英文的对应词，它包括表达、描述、说明等诸多含义。以前往往被错误地翻译成propaganda，这个翻译流传已久，反倒干扰了中文“宣传”这个词本来的正确意义。所以，我们现在对世界表达中国就用“说明”（description）、公布（publicity）、推介（present），或者“传播”“交流”（communicate）这样的英文。我们愿意介绍一个真实的中国，愿意说明中国的进步，也愿意说明中国的不足。我们之所以进步，是因为改正了缺点或发展了新的优点，那就是一个崭新的面貌。所以，中国政府鼓励媒体说明中国的进步和不足，鼓励中国媒体对外要多讲事实，让读者自己去判断。

西方媒体报道中国有欠客观公正

蒲：海外媒体关于中国的哪些报道会让您不开心？

赵：从总体上说，外国媒体，特别是西方媒体主导了国际新闻。全世界重大新闻有80%来源于西方几个主流媒体。关于中国的新闻，新华社的报道是比较准确的。我们不满意的地方是，（西方媒体）有时候报道不全面，夸大中国某些方面的缺点，或者有时把谣传的消息作为正确消息报道，而产生这种误解的原因很难得到解释。（西方媒体）曾经一度过分宣扬中国的成长，以至于提出中国威胁论。这种评论性文章比新闻更有偏差。甚至有一篇文章说，中国的男人超过女人，中国男人就会出去侵略他国。这样荒谬的话也出现了！外国媒体可以说中国的不足和阴暗面，就怕先下了结论，认为中国不那么好，然后去找所谓的“事实”，而事实又不准确。这是我不满意的。

中国媒体要成为世界主流媒体还需要很长时间

蒲：您觉得中国的主要媒体，如 CCTV、新华社，什么时候能够像 CNN、FOX（福克斯）、BBC（英国广播公司）一样，在美国、欧洲和亚洲其他国家也成为主流媒体？

赵：世界的主流媒体不仅规模大，而且要对全世界的新闻传播有主导性的影响。中国媒体要成为世界主流媒体还需要很长时间，可能需要十年、二十年，甚至更长的时间。这其中除了经济实力不够之外很重要的原因是中国文化和外国文化的差异。中国是世界文化发源地之一，但她是很特殊的文化，思维方式也是独特的，受中国儒学思想影响，而欧美的思维方式则是受西方文化的影响。难的是文化翻译。对同一件事情的表达，用什么样的方式表达，才符合外国读者的文化背景和思维习惯。

中日是近邻，谁也不会搬家

蒲：过去几年中，中国的互联网不断发展，中国人开始用互联网进行交流。过去几个月里，互联网上有很多中国青年不断讨论中日关系。您认为利用互联网进行传播和交流对中国的信息传播是积极的事情，还是让您很担忧呢？

赵：中国政府对建设互联网持十分积极的态度，发达的互联网提供了廉价和高效的沟通机会。当然，人们在读互联网新闻的时候和读严肃报纸的时候，需要有不同的判断。因为在互联网上，个人也都可以发表信息，因此就有不准确的时候。

在积极发展互联网的过程当中，我们尽量防止传播不良信息，比如暴力、色情和假消息。此外，还有垃圾信息。我知道，你问的是政治方面的考虑。政治方面我们要求遵守中国宪法，如果是发表分裂国家的主张，我们坚决予以禁止。在维护国家的根本利益这一点上与美国没有不同，当然两国的国家利益是不同的。

蒲：互联网上有很多表达民族主义或者爱国情绪的，也有谈到跟美国的贸易关系或中日关系，以及和台湾的关系的。几个星期前，台湾的两个反对派领导人也刚来中国大陆访问过。所以，除了互联网可能带来的风险，您认为互联网是不是一个有价值的信息和民间舆论来源呢？

赵：中国有将近一亿互联网用户，其中以年轻人为主。互联网所反映的情绪不是全体中国人的情绪，主要是一部分年轻人的情绪。所以根据它来判断整个中国的民间舆论是不全面的。前一段时间，互联网上对台湾两政党领导人来访的报道比报纸要多得多，图片、花絮趣闻更多，网民对他们的来访作了评价，总体上是热情积极的。

你刚才两次引导我，想让我谈中国对日本的态度。但这里没有日本来宾，我们背后说人家不太好吧。（众笑）中日在二战中是敌人，中国人民受到了巨大的伤害，这样的伤害，中国人不会忘掉。当然，我们并没有让日本现在的年轻人承担责任，可是日本政府某些人物有对于战争历史的错误言行，如参拜靖国神社等，使中国人民回忆起了战争中的痛苦。但是，中日友好是两国人民的共识，我们愿意以史为鉴，发展未来，要铭记历史，启示未来。请你们放心的是，中日关系还将有很好的发展。我们是近邻，谁也不会搬家。（众笑）

中美之间有些事情就像打网球

蒲：请您谈一谈中国媒体应该如何报道美国政府要求中国做的一些事情，比如中国是否在朝鲜问题上扮演重要调解人的角色、要求中国重估人民币、中国对美国贸易顺差过大，以及美国反对欧洲解除对华武器禁运的问题。在这些要求和压力出现的时候，您是如何应对的呢？

赵：你的确有很强的职业特征，在一分钟之内就把所有的敏感问题都提出来了。（众笑）如果我全部回答，需要十分钟，所以我只能简单地说。

蒲：我的提问让您吃惊吗？（众笑）

赵：我觉得很好。就跟打网球一样，你给我一个扣球，我就要给你一个反手球，打回去。（众笑）

蒲：实际上我觉得更像垒球。我投出一个慢速球，你把它打出场外。（众笑）

赵：我们一定要考虑观众的需求，要把球打得硬一点。（众笑）

蒲：我跟大家说过，你是一个直率的人。

赵：我会尽量接住你的球，不要让它打到外面。美国报纸反映的问题在于美国记者和编辑的选择。在美国发生很多事情，对中国也有很多不同的舆论。但是你们首先选择什么，这是你们《时代》杂志、CNN和

《纽约时报》的责任。希望你们能够选择那些重要的、真实的、相对公道的报道，如贸易逆差、解除军售禁令问题等等。这些报道的偏差也不完全是媒体造成的，所以还需要美国政府和议会采取更积极的态度。

中国人觉得美国人直率、乐观，甚至美国人和中国人的某些幽默都比较相近。但是说到国会，中国人不像喜欢美国人那么喜欢它，因为它不断通过一些法案指责中国，有些是没有道理的。既然球打过来了，而且是另一种球，也不得不打回去。比如美国国会每年接受美国国务院的一个报告，叫作《国别人权报告》。少的时候包含130个国家和地区，多的时候有190个国家和地区，但老是忘了美国自己。其中针对中国的篇幅很多，因为不符合事实，中国当然不能接受。为了表示我们的态度，于是我们每年出版一本《美国人权纪录》，作为美国《国别人权报告》的补充，以八种语言发布。这不是我们发球，只是接球而已。这个球实在是不能不接了。

至于贸易逆差问题，不是想象中的那么复杂。没有美国发布的数据那么大，也可能没有中国发布的数据那么小，原因是统计标准有很大差异。美国希望中国多买波音飞机。但是中国要五架、十架地买，不能上百架地买，所以还不能平衡。中国如果少买空中客车，希拉克总统也会有意见的。（众笑）美国应该多卖给中国一些东西，但是美国总是不能给我们一个很像样的货单。高级的科技产品卖给许多国家，不卖给中国，还假设了很多理由，如美国的安全等等。另外美国从中国进口的如服装、鞋子、厨房用具都是美国自己不生产的，美国不买中国的，也要买其他国家的。美国的通货膨胀率很低，应当感谢中国。美国老年人领退休金的时候也要感谢中国。在座的人现在虽然年轻，将来退休的时候，你们会体会到与中国贸易的好处。（众笑）

品牌中国[1]

（2005年7月15日在北京接受美国《领袖》杂志中国专刊首席代表杨红专访）

7月15日，赵启正主任在国务院新闻办接受美国《领袖》杂志中国专刊首席代表杨红（Elizabeth H. Yang）女士的采访。《领袖》杂志是一本针对世界各国3万多名政要和企业领袖的直投杂志，1978年在纽约创刊。该杂志曾采访过邓小平、江泽民等中国的党和国家领导人。

杨红（以下简称杨）：很高兴能和您第三次握手，并谢谢您接受我们“品牌中国”首刊的采访。由您领导的国务院新闻办，在外人眼里好似中国的国家公关公司，您认同这种说法吗？您怎么看国务院新闻办的角色？

赵启正（以下简称赵）：我认同这个说法。我们这儿就叫Information Office。Information意思就很广，就是说明中国，给世界中国的信息。说明的方法有很多：新闻发布会，白皮书，外文的书刊报纸，外文的网站，在美国或其他国家举行文化活动等。说明的目的就是让世界对中国有一个正确的认识。也就是说有一个良好的舆论。我们愿意介绍一个真实的中国，愿意说明中国的进步，也愿意说明中国的不足。我们每天都在讲

1 本专访已在美国著名刊物*Leaders*（《领袖》）2005年10月号上刊登。

中国的故事，但是要用国际的方式表达。不能够让外国人听不懂，要注意他们的教育、他们的文化程度、他们的宗教信仰，与我们有很大不同。概括地说，就是中国立场，国际表达。中国的故事，国际的叙述。

因此，我们的确像是一个国家的公共关系公司，任务就是把中国的事情说明白，为中国缔结良好的“国缘”。真实的中国是很伟大的，也是很可爱的。

杨：这么多年中，新闻办的角色都有哪些变化？这些转变都反映了中国社会的哪些变革？

赵：我们这几年角色的转换就是把较单纯地注重文字的和影视产品的交往，扩大到包括了互动的面对面的交往。这个互动很重要，可以做很多的沟通，可以消除误解，建立友谊。

交流有很多层面，与政府之间的交流，是一个层面；民间的交流包括与企业的交流是另外一个层面。文化层面和经济层面上的交流，对政治交流更是一种基础性的交流，是最好的一种对政治交流的公信度的推动。

杨：您觉得什么是最好的宣传中国的方式？

赵：首先就是要说真话。我相信：你不讲故事，别人讲故事，你不讲真故事，假故事就流行。所以我们促进改善国内的突发事件的报道系统，一定要快而准确。你注意我们现在大有进步，报道比以前快多了。

我们促成的一个很值得一提的变革就是我们新闻发布会的进步。以前新闻发布会没有十分明确的制度，发布的内容也是有限的。但我们 2003 年做到了 60 场新闻发布会，今年争取做到 90 场。我们每场发布会几乎都有部长出来，既增加了透明度和准确性，又体现了责任感。而且新闻发布会都是 4 个电视台同时向国内外直播。这在国外都是极少见的。

中国的事情要用外国人容易理解的方式，也就是“对方的语言”（不是指语种）来表达。我们首先要承认文化间的差异并尊重这种差异，然后才能从不同方面充分交流。

杨：您觉得世界对中国的了解处于一个什么样的阶段？还存在哪些主要的误解和偏差？

赵：总体来说，在国际上，中国的表达还较弱，这也导致了国外对于中国了解有限。我在维也纳金色大厅门口碰到发小广告的年轻人，见了我就比划“功夫、功夫”，从武打片中了解中国，自然很片面。另外，西方媒体主导了国际新闻。全世界重大新闻有80%来源于西方几个主流媒体。他们对中国消息的报道不够全面，夸大中国某些方面的缺点，或者有时把谣传的消息作为正规消息报道，而这种误解很难得到补充的解释。西方媒体过分宣扬中国的成长，以至于提出中国威胁论。这很荒唐，中国没有侵略性。这种评论性文章比新闻更有偏差。外国媒体可以说中国的不足，哪怕是严重的问题也没有关系。就怕先下了结论，认为中国不那么好，然后去找所谓的“事实”，而“事实”又不准确。另外有些人对中国的理解还有冷战思维的残余就更不可取。

杨：您作为中国“第一新闻官”，在您的眼中，中国这个国家品牌的核心是什么？中国这个品牌应该向世界传达什么样的信息？

赵：中国是一个世界上人口最多的国家，也是一个正在发展中的社会主义国家。它的品牌核心有两个：它是一个中国共产党领导的国家，走的是有中国特色的社会主义道路。因此，它要让进口的马克思主义去适合中国的国情，所以，一定要根据中国今天的政策和进展来衡量今天的中国。另外，中国是一个在不断变化、不断进步的国家。它不完美，很多地方都需要改进。比如说，我们有非常好的传统文化，但是今天对世界文化传播的影响还较少。中国的经济在变化，中国的法制和民主正在发展中，还在不断地颁布新法律。为什么？因为随着社会的进步发现了原来的法律不够完备，当前没有哪个国家像中国这样每年都出台新的法律。外国有人总是说中国不民主，有很多指责，那是因为他们没见到中国的基础，中国没经过资本主义社会，没有经过法制社会的训练，由半封建半殖民地社会一下子进入社会主义社会。我们必须承认中国的公民需要法律的培训和教育，我们的法律需要健全，但是中国不拒绝民主，中国恰恰是要建设民主，但这需要过程。我们正视自己在发展过程中的问题，并在不断解决它们。变化与发展正是中国的朝气与活力所在。所以大家看到的是“一天一个新中国”。

杨：我们“品牌中国”首刊将从金融银行业、区域经济和传媒的角度来关注中国。从您的角度，您希望国外的政治及企业领袖们对我们首刊聚焦的这几个行业有一些什么样的了解？

赵：如果讲中国的区域经济，大家要把中国看成比欧洲还复杂的市场，因为中国区域间的差异非常大。你能在中国看到跟最发达国家相仿的区域，也能看到非常落后的地方，它们都共同存在于中国。

另外中国和世界的经济对话应该由不同形态的经济中心城市来承担。也就是要研究中国区域经济的互补性，发展区域经济要避免趋同性。

区域经济的开发分为形态开发和功能开发两个阶段。打个比方说，我们建一个国际水准的足球场，又平，又有绿茵，又有好看台，这是形态开发。功能开发则是：一年国际比赛有几次，国内比赛有几次，什么队伍来参加，比赛规则是不是国际规则，裁判是不是国际水准，是不是全世界电视转播，这些功能开发最重要。否则你的球场就白建了。上海浦东现在已经进入了功能开发阶段，而天津滨海新区务必是功能开发与形态开发并举，滨海新区也应该是属于世界的。

说到中国的金融银行业，在改革开放前银行是一个大储蓄所，没有什么金融产品。中国银行的国际化是指两种：一是国际业务，一是国际资本的投入。国际业务没有完全展开，但是一天比一天多了。至于外国银行参股，这也是势在必行。因此，如果中国的银行和外国银行连通的话，会增加中国银行的稳定性和操作水平。

至于说到中国的媒体，实际是在发展中的。对政府的宣言、政策应该表达准确，在其他方面的内容要表现出对社会的责任感。另外，媒体在 10 年前对经济效益是不太重视的，但现在我们的观点是讲求媒体的社会效果和商业效果的一致性。我们要把准确的新闻和健康的思想，通过商业渠道推广出去，不要把商业利益和社会利益视作矛盾。

杨：一直以来，您坦率、真诚、务实的风格，一直被国际社会高度赞扬。秉承您的一贯风格，您怎样形容中国新一代国家领导人的一些主要特点？

赵：首先，中国新一代领导人的教育背景都是比较好的，都受过完整的教育。其次，他们任官员的时间较长，在不同的位置，都有充分的实践和成长，因此他们担任今天的职务是很顺理成章的，也是当之无愧的。大家对他们也有信心。他们会很妥当地领导国家和处理对外关系。中国的政策只会向前发展，不会突然有方向性的变化。我觉得他们是值得世界信任的一代领袖。

杨：您现在是国家的形象大使、最高新闻发言人。之前，您作为“浦东赵”是浦东的形象代表。我们想知道的是，假如把这些工作头衔都拿掉，只剩下您的名字“赵启正”，您的这个个人品牌传达的精神内涵是什么？

赵：作为赵启正这个人，他是一个对自己有要求的人：比如说对家庭要有责任、对朋友要忠诚、对社会要有正面贡献，在周围人当中，人家因为有你而愉快。也有朋友说我是个理性的理想主义者。

杨：最后，我想请您，就我们在国外主流高端媒体上打造“品牌中国”的努力提一些您的建议。

赵：因为中国是世界舞台上一个日益重要的角色，它的存在对世界是有影响的。外国如果想把这个影响尽量发挥为对自己是正面的，包括分享它带来的机会，就必须了解它，和它对话。《领袖》做这个“品牌中国”，就是把变化中的中国，从深层次展现给各位读者，这有助于帮助他们了解中国和正确地对待中国，分享中国的机会。我觉得《领袖》的这个做法是非常中肯、有见地的。中国既然已经是一个世界角色了，就应该是《领袖》的一员，希望这不是一次性地报道中国，而是经常的。

给我们的外宣穿一件故事的外衣

新华社中国国际传播研究中心常务副主任　黄　燕

接受外国媒体的访问，是颇具挑战性的事情。这么说有“崇洋媚外”之嫌，但实际上多是因为外国记者往往比较喜欢提“刁难”受访者的问题，而且他们及其读者的思维方式、文化背景与我们有很多的不同，即便语言不成问题，沟通起来也未必简单。

你可以不接受外国媒体的访问，但决定不了它会发表什么。

把一个政府部门领导得像公关公司，对很多中国人来说可能有些不可思议：该不是领导方法有误吧？但对西方人来说，这可能恰恰是一种褒扬：履行职责，并且专业。

访问伊始，赵启正用“向世界说明中国”简言国务院新闻办公室的职能，可谓明白人。这一描述摒弃了“强词夺理”和“灌输”，代之以更加中性、客观的含义。对于不情愿听说教、更喜欢自己得出结论的海外受众来说，这几乎是国务院新闻办发挥作用的前提和基础。

事实上，新闻传播学所说的“受众”正在变被动接受为主动选择，今后我们甚至可能需要找一个新名词取代它。

在介绍说明中国的方法时，赵启正提出“中国立场，国际表达”“中国的故事，国际的叙述”。寥寥数语，道出真谛。既然是政府部门，不可能不站在自己国家的立场上行事表态，这一点本无可厚非。只是，站在自己的立场上并不等于自说自话，必须要用外国人/海外读者听得懂的表述，才有可能让世界对中国故事感兴趣，进而达到说明中国、让世界正确认识中国、为中国缔结良好“国缘”的目的。

我们有时对此认识较为模糊，认为只要是外语，人家就能听得明明白白。殊不知，比起语言来，表达方式要重要得多。而赵启正关于“中国故事、国际表达”的论述，形象地注解了外宣“三贴近”原则，成为我国外宣主力军的座右铭和努力的方向。

在回答“什么是宣传中国最好的方式”时，赵启正几乎是脱口而出：“说真话”。这令笔者想到这样一个寓言故事：

“真相”，裸露而寒冷，到村庄里去，没有一家愿意收留它。后来，“真相”穿上了“故事”这件外衣，再回到村庄，就大受欢迎了。

以前，我们对此存有误解，认为只要是真的，怎么说都不会是假的。结果，我们往往并不缺少可用讲故事的方式说出来的真相，缺少的却是讲故事的艺术——真相没有“故事”这件漂亮的外衣，所到之处，缺少鲜花与掌声。所谓宣传效果也就可想而知了。

故事因情节取胜。我们在对世界讲中国故事的时候，当然要重视情节。这还牵涉到一个宣传的平衡性原则：如果我们的故事一味说中国的好，而回避中国面临的问题，就好像缺少了起伏跌宕的情节，故事的吸引力也会因此打些折扣。

赵启正显然深谙此道。在回答《领袖》关于世界对中国的了解存在哪些主要的误解与偏差的问题时，他坦率地说，中国的表达比较弱，这也导致了国外对中国的了解有限。此外，主导国际新闻的西方媒体对中国的报道不够全面，要么夸大中国某些方面的缺点，要么过分宣扬中国的成长。他接着列举这方面的一些事例，不是“论战式”的，而是摆事实，这样讲道理当然更容易为人所接受。

在谈到媒体的话题时，赵启正没有使用面向国内读者的提法，而是从媒体的社会责任谈起，提出要将准确的新闻和健康的思想，通过商业渠道推广出去，要让社会义务与商业利益兼容，等等。

这样的解释性语言，对海外读者而言是比较容易理解并接受的。实际上，这就是对我们政策的诠释，却没有生硬、强行推销和灌输之嫌。如此，当赵启正说“我们愿意介绍一个真实的中国，愿意说明中国的进步，也愿意说明中国的不足”时，读者可以感受到他的真诚。

关于中国的对外表达，赵启正说，要用外国人容易理解的方式进行。用国际化的语言来阐述中国的事情是对其他文化的一种尊重。我们首先要承认文化间的差异并尊重这种差异，然后才能从不同方面充分交流。

被海外媒体视为“中国形象大使”的赵启正先生在出任国务院新闻办公室主任的近8年间，他在一次次与媒体、政界、商界的“推手”之后，积累了宝贵的经验，有的因富有浓郁的个人风格，很难完全学到手，只有驻目欣赏。而有的则可作案例分析，启发并激励更多人创造更多中国外宣的成功案例。

与佩雷斯论智慧

(2005年8月3日在特拉维夫与以色列副总理、以中关系促进会名誉主席西蒙·佩雷斯[1]的谈话)

犹太人在中国的故事

佩雷斯（以下简称佩）：非常高兴与中国代表团见面，在我们的心目中，中国是个非常亲近友善的国家。中国是我们这个时代的奇迹，21世纪将成为中国的世纪。

赵启正（以下简称赵）：我虽然是第一次到以色列访问，但完全没有陌生的感觉，有一种以前曾经来过似的亲切之感。在我担任上海市副市长期间，对犹太人在上海的故事有了许多的了解。我担任现职后，进一步了解了犹太人在全中国的故事。我从政府工作的角度出发，帮助并支持了上海、天津、哈尔滨等地学者进一步收集和研究犹太人在中国的有关资料。

（拿出《犹太人在中国》画册）这是不久前刚刚出版的最新版本。我昨天与贵国副总理奥尔默特见面交谈时，他表示将帮助将此书译成希伯来文，并协助在以色列的出版发行工作。此前我曾与杰克·罗森[2]先生探讨

1 西蒙·佩雷斯（Shimon Peres），1923年8月13日生于波兰，1934年移居巴勒斯坦。

2 杰克·罗森（Jack Rosen），美国犹太人联合会主席。

过该书在美国的出版事宜，他也表示非常愿意提供帮助。我对奥尔默特说，我的野心是将此书出版到 130 万本[1]，但他说我太谦虚，太保守了。

佩：关于犹太人在上海的故事的确是令人十分感动的。我曾去上海访问过，并参观了犹太人在上海的教堂。其间我作了一次演讲，为我做翻译的是一位上海的译员。她的英文很好，但她在翻译后却向我说有三个词没有听懂，一个是反犹主义（anti-semitism），一个是犹太复国主义（zionism），一个是纳粹的种族主义（racism）。她认为这三个词很难理解。当时我对她未曾听过反犹主义感到十分惊讶，可后来想想，这也恰恰证明，在中国根本就没有过反犹主义情绪。

赵：上海有一研究所专门研究犹太人在中国的历史。这本书就是我请他们帮忙审定的。

佩：将此书译成希伯来文一事我将会在日后与以色列的以中友好协会保持联系。几天前，我刚刚出席了中国驻以使馆举行的中国人民解放军建军 78 周年招待会。当时我在发言中表明我们应在三个方面特别关注中国。一是中国是占全世界人口 21% 的人口大国；二是中国建设发展的速度非常之快，单就水泥的使用情况而言，在中国使用的水泥量占全世界水泥使用总量的 40%。可以看出，中国正在日新月异地飞速发展，而且发展得越来越好。

文化传统对于国家发展的重要作用

赵：由于中国以往过于落后，无论是居民住宅还是公共设施建设都

1　全世界犹太人共有 1300 万，奥尔默特副总理认为，应当多印，每一个犹太人家庭有一本。

太少，所以现在的建设发展过程中水泥的需求量较高。当时中国的一个典型的大开发区一昼夜使用的水泥和钢材量是10万吨。现在最高峰的建设期已经过去，以后水泥的使用量也会明显下降。因工程建设较多，中国的建筑工人因而熟练掌握了相应的技术。

佩：这对中国举办奥运会十分重要。中国是国家发展的成功典范。中国的成功发展，已经使其成为真正意义上的超级大国。我要说的第三点是，中国成为强国，并非依赖外国的援助，而是靠自身力量发展本国内部潜力。中国走的路与其他国家不同，同时，中国并未因自己的伟大而要求其他国家付出代价。

赵：针对中国的发展，许多国家的报道还不是十分准确，特别是西方媒体的报道还有很多误解和歪曲。但是中国对自己的表达也还远远不够。

犹太人对二战中犹太人所遭受的灾难在战后及时进行了认真的调查，收集了大量的史实资料，因此可以很好地向世人加以表述。在这方面我们与你们还有相当的差距，应该向你们学习有关的经验。

佩：我知道二战期间日本军队对中国人民所犯下的种种暴行。他们残杀人民，强奸妇女，摧毁了中国很多建筑。一个国家或个人从战争的阴影中走出来并发展自己，是一个十分艰难的过程，我对此十分理解。中国在这几十年中有了很大的发展，过程虽然艰难，但取得了令人瞩目的成就。我刚才说过，中国在战后重建家园的过程中并没有依靠西方或其他国家，而是靠自己的力量发展起来的。

赵：感谢您的赞誉，我们对以色列的发展也十分钦佩。中国人普遍比较了解犹太人的文化传统、家庭教育情况以及在科学、文学等各方面的成就。为更好地反映二战时期犹太人与中国人的友好相处的历史，我正在鼓励中外电影界拍一部反映犹太人在中国的电影。

佩：很伟大的主意。以中两国之间虽然有很多不同，中国很大，以色列很小，但以中两国的传统观念中也有很多是一样的。比如两国人民都很重视教育、卫生、生命。这样的传统在犹太民族的发展中起到了不可替代的重要作用。

文化交流是政治、经济交往的基础

赵：也许在文化合作方面我们还可以做一件事。许多年来，在中国有很多研究犹太文化和历史的书，应从中精选一些译成英文或希伯来文。我们可以先把样书寄过来，你们来负责挑选、制作和发行。

佩：也可考虑制作一个电视节目，节目中请一位犹太母亲和一位中国母亲分别讲述她们是如何教育子女的。这样不仅可让两国的母亲彼此了解，同时节目本身就是两国文化的一种交流。中国不是有“孟母三迁”的典故吗？其实，我们确实应学习一些中国的历史，当然，这方面要选择一个好的教科书版本，在以色列大学中采用。

赵：文化交流是政治、经济交往的基础。有了充分的文化交流作为基础，很多事情就可以顺利地开展下去。我们曾经向法国介绍过100本可能译成法文的书[1]，他们第一次翻译了70本，在书展上销售情况非常好，希拉克总统本人每样都买了一本。希拉克总统十分了解中国，您也同样熟知中国。有您这样的领导人给予支持，我相信两国间的文化交流会更

1　为让世界人民能够以自己熟悉的文字，通过阅读图书更多地了解中国，中国政府推出了“中国图书对外推广计划”，以资助翻译费用的方式，鼓励各国出版机构翻译出版中国的图书。

加迅速地开展起来。

佩：我还说不上对中国已十分了解，我正在向中国学习。对我而言，中国的文化非常令人着迷。

您此次访问以色列非常重要，也非常及时。两国间密切的交往关系中，不仅仅是国与国的关系，还应是文化间的交流与合作关系。您刚才所提的一些想法和建议很好，我们应考虑对此采取有关的后续行动。

赵：此次陪同我们一行的以色列外交部官员也曾对我说，中以之间的合作中，有些项目可进一步扩大，我们的来访给他们带来了许多新的启示。

佩：两国在文化和科技领域的合作确实可以进一步扩展。

历史是最好的老师

赵：我访问回国后，将鼓励中国一些重要的纪念馆的负责人到我刚刚参观过的北部基布兹[1]纪念馆进行培训性的学习。应该让他们通过学习明白这样一个道理：纪念馆的任务不是展示编年史，而是要通过展览震撼人的心灵并给予启示。我在访问世界各国时，参观当地的纪念馆是我主要的行程之一。纽约、华盛顿、莫斯科、圣彼得堡、法国诺曼底的纪念馆我都参观过，这次又有机会参观了特拉维夫的大屠杀纪念馆。我也曾参观过日本的长崎和广岛纪念馆，但它所展示的内容和启示与这里不同。日本人民也曾因战争遭受了巨大的苦难。

---

1 基布兹（kibbutz）为以色列的集体居民点，又译作集体农庄、定居点。一般从事农业，但也往往从事农业和工业，由成员拥有（或租用）和管理。1910 年建立第一个基布兹——德加尼亚，有几个基布兹十分繁荣。收益首先用于对成员提供社会服务、医疗服务以及所有的必需品，所余用于对居留地的再投资。成人有私人住所，但儿童则集体居住和由人照看。炊事和用膳都是共同的。1948 年以色列成立以来，在各集体居民点中，人身和财产更趋向私有。由犹太国民基金会分配土地，每周召开全体会议，其职能犹如公社政府。

佩：日本人民虽然在二战中遭受了苦难，但战争是日本挑起的。

赵：您说得很对，日本对那次战争的表述与我们不同。

佩：我曾去过长崎的纪念馆，展览的内容也很感人。当然，前一代人所犯下的罪行不一定由下一代人继续为之付出代价。我认为，这些纪念馆的目的不仅仅是纪念，而是要给人们一种警示，不让战争的悲剧再次上演。

赵：访问中，很多以色列的朋友对我说，这一代人的任务就是要把纪念馆办好，不要推给下一代。不然人们对以前的战争和遭受的迫害的记忆将会越来越模糊，回忆也将有可能中断。

佩：年轻的一代对历史缺乏耐心。对他们来讲，未来是那么迷人，而过去看起来是如此的苍白。他们因历史充满血腥而内心感到沉重，他们更希望历史是红色的而非血色的。

赵：历史是最好的教师，但不真实和被扭曲的历史是坏教师。

佩：我们都要从历史中学习，但如何学习是关键。学习本身并不是一件简单的事，自己要有充分的准备，自己要成为自己的老师。因为当今世界的发展是如此深刻，变革是如此之快，这使以前的历史有时会显得极为苍白。中国是一个拥有5000年悠久历史的国家，但是中国近50年取得的成就也许比以往5000年的成就更辉煌。

应该在冬天学习绘画

赵：以色列一直怀着友好的态度，对新中国几十年的发展给予了积极的评价。外国领导人，特别是欧洲领导人到中国上海参观时都愿意到犹太人故居参观。不久前去世的奥地利总统克莱斯蒂尔也曾去参观过，当时我是陪同，他很激动并落了泪。

佩：他也是犹太人，生前与我是很好的朋友。

赵：是吗？我至今才知道。他对我说，二战中奥地利是德国的帮凶，也是对不起犹太人的。

佩：以色列开国总理本·古里安在50年前就对中国抱有亲切之感。他曾向西方国家的一些领导人表示说，中国代表这个世界的未来。50年前的中国，正是新中国刚刚建立，国家百废待兴之时，古里安总理那时就认为中国是世界的未来，说明他对中国的文化、历史和人民一直怀有深切的情感。一个人若学习绘画，应在冬天学习。因冬天里大自然中没有绿树成荫，树干没有遮掩，树叶凋零，一切都是赤裸裸的。这时画画，才见真功夫。我想说，本·古里安总理在中国还处于低谷之时就已经预知到了中国的未来。

赵：我明白为什么犹太人中会出现那么多的哲学家了。作为有名的政治家，往往都有很高的哲学智慧。

佩：（笑）可是我自己不是很肯定，但我们确实要不断思考，不断学习。我觉得最聪明、最好的思考方式就是要遵守道德准则，要诚实。中国的孔子不是也要求人们在任何时候都要崇尚仁德吗？

犹太人历史上曾有过许多黑暗的日子，但即便如此，我们仍然很好地保持了我们的道德准则，这对于我们既是准绳和指针，又是我们彼此团结支持的力量。

赵：一个民族越是长期地遭受苦难，越容易产生思想家。在一个非常优裕的环境中往往会滋养思想上的懒惰者。孔子一生受过很多的苦难和挫折，因此产生了许多优秀的思想。爱因斯坦的早期生活也很艰苦。

佩：对，他年轻时也曾发生过许多不幸的事情，对他个人来讲有如一场场灾难。

赵：中国人认为，一个伟大的人物一定要有受苦的经历。如果是贵族式生活中成长的青少年，恐怕不会有太大作为。这也许能够解释犹太人中的优秀人士比例较大的原因吧。

佩：谢谢！也许是这样。对于犹太人来讲，我们没有土地，没有石油，没有自由，也没有独立。我们拥有的就是我们保持独立的个性，保持我们的思想，保持我们民族的特性。

年纪大不是罪过

赵：思想财富是不会被掠夺的，谁都拿不走。

今年您曾接受过中国电视台记者的一次采访，在中国播放了多次，影响很大。其中您说的一句话对我也是一种鼓舞。您说，年纪大不是罪过。

佩：我的确说过年纪大不是罪过（crime）。关键看你如何理解和利用它。有些人可能认为年纪大是一种罪过和负担，但年龄的增长可能会使你更加果敢、智慧。

聪明和智慧的区别

赵：聪明和智慧是有区别的。美国数学家、诺贝尔经济学奖获得者纳什[1]也说过，人年轻时可能很聪明，但年纪大了会更有智慧。我认为，对于政治家来说，拥有智慧更加重要。

佩：的确，聪明和智慧是有区别的。聪明是你如何更好地使用你所学到的知识，而智慧是用所学的知识预知未来，预测未来可能发生的事情。我的政治导师、以色列的开国总理本·古里安曾对我说，专家是指对于已经发生的事情进行深入研究的人，而真正的智者需要能够预知将要发生的事情。

赵：智慧需要丰富的知识基础，知识经过个人的努力也许能较快地积累起来，但智慧的成长则需丰富的阅历和自我磨炼——这就需要时间。令人惋惜的是，当具有足够的智慧时，他也具有了足够的年龄！

佩：现在人们很多时候都热衷于锻炼身体，强健自身的体魄，但是，与此同时人们也应锻炼他们的心智和头脑，不停地思考问题，保持头脑的灵活。有一位获得诺贝尔奖的女士，她曾解释动物与人的区别在于两个方面，第一是人能够训练并培养智慧和大脑，而动物不能，第二是动物虽然能够听、看，并在头脑中保存记忆，但它不能像人一样将这几个功能综合组合起来。这对于人和人的生命来说十分重要。（*顺手拿起放在桌上的空矿泉水瓶并将瓶口朝下握在手中*）这位科学家曾举例说明人是有丰富的想象力的。你将一只苍蝇放入这个空瓶中，但它不知从下面的出口出来，它会不停地往上飞，因此也就永远出不来。有一位英国的科学家写过一本书，书名就是《瓶中的苍蝇》。（*指瓶子*）你要是把人装到这里，他早就会顺

1 约翰·纳什（John F. Nash），1928 年 6 月 13 日出生于美国西维吉尼亚州勃鲁费尔，1950 年获得美国普林斯顿高等研究院数学博士学位，1951 ～ 1959 年在麻省理工学院（MIT）数学中心任职。普林斯顿大学数学系教授，美国科学院院士。1994 年诺贝尔经济学奖得主。国际公认的博弈论创始人之一。

瓶口逃掉了。（众笑）

赵：人和动物的区别似乎还可补充一点，那就是动物的经验几乎每一代都是从零开始，而人不是。人有父母和社会对他的教育，把经验和智慧给他，因此一代比一代的起点高。

佩：根据进化论的观点，动物也有不断进化和演变的过程。尽管它们的父母也许不能改变它们什么，但它们会随着周边环境的影响而改变。

赵：这种进化是限于本能方面的，上一代动物没有文化遗产给下一代，动物没有文化财富的积累。对下一代没有教育的物种进化和有教育的逐代的进步有质的不同。我们今天的人要比一千年前的人聪明，而今天的老虎比千年前的老虎大概并不显得聪明。

佩：（笑）如果老虎聪明，就不会在今天成为数量急剧减少的濒危动物了。

拒绝沟通就可能会造成相互对立

赵：与您交谈非常愉快，有些内容印象深刻，以后我也许会把我们的谈话告知更多的中国人。

佩：如果您能向中国人民转述我的谈话我会感到十分荣幸的。我对中国人的生活方式有着美好的印象。西方人的基本理念是人和上帝的关系，而在中国文化中，更多的是强调人与人的关系，这是非常不同的。也正是因为这一点，我才认为中国人的文化是很令人着迷的。

赵：您说得十分准确，中国的儒学思想强调的就是人与人的关系。我冒昧地说，犹太文化似乎处在东方文化和西方文化之间，在犹太文化中，与上帝的关系、与物质的关系和与人的关系都有所体现。

佩：是这样。作为犹太人，我们要尽可能做到心胸宽广，放眼世界，而不是局限于本民族。全球的（global）、国际的（international）、宇宙的（universal），这三个词是有区别的。“全球的”是指在世界范围内人与人之间的关系，“国际的”强调国与国的关系，“宇宙的”则最具有包容性，包容各种不同的文化和思想。在这里，你可以领略不同哲学和不同宗教的魅力和深刻性，你就像在智慧的海洋中遨游。

我们不能说犹太人的始祖亚当是犹太人，他是全人类的始祖。

赵：世界各民族的不同特色组成了丰富的世界，在这丰富多彩的世界里，人与人的相互沟通最为重要。拒绝沟通就可能会造成相互对立。我的工作职责就是加强中国与世界各国的沟通。当然，与宇宙的沟通还有些困难。如果真有外星人的话，也许需要沟通。（众笑）

佩：中国有 56 个不同的民族，可以算是一个联合国了，所以在沟通与交流方面中国人已久经沙场，很有经验了。其实犹太人自身也有很多分支，相互差异很大。

赵：由于以色列的大部分犹太人曾分布于世界各地，带来了世界不同的优秀文化，因此也就更显聪明。又因为曾生活在世界各地，把民族和文化的某些较难相融的差异也带来了，因此就又出现了文化的冲突。两者相比，融合与发展是主流，分歧和冲突是次要的。因此以色列文化会有伟大的前途。

如何积累和分配财富

佩：社会主义和资本主义有所区别。资本主义社会中，人在文化上可能是一只软弱的羔羊，而在经济上如凶猛的狼。社会主义刚好相反，是文化方面强大，经济方面则较弱。

赵：中国是社会主义国家，在发展的过程中以社会主义为原则，但同时也吸收了许多资本主义的经验。

佩：是从资本主义中学东西，还是从资本家那里学习？

赵：我认为两者都要学习。中国很缺乏资本主义某些经济运行机制方面的经验；资本家的管理经验，中国的企业家也要参考。一个真正的社会主义者，不应有意识形态方面的障碍，应该学习人类一切优秀的东西。

佩：我们应像资本主义那样挣钱，像社会主义一样公平地分配财产。

赵：大概您的这种思想就是指导以色列的思想吧。

佩：也许是这样吧。我经常与我的朋友们说，要像社会主义那样分配财富，首先要像资本主义那样挣钱，积累财富。挣钱和使用钱是两回事。挣钱时要尽己所能多挣钱，但在分配财富时就要充分考虑人民的利益，要有责任感。

赵：这也正是我们在研究的问题。要正视在发展的初级阶段出现的贫富不均的问题。如果这一问题不能得到解决，我们就会走错路。今天上午我们参观了北部的基布兹，这在资本主义国家中十分少见，我认为它是一个非常值得研究和探讨的问题。在19世纪法国人傅立叶提倡过，英国人欧文甚至曾试行过一种有点像基布兹的公社模式，均未成功，但在你们这里（佩插话：“像浦东吗？”众大笑）却成功了。

佩：我本人也很支持基布兹这种方式。我认为这可能是人类生活的一种最好的方式。当然，在基布兹的发展过程中也曾出现过一些危机，因为他们仅依靠土地的生活方式使土地失去了经济方面更大的价值，因此导致他们在一段时期生活水平下降。此后他们明白了这个道理并对自身进行改革，使他们走上了复苏的道路。他们主要采取了两个方面的改革，首先是引进工业，创办工厂。整个基布兹的对外出口额已达 2 亿美元，平均每位基布兹成员出口创汇达 100 万美元。其次是在基布兹实行两种不同的成员制度。因为他们中年轻的一代虽感基布兹生活很好，但心里已厌烦想要离开，所以现在有两种成员：一种是完全正式成员，另一种是在基布兹买一块土地的非正式成员，是社区的成员。

我们今天谈得太久了。

赵：我在读完大学以后没有遇到过哲学教授，但今天遇到了。

佩：谢谢！但请您不要将此话告诉以色列人，不然会影响我的政治前途。（众笑）

两位智慧大师的对话

中国外文局前局长　林戊荪

西蒙·佩雷斯是以色列著名政治家，早期参与开创基布兹农场并曾在部队工作，对建立以色列有过突出贡献，先后担任过总理、外交部长、国防部长等要职，1994年因达成实现以巴和解的协议而与拉宾共获诺贝尔和平奖。赵启正同志与这样一位世界级人物交谈，话题广泛而内容充实，显示出自己优异的政治素养、思辨能力和交流技巧，不愧为我国的外宣大师和形象大使。

谈话是从启正同志在上海工作时对犹太人的了解开始的。大家知道，犹太人在二战期间受过德国纳粹的残酷迫害，几乎陷入灭顶之灾，而恰恰在此时，自身处于苦难之中的中国人向他们伸出了援助之手。不仅在上海，在哈尔滨、天津等地，也有类似的事。历史上，如宋代，犹太人在中国也有过非凡的经历。与此同时，犹太进步人士和革命者，对中国人民的解放斗争也有过突出的贡献。启正将这一主题作为切入点并在会见开始时将《犹太人在中国》画册送给主人，无疑会使对方感到亲切，缩短彼此间的距离。

有趣的是，启正还利用这个机会，建议对方考虑翻译出版中国学者研究犹太人在中国的书籍以及介绍中国的各类书籍。

下一个主题是中国的建设成就。在对方充分肯定我方成就的情况下，启正很快就把话题转到我们对外介绍成就的问题上。他指出与以色列人关于二战期间纳粹对犹太人的大屠杀所作的介绍相比，“我们与你们还有相当的差距，应该向你们学习有关的经验”。

由此，谈话进入第三个主题，即文化合作。佩雷斯列举了一些建议，如他说，可以考虑制作一个电视节目，一个犹太母亲和一个中国母亲分别讲述她们是如何教育子女的；也可以选择一本合适的中国历史教科书，在以色列大学中采用。启正同志说，文化交流是政治和经济交往的基础，有了充分的文化交流作基础，很多事情就可以顺利地开展下去。双方达成了许多共识，要采取实际行动，密切文化交往。

接下去，话题转到如何看待历史的问题。这段对话深刻而生动，双方都提出了一些深刻的警句。启正说，历史是最好的教师，但被扭曲的历史是坏教师。纪念馆的任务不是编年史，而是要通过展览震撼心灵、给观众以启迪。又说，一个民族越是长期地遭受苦难，越容易产生思想家。他以孔子和爱因斯坦为例来证明自己的论点。事实上，苦难出真知，中国许多思想家，如孟子和司马迁，都有过类似的论述。

关于聪明和智慧，颇具哲理的对话开始于佩雷斯在中国电视台的一席话：年纪大不是罪过。佩说，随着年龄的增长，一个人可能变得更加果敢，更加富有智慧。启正说，聪明和智慧是不同的。对于政治家，拥有智慧更为重要。佩说，真正的智者要能够预知未来。启正说，智慧的成长需要丰富的阅历和自我积累、自我磨炼。佩说，人们热衷于锻炼身体，他们还应该锻炼自己的心智，通过不断思考，保持灵活的头脑。

接着，谈话进入哲学的领域。佩说，西方人的基本理念是人和上帝的关系，而中国文化更多强调人与人的关系，这是它的魅力所在。启正说，犹太文化似乎处在东方文化和西方文化之间，在犹太文化中，与上帝的关系、与物质的关系和与人的关系都有所体现。佩说，作为犹太人，他们不能局限于本民族，而要放眼世界，要有全球的、国际的、宇宙的观点，这样才能领略不同哲学和宗教的魅力，在智慧的海洋中遨游。启正说，在丰富多彩的世界里，人与人之间的沟通最为重要，他的职责就是要促进中国与世界各国的沟通。

最后，谈话涉及社会主义和资本主义两种制度的问题。佩说，在资本主义社会，人在文化上可能是一只软弱的羔羊，而在经济上有如凶猛的狼。社会主义正相反。启正说，中国是社会主义国家，遵循社会主义原则，但同时也吸收资本主义的经验，包括经济运行机制和管理的经验；一个真正的社会主义者应该学习人类一切优秀的东西。对话还涉及社会主义优越性的极为重要的部分，即公平分配的问题，进而探讨对以色列的基布兹（合作居留地）的估价。启正提到傅立叶和欧文的试验，以及我国自己的探索，虽然没有结论，但我们可以看到，对话者所关心的是人类的大事。

总之，这是一篇智者的对话。它启迪人们，要保持一种开放的心态，大盈若冲，在“宣传”我国时，不忘充分尊重对方，注意汲取其对自己有益的营养，海纳百川，有容乃大。这次谈话是严肃的，语义深邃，但同时又十分诙谐，真可谓色彩斑斓、情趣盎然、不落俗套。

交流是一门科学，也是一门艺术，有心人可以从这一难得的范本中汲取众多教益。

智者交流 思想火花

全国政协常委、中央统战部原副部长 张廷翰

这篇与佩雷斯的谈话记录，与赵启正许多会见外宾的谈话一样十分精彩。这是他第一次到以色列访问，也是在国务院新闻办公室主任任内最后一次出国访问，可以说这篇谈话具有特殊意义。西蒙·佩雷斯先生是以色列宝刀未老的著名政治家，才华横溢，是以色列开国总理本·古里安的学生，跟老师一样，他对中国怀有深切的情感，对这次访问高度重视，准备充分。老朋友见面，分外亲切，侃侃而谈。这篇谈话文字不短，读起来却十分流畅，引人入胜。主客双方的博学和智慧给读者留下了深刻印象。特别是对聪明和智慧的解读，既是政治家的交流，更是哲学家的切磋，闪烁着智慧的光芒，品味着哲学的乐趣，读起来简直就是一次哲学享受。

谈话一开始，启正拿出《犹太人在中国》画册。这本书记载了在第二次世界大战期间，犹太民族惨遭法西斯迫害时，中国人民保护犹太人的感人故事，一下就拉近了主人与客人的距离，迅速开启了交流的大门。这是启正的交流技巧和艺术。佩雷斯先生对中国历史和文化、现状和未来的分析，准确而客观，对中国的赞誉，不客套，发自内心，着实令人钦佩。启正对犹太文化及其形成的评价精辟独到，画龙点睛，引起佩雷斯的强烈共鸣，中国文化令佩着迷。中华民族和犹太民族都曾长期遭受过苦难，产生过许多思想家，形成了各自民族的思想财富和优秀文化，很多都是相同或相通的，都是人类的共同财富。各民族文化的交流与合作，是其政治和经济交流与合作的基础，是人类团结、合作、进步的纽带。双方对彼此文化的准确理解和解读，令人叹服。

如何对待历史，是这次谈话的一个重点。当今世界发展如此深刻，变革如此之快，会使历史显得极为苍白。要向历史学习，要教育青年一代。

历史是最好的教师，但不真实和被扭曲的历史是坏教师，纪念馆要通过展览震撼人的心灵并给予启示。这些观点可谓真知灼见，一针见血。

一句“年龄大不是罪过”引出的关于聪明和智慧的议论是这篇谈话的闪光点和高潮。双方引经据典，富有创见，相互辉映，妙趣横生。这是一次充满智慧的谈话。聪明和智慧是有联系的，这自不待言，而聪明和智慧是有区别的。对于政治家来说，拥有智慧更加重要。作为知名的政治家都有很高的哲学智慧，讲得很精辟。在中国文化中对聪明和智慧有许多极富哲理的表述，要聪明，不要小聪明，不要太聪明，有时还需要糊涂，难得糊涂是大智慧。大智若愚，有容乃大。许多聪明的年轻人，历尽沧桑和磨难，而拥有更多的智慧。哲学智慧是大智慧。拥有哲学智慧，就是要用哲学的眼光看世界，历史地、发展地、全面地、辩证地看问题，掌握事物发展变化的规律，预知未来，对未来充满希望，历尽苦难意志更坚，不屈不挠，积极乐观。没有解决不了的难题，需要的是勇气和智慧。

启正学理出身，当首席新闻官，跨度很大，如此游刃有余，得益于他丰富的阅历和自我磨炼，刻苦学习，博览群书。养成哲学思维的习惯，也是一个重要原因。哲学是开启智慧大门的钥匙，发现规律、掌握规律、尊重规律，就可以在智慧的海洋里自由遨游。我们应该把智慧留传给下一代，养成哲学思维的习惯。读读这篇谈话，可以引起我们对享受哲学的兴趣。

三、选“好”故事　“讲好”故事

XUAN “HAO” GUSHI　“JIANGHAO” GUSHI

在济南第一届出版“金桥奖”颁奖会上发表讲话（参见《对外出版是一项大的事业》一文）

在云南昆明参加“灯下亮”工程座谈会

（参见《一个精品抵一百个平淡作品》一文）

能感动观众的节目才是好节目

（为中央电视台百集系列报道《20年巨变》而作）

中央电视台对海外的主打栏目《中国新闻》从1998年10月1日起，推出了百集系列报道《20年巨变》，这个报道在海内外反响颇佳，有的境外电视台还来电索要节目，要求转播。

《20年巨变》是成功的，成功的主要原因是捕捉到的生动事实感动了观众，我看了多集，可以认为制作者们是极为认真的。故事多是从人们身边的衣、食、住、行等生活琐事谈起，以小见大，因而可视性强，说服力强。有一集的题目是《上海外滩公园的"情人墙"悄悄消逝》，题目起得就很吸引人。二十年前，由于住房紧张和活动场所少，上海年轻人谈恋爱的最好去处是黄浦江畔的外滩公园。每当夜幕降临，上海外滩公园就聚满了一对对谈恋爱的年轻人。由于地方小，人又多，很是拥挤，以至于听说有大龄青年的弟弟妹妹下午放学后提前来为哥哥姐姐占位子的事。外滩公园的沿黄浦江堤的"情人墙"在全国乃至全世界都小有名气，成为上海一景。改革开放后的二十年来，上海城市建设突飞猛进地发展，城市公园绿地遍布市区，图书馆、保龄球馆、游泳馆、羽毛球场、咖啡屋、歌舞厅等众多活动场所吸引了年轻人，于是，外滩公园的"情人墙"悄然消失了。记者在短短两三分钟内，向人们讲述了一个中国人生活变化的生动故事，通过强烈对比，观众实实在在地感到生活是在发生着什么样的变化。

中国观众对自己的生活所在地的变化自然熟悉，但对全国各地的变化所知就较少；至于没到过中国的外国人，以为中国仍十分落后的则不在少数。单靠外国传媒报道中国，恐怕难以准确，更难以全面，所以，把一个生机勃勃的中国介绍给世界是我们传媒工作者的长期使命。

新闻及新闻性节目是国家电视台水平的主要标志之一。现在，全世界所有国家都着重办好新闻台，美国的 CNN，每天 24 小时播报新闻，用美国人的观点引导世界舆论。世界上有许多电视台开展了整点新闻节目，不仅美洲、欧洲，亚洲一些电视台也争相效仿。中央电视台国际频道中的《中国新闻》，每天首播和重播已达十几次，已显出整点新闻的气派，但是，人们还是希望在办好现有节目的基础上，创建中国的新闻频道[1]，在为中国观众服务的同时，也使中国人的声音在世界舆论中多占一席之地。令人鼓舞的是，中央电视台已有了创办新闻频道的计划，并开始实施。我们期待着它的开播！

1998 年 12 月 29 日

1　中央电视台新闻频道已于 2003 年开播。

对外出版是一项大的事业

（1999 年 12 月 4 日在济南第一届出版"金桥奖"颁奖会上的讲话）

第一届"金桥奖"（出版）有近百种作品获奖，可喜可贺。我昨晚到这里后，立刻参观了为这次会议准备的外宣图书展览，很受感动。我们的出版物虽然不能说是蔚为壮观，但也琳琅满目，已经成为中国出版物中一个能够站得住脚的类别。山东省的同志们获得了最多的奖项，这是对他们多年努力的回报。

我们花这么大的力量，评出版"金桥奖"绝不仅仅是一种鼓励，一种形式上的光荣，其目的是进一步提高我国对外出版物的水平，而这水平的衡量已由几年前的比较模糊，发展到现在的比较具体。我看了对获奖作品的评语，评委们很用心地把优点和不足之处都指出来了。我们要逐渐地建立起评价体系。没有评价体系，很难促进出版物水平的提高。

这次评选有五个类别：一是介绍本地情况的"简介"，一是介绍本地投资环境和招商类的"投资指南"，一是"画册"，一是"旅游指南"，还有"折页"。有的是按内容分的，有的是按形式分的。分类是人为的，怎样合理分类，大家可以提意见。

如何提高对外出版物的水平，有很多着眼点。一般说来，对外出版物的制作环节，有编写、翻译、印刷装订、发行（赠送）等等。但对于对外出版物来说，有一个环节要强调，那就是确立选题。与一般出版物不同的是，有许多是在写作之前就已经确定了主题，然后再选择作者，可以称之为命题作文，相应地存在一些困难：如何确立正确的选题或者说立意如何设计，再有就是对已经明确的选题如何把握和表现。我们的作者多数未在国外生活和工作过，对国外情况的了解，特别是对国外近些年的变化知之不多，对如何通过作品与外国人“对话”心中无数，对读者对中国认识的程度缺乏宏观把握。

如何克服这些困难？主要应从两个方面努力，一是应尽可能多地与外国人接触，了解他们的需求和想法。与外国人直接接触的机会毕竟有限，弥补的办法是读书，这就是解决问题的第二个办法，多读一些外国人写中国的作品，这也包括新闻和评论，从中了解外国人的想法、写法。爱泼斯坦先生曾告诉过我，外国人之所以对西藏有错误的观点，就是读了那么几本如《旅藏七年》等事实与观点均有错误但有影响的书。而我们则缺乏有广泛影响的书。

关于翻译问题明天专家们要讨论。我要讲讲关于对外出版物的发行。从目前的情况看，大致有这样几个途径：一是出访团组携带，二是对来访团组赠送，三是寄送驻外使领馆，四是大型活动散发。这些都是可行的，但这几种途径无法使大量潜在读者得到我们的出版物。我们必须考虑拓宽发行渠道，使对外出版物进入国外市场。这不只是考虑降低成本，而是更着眼于让更多的可能阅读的读者得到我们的出版物。

从今年开始，我办投资制作的对外出版物一律标明定价并进入市场。这样做的意义和好处会逐步体现出来。首先是能发挥其社会效益和经济效益，其次还能判断其受欢迎的程度。我们已经试验着做了几本书，效果良好，有关推广的实施方案已有所考虑，还要听听大家的意见。

要随时记住我们的对外出版物是给外国人看的。如果说我们的评选还有缺点的话，那就是评委会没有收集外国读者的意见，下次评比可请在中国工作的外国专家提意见。毛主席在《反对党八股》中说过，要想一想自己的文章、演说、谈话、写字是给什么人看、什么人听的，只依自己随心所欲，就等于下决心不让人看懂。

要编写、出版好对外出版物，一定要发动各方面的力量。全国有各级各类出版社 500 多家，有的有百年历史，有的是后起之秀，他们有丰富的出版和发行（不要忽略发行）经验，与国外的出版机构也有联系，他们对国内外出版信息的掌握以及对出版选题的撷取、对出版市场的预测都有独到的眼光，我们应该取其之长，补现在之短，有些任务可以交给他们去做。外文出版社与美国耶鲁大学出版社联合出版的《中国绘画三千年》，品位高，在美国销售极好。这次在法国巴黎举办的“’99 巴黎中国文化周”很成功，我们与阿歇特——世界第一大杂志出版集团合作出版一本法文版的《中国文化周》画册。我们看了书稿，文图都不错，法文当然也很流畅。这是两个与外国合作出版的案例。

在国内，合作出版就更容易，许多地方已经尝试并取得了成果。比如，我们参评及获奖的“投资指南”“旅游指南”类出版物，有很多是各地新闻办与经贸委、旅游单位以及高水准的出版社合作的。调动一切积极因素，联合搞“大外宣”，才能把事情办好。

对外出版是一项大的事业，需要我们共同努力，不断开拓新领域，不断取得新成就。

把中国真实的情况告诉外国人

（2001年10月25日看望“金桥奖”终评委员会委员时的讲话）

中国人的辫子剪了?!

中国需要建立良好的舆论环境。实际上任何国家都有此需要，从美国到阿富汗，从最富的到最穷的，都希望国际舆论对本国有利，这是毫无疑问的。一个国家的舆论环境好，在国际上的威信好，就容易得到同情和支持，在进行文化交流、经济交流乃至军事交流时就方便得多。这是公认的基本道理。对中国来说，尤其有建立良好舆论环境的需要。对此，我们有一些特殊的理由：

一个是中国改革开放比较晚，外国对中国所知甚少。去年美国芭蕾舞团到北京昆仑饭店住，订房间时特别嘱咐一句：“是不是每个房间都有洗手间？我们都要有洗手间的那种。”来了之后说：“中国人的辫子剪了？！”这是昆仑饭店的总经理跟我说的。美国芭蕾舞团不是低文化层次的，也不是过分闭塞的人群。当然，这可能是一个极端的例子，但类似的例子还有。

再者，应该看到，我们建立良好的舆论环境也有好的条件。最重要的就是世界需要中国，发达国家需要中国的市场，发展中国家需要与中国的相互支持和交流经验。发达国家迫切地要了解中国的投资环境，无

1991 年 12 月 23 日，与阿拉法特在上海机场候机厅内长谈

1995 年 4 月 18 日，在上海浦东与记者们在一起

1995 年 7 月 20 日，陪同奥地利总统克莱斯蒂尔参观展览

1999 年 9 月 1 日，在巴黎出席“中国文化周”活动

2000 年 7 月 1 日，在美国参观斯坦福大学

2001 年 4 月 27 日，与老专家爱泼斯坦交谈

2001年12月6日，与美国前贸易谈判代表巴尔舍夫斯基会谈

2002年2月6日，在国务院新春酒会上与各国记者在一起

2002 年 4 月 5 日，会见阿拉伯驻华大使委员会宣传文化委员会成员后合影

2002 年 5 月 28 日，会见世界银行行长詹姆斯 · 沃尔芬森

2002 年 7 月 19 日，会见美国犹太人大会主席理思帮

2002 年 8 月 30 日，与日本共产党中央主席不破哲三在一起

2003 年 7 月 7 日，在古巴哈瓦那革命宫与卡斯特罗总统热情拥抱

2003 年 8 月 20 日，在圣彼得堡斯莫尔尼宫参观列宁办公室

在 2005 北京《财富》论坛闭幕式上（左一为《财富》杂志发行人福德利，右一为时代华纳集团高级副总裁傅秉德，左二为北京市副市长张茅）

2005 年 7 月 28 日，在日本东京举行的“中日两国人民友好画卷”图片展上与“形象代言人”成龙、福原爱等在一起

论如何要和中国做生意，由此美国形成了一个在华利益集团，他们在中国有投资、有生意，他们很愿意促进中美友好，但是他们更着眼于经济利益；发展中国家需要中国的支持，当然也需要与中国做生意。中国外交学会曾经邀请了一些非洲年轻政治家来访问，我也接待过一些非洲的政党领导人，他们要求增加法语的关于中国的资料，了解我们的宪法、法规、行政制度以及发展经济的做法。基于发达国家和发展中国家这两种需求，应该说，我们的出版物是有读者的，问题是我们如何发挥，如何满足外国读者需求，要克服实际存在的出版中的盲目性。

不能因为互联网，忽视传统媒体

现在的传媒手段不外乎是电视、广播、书刊以及互联网，这也都是我们对外传播的主要媒体。但由于我们认识的关系，有时偏重这个，有时偏重那个，理论上讲，这些媒体，我们都应重视，但对不同的国家或地区应该有不同的侧重。对传统的报纸、书籍、杂志还是不可稍有忽视的，网络只能与报刊互补，却不能广泛地替代，如在非洲，互联网还远未普及。我们对外传播的目的是把中国真实的情况告诉外国人。只有让外国人了解一个真正的中国，而不是他们通常想象中的以及被“妖魔化”了的中国，这样，他们就会消除对中国的偏见，进而对中国友善。

我们传播的产品，书刊和影视，基本的要求是要让人看得进去、读得下去，最好能让人喜闻乐见。一翻开就读不下去就没有用。

事前策划选题比事后评论更重要

首先是在内容的选择上，要分清层次。

有属于基本国情的，说明中国社会进展、国家政策和时政的；另一类是文化层次的，要表达的东西很多，如介绍孔子、京剧、国画、昆曲等等；更重要、更深刻的层次是说明当代中国人的，这种书我们出得很少。半年前，布什总统为参加上海 APEC 会议，想找一本介绍关于现代中国人的书，想了解中国人的性格、人品，了解中国人怎么交往，居然找不着中国出版的描写中国人的适当的英文书。比较正确地描写中国人的书难找！而有外国人写的关于中国人的几本书,都是多少带有偏见的，甚至对中国人的生活习性都有严重歪曲。实际上中国人很友善、好学习、爱国家、重视家庭、注重教育，这些很优秀的特点未广为人知。这类书少，主要是缺少组织者和作者。柏杨有一本《丑陋的中国人》，是写中国人的，他写了中国人的缺点和弱点，过于挖苦，有矫枉过正之意。但我们要给外国人读的书不是这个写法,要使读者对中国人有大致客观的印象，还是要表现中国人的为人，特别是表现中国人正面的主体性格。

再有很重要的一类是政治层次的，针对外国读者，讲清楚中国社会主义民主制度，什么是有中国特色的社会主义，讲清楚中国政府、人民代表大会、中国共产党，对他们说明白了也要有点功底才行。还有专题性的一类，如人权问题、台湾问题、西藏问题。10 月 7 日《华盛顿邮报》说，中国会趁“9 · 11 事件”的机会突袭台湾，理由是：“世界上没有什么事情是不可想象的，如‘9 · 11 事件’就不可想象，但是就发生了；不要认为中国以迅雷不及掩耳之势征服台湾是不可想象的”。理由荒谬之极！目的是歪曲“和平统一，一国两制”、但不承诺放弃使用武力的政策的实质。我们要正确地表达我们的台湾政策，需要专门的小册子，尤其是针对美国和日本读者的。我们外宣的书籍现在看来精品不够多，还远远没能达到我们自认的水平，更不能满足国外社会主流的阅读需求。

我想强调一点：事前策划选题比事后评论更重要。选题不妥，下面就都会错，无的放矢，可惜了人力、财力，做了用处不大的事情。所以，选题会要经常开，选题要有战略性的、战术性的，也有应急性的。在选题论证上，组织者要有学问，组织者应是政治家兼出版行家，要组织社会名家商讨选题，要论证，要招标，要竞争，不能糊里糊涂地出书。

要选有真才实学的作者

跟选题平行的就是选作者，一定要选有真才实学的作者，一是有学问，懂得他所要写的领域，第二他要了解外国人的心理，否则，用中国人的心理，像写给中国人一样，就会出问题。如历史朝代不加注公元纪年，对历史典故不加说明等等，那还是好改正的；难的是作者要随时记住是给外国读者写书，要克服给中国读者写书的惯性。斯诺的伟大就在于他不仅能把中国革命写出来，而且让外国人能理解。我们能不能发现几位“斯诺式”的朋友，对待这样的“斯诺”决不能希望他不写中国的缺点，他是外国人，有外国人的观点，他可能认为中国改革开放还不够、中国还有缺点，可能要评论。我们要欢迎实在的批评，完全不写缺点的文章也是不容易取信于人的。

“删繁就简三秋树，领异标新二月花”

刚才谈了选题、作者和外国受众的问题。还有一个问题：我们许多作品篇幅太大，句子太长，读起来太累，需要删繁就简。所谓“繁”，是指文章长、命题重复，而且模式化，过多地引用政治术语，过多地引用经典，须知很多中国经典是外国人不知道的。所以我想送给一些作者一副郑板桥的对联：“删繁就简三秋树，领异标新二月花。”“删繁就简”本不易，“领异标新”就更难，因为这意味着创新。

选“好”故事 “讲好”故事[1]

（2002年6月5日在云南省外宣座谈会上的谈话）

近几年来，我们深感要尽快形成“大外宣”的格局，全国各地和中央各部门要从自己的所长和业务领域各尽所能。边境省区有对外交流的地缘优势：对象明确且有熟识的往来关系；有外语人才，也了解对方对中国信息的需求热点等等。我们支持各边境省区发挥这些优势，加强与邻国的沟通。在多种沟通方式之中，我们特别提出了出版邻国语言杂志的项目。外国人总是通过与中国一些地方、一些部门的交往，通过与一些中国人士的交往或是阅读中国的一些外文报纸杂志来认识中国。中国各地执行的都是统一的中央政策，都是在建设有中国特色的社会主义，所以不论通过中国哪个地方，认识的都是同一个中国。

现在办多种外文报纸尚有一定困难，但办多种外文杂志就有可能。已请你们办了泰文的《湄公河》和缅文的《吉祥》。我和杂志的编辑们也见了面，知道他们外语好，有工作激情，还有发行办法。听说《湄公河》送到了泰国皇宫，诗琳通公主也很喜欢。两个杂志还能在云南的一些有留学生的大学出售。外文杂志的内容就如同《吉祥》上自我介绍的那样，是“一本讲中国故事的杂志”。讲云南的故事就是讲中国的故事。由边境省区办

1　本文为谈话摘要，标题为编者后加。

这些杂志，不仅总体力量大，比起在北京办就更能讲故事。此外还节省邮费，节省邮递时间，甚至无须邮递就能交流过去，收到反馈意见也更真切和迅速。

那么在北京办的外文杂志和地方办的外文杂志就可以互补了，前者更着重于中国社会的整体进展，回答对中国的较为宏观的问题；后者则有局部的、生动的细节和中国各地日新月异的变化。外文出版社也很慷慨地把越文版《荷花》交由广西出版了。现在已经出版的还有内蒙古自治区的《索伦嘎》（蒙文）、新疆自治区的《大陆桥》（俄文）等等。我还建议全国的边境省区的办外文杂志的同志，每年开一两次会议，相互比较，交流经验，讨论面对外国读者，选什么故事才算是“好”的故事？怎么讲才算“讲好”故事？

与中国直接接壤的和虽不接壤但是近邻的共有29个国家。我们计划在近几年内视各边境省区的编辑及发行力量情况再支持创建几种外文杂志。刚才晏友琼[1]部长说，云南与3个国家直接接壤，邻近国家有10多个，有连接东南亚诸国的国际大通道，有15个少数民族跨境居住。我们的理解是云南还能担负更多的任务，从办外文杂志说，也许能再办个老挝文版[2]吧！

1　云南省委常委，宣传部长。

2　老挝文版杂志《占芭》已于2005年9月创办。

一个精品抵一百个平淡作品

（2002 年 6 月 6 日在昆明市“灯下亮”工程[1]座谈会上的讲话摘要）

由产品效果判断工作水平

对工作水平的判断是根据工作的效果，由此要求我们的对外传播的产品——报刊、书籍、影视和互联网中内容是精品，精品就是对外国人有影响的产品。外国人翻开精品的第一页，读得下去，觉得是他想读的书。在语言风格上，符合外国人的思维习惯，才能发挥影响力，才有效果。就像我们看电视一样，几十个频道都送到你家里了，你为什么就选某一个频道、某一个节目，因为那个频道对你有吸引力，能引起共鸣，才会引起你的同情心或者是认同感。

以前我们做了太多的产品，恐怕有相当多的产品不是精品。曾经有驻外的同志——当然不是讽刺——很直率地说：“这些书刊真的很占地方。”我想这是很直率的批评，我们为什么要制作这样的产品呢？精品决不是在屋里坐着就能想出来的，是你对国外、对你的宣传对象的研究，经过反复的思考和酝酿，再经过艰苦的创造过程的结果。克林顿访华前，我们有意推动一下中美关系。想到江主席访美在先，克林顿访华在后，认为克林

1 “灯下亮”工程是为来中国的境外人士提供包括书刊在内的信息服务工作。避免只注重把对外书刊向境外推行，舍近求远，造成“灯下黑”的现象。

顿访华是对江主席访美的一个回报。不要让外国人忘了这一点，我们决定出一本以江主席访美为题的画册——《历史的聚焦》，当然其中也有许多克林顿的照片，这本画册获得了比较大的成功，成为人民画报社多年来最成功的画册。再举一个成功的例子：就是《犹太人在中国》，大家知道犹太人在历史上是受排挤的、没有国家的、没有祖国的民族。我们知道历史上犹太人到中国来过几批，其中最有影响的一批是 1934 年到 1937 年，欧洲犹太人逃避纳粹迫害到上海避难。犹太人在世界各地受迫害的时候，慷慨的中国人不需要签证而允许他们到上海避难，把自己的粮食和房屋让给犹太人。对此他们世代感恩图报，现在许多人还健在，还有在上海出生的儿女一代，但是这段历史年轻的中国人和犹太人所知较少。于是我们牵头出一本书《犹太人在中国》。这本书非常成功，得到许多重要犹太人的赞许。这包括基辛格、沃尔芬森（世界银行行长）等十数位有影响的人物。要说一个精品抵一百个平淡作品，可谓此言不谬！作为省一级，每年可以有数种精品，地区有一本就很不错了，县里有一个好的小册子、有一个好的折页，里面的英文不要错，就算县级的精品了。精品做出来了，跟着的一个问题是如何送到有需要的外国人手里，靠赠送总归是不够的。国内外的经验都是一样的，必须通过无所不在的商业渠道发行才能达到广泛传播的目的。如果赠送，送给人有意义的东西才是好礼品。

开辟传播渠道的难度不亚于编制精品。一开始我们可以“扶上马送一程”，给予一些财政补贴，但全靠赠送效果是不行的。我希望大家对经营有所思考并擅长一点。这也没有什么难的，总比搞西部大开发工程容易。

想要产生影响，发行规模是很重要的。一个好电影要有影响，一定要放一千场一万场，在中国有一千万人看、两千万人看、一亿人看才可能有大的影响。确认的精品要多印，改变以往种类多、印数少、效果不明显的现象，改为“品种少而精，多印精品”，这样才能产生影响。

“灯下亮”工程任重而道远

在外国的汪洋大海的人群中我们怎样把对中国有兴趣的人“过滤”出来，这是很难的；而来到中国的外国人都是“自动过滤”出来的对中国有兴趣的人，这是“灯下亮”工程的首要对象。不妨把“灯下亮”扩展到周边国家。中央一再强调周边国家对中国的重要性。14 个接壤的周边国家，就有 14 种语言，边境省、区不仅要办相邻国家语言的杂志，还要办互联网、广播电台，甚至电视台，舞台广阔，任重道远。

我希望大家不要再讨论“灯下亮”的意义，而是要讨论“灯下亮”的工作怎么做。各省由于所处的地理位置和对外交往面不同，工作内容也有所不同，要求也不相同。希望大家多做策划，对业务精益求精。

外宣工作的综合性很强，我们要善于发动社会力量。我们不是作家，不是翻译家，我们是组织者，一定要依赖真正的专家。任重而道远，全国的外宣干部一起努力吧！

把整个苹果奉献给受众[1]

（2003年1月30日在江西省考察外宣工作时的谈话）

形象最可贵，资源即“武器”

我是第一次到井冈山，瞻仰了井冈山革命烈士陵园、毛泽东旧居、黄洋界等革命旧址，对井冈山和中国革命的历史有了切实的感受和深刻的体会，更增强了对党、对国家的责任感。井冈山的一山一水，都是革命先烈用鲜血染红的。沿海和边境省（市）对外交流渠道较多，近年来，内陆省份积极探索对外传播交流工作的渠道和方法，也有许多新的进展。“世上无难事，只要肯登攀”，江西作为内陆省份，积极努力地开展外宣工作，开通了“中国江西网”，工作有了新的起色，就是井冈山精神的继承和发扬。

对外传播交流对提高本地知名度作用很大，形象最可贵，资源即“武器”。挖掘本地外宣资源，突出本地特色，才能提高本地知名度。

可以说，瓷器是中国的第五大发明

要发挥积极性和创造性，哪些方面、哪件事情有特色，容易被外国人理解、记住，就先做哪些。如景德镇的瓷器已是世界有名，需巩固和

1　本文为谈话摘要，标题为编者后加。

不停地创新。浮梁茶历史上也曾有名，但现在却是“养在深闺人未识”。在策划对外交流活动时就可以把瓷器与茶文化有机地结合起来，首先与日本和韩国交流茶道，吸引他们多来江西。再比如，陶瓷是工业产品，其实也是一种文化产品，千年流传至今，就更显出其文化韵味的深厚。可以说，瓷器是中国的第五大发明。前几年景德镇瓷器在法国展出时引起参观者的极大兴趣。瓷器的发展是技术、艺术双轨并行的，我们的瓷器在艺术上是讲究的，但在技术上、研究上就显得弱些。我们应把物理、化学专家吸收到瓷器工艺研究中来，及时利用这些学科的新成果，使瓷器有真正的突破。瓷器是既古老又永恒的主题。“皮之不存，毛将焉附”，我们应懂得技术加艺术，才能达到实现效益的目的，这包括经济效益和社会效益。在树立本地对外形象工作中，要研究和推敲本地的特色到底是什么，对一些在过去形成的“特色”需有所扬弃。像当年浦东以“剪刀、瓦刀、菜刀”之类的传统表达自己，就不如来个“壮士断臂”，去旧换新。

交流活动的筹划从开始就应国际化

传播中国文化已经是重要目的，不必一定说“文化搭台、经济唱戏”之类的话。活动的具体策划，从开始就应国际化。比如要搞瓷器展，我们自己也要研究中国的瓷器好在哪儿，与其他国家相比好在哪儿、差在哪儿，扬长避短。不知国际行业的进展，就连说明书都会说得不得体。不能“热热闹闹”走个过场，甚至结果事与愿违。

把整个苹果奉献给受众

如果说“中国特色的社会主义好”是维生素C，那么我们不要把本来融在苹果里的维C，生硬地抽取出来“标签式”地给受众，而是要把整个苹果——也就是社会进展的成果，一起奉献给受众，效果才好！对外国受众的感动，不在于口号有多响，理论有多深，主要是从情感和道理上实现。我们的工作应从人文的角度，作一些文化的表达，要土洋结合，善于在严肃和情感之间选择好度。

对外传播水平首先以效果衡量，形式和内容要统一，或者说素材和灵魂要统一，如果将两者硬性分离，就会事倍功半。

走出 SARS[1]

让中国难忘的春天

正当我们进入新世纪第三个春天的时候，一场突如其来的 SARS 灾难以迅雷不及掩耳之势袭击了中国大地。

它来得如此迅猛，在很多人还不知 SARS[2] 为何物的时候，它就在我国的广东、香港地区、北京和其他地区肆虐。据世界卫生组织（WHO）公布的数据，短短几个月，全球已有 32 个国家和地区报告了 SARS 病例，患者超过了 8000 人，死亡人数超过了 800 人。中国是重灾区，是全球抵抗 SARS 的前线。

这是一个让中国难忘的春天。北京，经历了从未有过的寂静。疫情更大范围扩散的可能性犹如悬在人们头上的达摩克利斯利剑。为了防止它万一的下落，生命和生命必须保持距离。

SARS 的突然到来，使中国政府和人民经历了一场自建国以来从未有过的严峻的瘟疫流行的考验。

---

1 本文曾以英文发表于 2003 年 5 月 15 日的 *China Daily* 上。

2 SARS：Severe Acute Respiratory Syndrome，在国际上简称为 SARS，在中国简称为“非典”。

灾难之初，我们有关机构的组织指挥不统一，信息渠道不畅通，应急准备不充分，统计的病例有误，一度引起社会的恐慌和不安。

中国政府果断地对此事进行了彻查，并及时采取了坚决措施。于4月20日撤销了两省部领导人的职务，重新核定疫情数据，举行新闻发布会，让世界零距离了解SARS在中国的情况。

至5月8日，世界上有110个国家限制中国人前往旅游，有的甚至拒绝中国人入境。SARS在极短的时间内使中国人陷入一种意想不到的境地。人与一种未知病毒的“战争”就这么来了，比一场真正的战争还来得迅速。中国的春天被蒙上了口罩，街道上少了人群，商店的顾客少于售货员。历史睁大了眼睛，每个人都在关注着这场“战争”，每个人都在心中祈祷：早一天结束灾难！

中国一时成为世界关注的焦点

中国一时成了世界媒体关注的焦点。外国媒体对中国报道的数量之大，评论之多，是近年来很少见的。有些西方媒体不顾SARS是一种至今原因不明的传染病的事实，强行将这一天灾附和为中国社会的人祸。有一家杂志甚至将感染了SARS病毒的肺叠加在中国国旗上作为封面，这样做对任何国家来说当然都会被认为是一种无礼和侵害。

许多经济部门和研究机构不断预测中国乃至东亚经济发展将受SARS传播的严重影响，认为“SARS将使东亚陷入金融危机以来的另一场严重经济危机之中”，“疫情将严重影响中国的投资环境，减缓经济增长速度”。世界多家金融机构普遍下调中国GDP的增长预测，说中国今年GDP增长率将下降一个百分点，甚或下降一半。

对于SARS究竟来源于何处，全世界的医学家至今仍众说纷纭，有人说来自某种野生动物，甚至有人归因于太空微生物……无论它来自何处，都如人类历史上无数次瘟疫的流行一样，是大自然带给人类的灾难。

人类发展史，就是一部人类与自然灾害斗争的历史。而病毒在自然界的历史远比人类要长。直到1996年，人们才弄清楚，疟疾的传染源来自9000万年前。正如艾滋病是美国首先报告的，但不能说美国就是艾滋病的发源地一样。这场危机告诉我们，在这个更加全球化的时代机遇与风险并存的道理。它教给我们一个重要经验，就是我们需要更好的疾病监督机制。中国国务院为建立有效的监督机制，于5月12日公布了《突发公共卫生事件应急条例》。

世卫组织专家的想不到

今年5月，一位来中国的世卫组织专家说，他想不到他本来打算在中国待一个星期，却因为领略了中国新一代领导人面对SARS危机的智能与果断，亲历了中国与世卫组织合作的一步步进展，结果让他在中国待了45天。他说，如果没有亲身经历，你无法体会过去短短一个多月里，中国经历了一种怎样的进步，这是中国开放历程中的又一个里程碑。国外有人评论说，在抗SARS斗争中，人们看到了中国政府一种清新、务实、果敢的政治气象。新一届领导人面对SARS的挑战，采取了出人意料的严厉行动。中国的政治风气、社会氛围、干部作风、新闻媒体等方面，都发生了细微而可喜的变化。对于中国人来说，这种变化给他们带来了信心和鼓励。领导人的一个行动，比一百句空洞的口号更能鼓舞人心。人们至少知道，他们正竭尽全力！人们不会忘记他们所做的一切。

虽然非典疫情使上半年的中国经济受到了一些影响，但从整体上来看，这种影响只是局部的、暂时的，中国经济的总体发展形势仍然良好，也没有改变经济快速增长的势头。据初步预计，上半年国内生产总值的增长率仍在 8% 以上。中国经济对灾难的抵抗力在亚洲金融危机之后又一次得到了证明，尽管这两次灾难的性质有那么大的不同。

中国经济经受考验

我们观察到，一方面，中国的旅游、餐饮、零售业等部门一度萧条，同时我们又看到电讯、体育运动产品、家庭用汽车大幅度地增长。这种消费者的选择在部门之间的替代，也会降低 SARS 对国民经济的直接影响。世界三大经济组织——国际货币基金组织、世界贸易组织和世界银行也呼吁不要过分夸大 SARS 对经济的影响。他们说，SARS 对亚洲经济的影响是可以控制的，对全球经济的影响也是有限的。美国有人评论说，由于中国的疫情仅仅集中在几个主要疫区，并没有在农村地区蔓延，加上防治措施得当，疫情在较短时间得到有效控制，中国受到的影响并没有原先估计的那么严重。农村和非疫区所受的影响比较有限。同时，外来投资只是稍稍减缓了速度，并没有出现转移外撤的现象。随着疫情的缓解，各种大型基建项目相继开工，这些都在一定程度上减小了 SARS 对经济的冲击。可以说，SARS 对中国经济只是损及皮毛，并未伤及筋骨，如果疫情不再反复，这种不利影响应该可以较快弥补回来。新加坡《联合早报》援引德意志银行报告称，SARS 对经济的影响小于市场预测，中国经济正在恢复迅猛的增长势头，德意志银行对中国 GDP 增长的预测将调高至7.5%。英国《金融时报》称，如果中国能在今年第二季度控制住SARS疫情，那就可以避免对经济产生结构性破坏，对中国今年GDP增长的冲击也应只在0.5%之内，中国依然是一个全球性的市场。而且，经受SARS磨炼的中国将变得更加成熟，向着现代化迅速发展。

中国政府的适应力与透明度

也有人质疑我们的应急体制，说我们透明度不够，说中国的医疗系统应对公共卫生突发事件的能力较差。在这一点上，美国摩根士丹利资产管理公司的报告认为，中国新领导层这次的处理手法，凸现出令人鼓舞的适应力和透明度。中国政府的果断措施和取得的积极成效受到国外媒体的广泛肯定。SARS在中国各大城市表现不同，有的城市蔓延严重，而有的就轻得多，结论是我们的机制和工作中的一些地方需要改进，并且能改进。

为抗击SARS，中国中央政府投入20多亿人民币，各地方政府共投入50多亿人民币。北京政府用8天时间建成了有1000多个床位的小汤山SARS医院。仅此一个项目北京就投资2.4亿人民币。各地政府对城市贫困市民和农民、农民工实行免费救治，对在城市间和城市与农村间的流动人群采取了几种防止SARS扩散的措施。各省建立了县、乡、村三级防护网络。中国通过2000多种报纸、400多个电视台在几天之内向全国城乡普及了防治SARS的基础知识，做到了家喻户晓。乡村的田边地头可以见到防治SARS的招贴画。由中国国务院新闻办公室编辑以中、英文分别出版的《画说非典》画册也受到了广泛的欢迎。中国成功地防止了最令人担心的SARS在中国广大农村的蔓延。这场中国特色的反SARS之战，体现了中国政府和人民的一致性和中国社会主义制度的高效率，随着中国抗SARS不断取得的成效，中国越来越多地得到了全世界的广泛赞扬。

世界已经看到，当这场灾难向中国人民袭来的时候，他们表现出了前所未有的从容和坚强。在灾难面前，大家坚守自己的岗位，通过各种方式相互鼓励和支持。基层街道、居委会等组织有效结成网络。胡锦涛总书记所呼吁的和衷共济、众志成城抗击SARS，成了对抗SARS的有力武器。

爱与责任凝聚一个民族

在北京的小汤山新医院，每天有1000多位医务工作者不顾个人安危，为挽救每位病人日夜奋战。“健康所系，性命相托”，他们以理性、科学、敬业的精神和超负荷的工作与SARS抗争。“这里危险，让我来！”在危险面前，他们把自己宝贵的生命放在了一边，把一个个垂危的生命拉出了死亡的边缘。SARS出现以来，我国有900多名医护人员被感染，占SARS病例总数的五分之一，不少人已为抗击SARS献出了自己最宝贵的生命。然而，许多刚刚康复的医护人员又义无反顾地纷纷走上前线。他们每天以南丁格尔的名义，实践着希波格拉底的誓言[1]。我们应该永远记住白衣战士被感染和殉职的人数，也必须记住其中的教训。

世卫组织的官员说，中国的医护人员工作极其努力，“世界上没有哪个国家的医护人员能做到这样，中国应该为他们感到骄傲”。

1　希波格拉底（Hippocrates），公元前5世纪的希腊名医。有著名的希波格拉底誓言：“我要遵守誓约，矢志不渝。对传授我医术的老师，我要像父母一样敬重。对我的儿子、老师的儿子以及我的门徒，我要悉心传授医学知识。我要竭尽全力，采取我认为有利于病人的医疗措施，不能给病人带来痛苦与危害。我不把毒药给任何人，也决不授意别人使用它。我要清清白白地行医和生活。无论进入谁家，只是为了治病，不为所欲为，不接受贿赂，不勾引异性。对看到或听到不应外传的私生活，我决不泄露。”

在中国的其他城市，每天也都有不少的志愿者走上街头献血。所有迈出的双脚都不会停留，所有伸出的双手都没有犹豫。众志成城，抗击SARS，正是全国民众每一天的实际行动。在中国大地，到处都能听到感人肺腑的故事，感受到临危不惧的心跳。自强不息，厚德载物，人人为我，我为人人。在这场灾难的浴火中，中华民族精神又得到一次提炼和升华。五千年中华文明的力量正是我们自信和坚强的最真实的依据。一开始SARS好像加大了人们的距离，结果拉近了人们心灵的距离。

在灾难中，危险无处不在，但爱与责任，已使平凡和伟大变为一体。人们的信念是：让力量传递力量，让生命挽起生命，挺起我们民族的脊梁！让我们用凯旋的圣火，照亮宇宙间的苍茫！

现在，在北京的街道旁、胡同里，在新建的草坪和现代化广场上，我们到处能看到人们积极健身的身影和挂在人们脸上自信和必胜的笑容。在他们的脸上，恐惧已经消失，阳光依然灿烂。中华民族与世界人民一样，正在以人类的自强不息和科学态度直面SARS的威胁，并将如世界期望的那样，以永不言败的生命精神走出SARS，走向更加幸福的生活。

此刻，我想起了诺贝尔文学奖获得者、波兰女诗人维斯瓦娃·希姆博尔斯卡的著名诗句：

我们的战利品就是懂得了世界
它是那么伟大，两只手就能够把它抓住
那么艰难，可以面带微笑地将它描写
那么奇怪，就像祈祷中的古老真理的回声
……

今天的世界需要相互关爱和支持

就在写作本文的时候，得到了关于中国SARS疫情的最新数据：临床病例连续13天为零，疑似病例连续13天为零，死亡人数连续12天为零。总计出现5326例患者或疑似患者，347人死亡，治愈出院4895例。WHO在6月24日向世界宣布，从即日起解除对北京的旅行警告，并将北京从“近期有当地传播”的SARS疫区名单中删除。至此，中国大陆地区所有城市已经全部解脱。我们期盼着，也确信台湾地区也会在最近几天内从SARS的疫区名单中解脱。

这场传染病暴发得快，全世界动员得也快，取得成效也快。这似乎说明：经济全球化使传染病可能在24小时内传至世界各地的重要城市，但经济全球化也推动了全球的联合的力量抵抗传染病。

我想借此机会，对在我国抗SARS之战中，给予我们大力援助的日本、美国、德国、英国、韩国等许多国家和国际组织及国际友人表示最真诚的谢意！

这场SARS危机使我们更深刻地感受到：我们共同生活在一个地球上，相互关爱和支持是多么重要。

2003年6月24日

让世界分享中国哲人的光辉

（2004 年 9 月 10 日有关孔子与泰山的谈话）

展现东方哲人的风采和智慧

我觉得可以把赠送孔子像[1]列为文化外宣重要项目之一，以此来推广中国文化。世界各国都有推崇的伟大人物，没有伟大人物的民族就不能称之为伟大民族。德国文化为什么伟大？因为有音乐家贝多芬，哲学家马克思、恩格斯、黑格尔、费尔巴哈，科学家赫兹、爱因斯坦等等。而提起古希腊文化来，就自然提起苏格拉底、柏拉图和亚里士多德等几位哲人。孔子就是中国的伟大人物，孔子不仅是山东的，是全中国的，而且是全世界的。推广孔子雕像是中华文化的标志性活动。赠送给德国的孔子像已经矗立在柏林了，德国人很喜欢。

我在许多国家访问时，见到人家用很精密的模具将花岗岩石粉末和树脂调合在一起，把他们的名人压铸造成塑像，尺寸多样，形象逼真，制作精细，到处有售。希望你们学习那种办法，向世界推广以孔子为首的中国哲人像，精心设计，精心制作成系列产品，以适应各种场合摆放，满足对

1　由山东省政府新闻办公室承建的孔子像于 2004 年 7 月 31 日安放在北京市赠送给德国柏林的“得月园”内。2004 年 9 月 10 日，由山东省赠送的另一尊孔子像在巴西巴伊亚州首府萨尔瓦多城市公园落成。赠送给日本立命馆大学的孟子像，已于 2005 年 7 月落成。立命馆大学校名即取自《孟子 · 尽心下》：“夭寿不贰，修身以俟之，所以立命也。”

外赠送或销售的要求。要进一步研究塑造孔子们的“标准像”，要参考罗丹的雕塑作品，形神兼备，让孔子塑像展现东方哲人的风采和智慧。要让外国人对孔子有一个较固定的、美好的印象。用家乡的材料，由家乡人制造，矗立在异国他乡，让世界分享中国哲人的光辉——这是山东对外交流的一个长久的课题。

着力打造泰山新形象

（得知泰安市政府今年又组织专家学者及广大市民共同参与评选出“泰山百景”，并着力打造泰山新形象时，赵启正对泰安市政府的做法表示赞许）泰山是中国的五岳之首，是世界自然和文化遗产。国务院新闻办的会客厅里有巨幅《泰山日出》图，到这里来的很多外国客人都赞不绝口。对外表达泰山，实际上就是对外宣传中国的风光名胜和历史文化。这是一个挖掘不尽的宝藏，要用新的眼光寻找新的角度，运用新的方式进一步表达泰山。泰山的对外画册要制作成精品，要让外国人爱看，就不仅外文要准确，还要多研究外国人对泰山的兴趣点和外国人的欣赏习惯，要知道外国人的视角与我们有何不同。我们司空见惯的，他们可能就觉得新鲜，我们很欣赏的书法，他们可能难理解。要用最适合他们的内容、形式制作对外书刊。不同的外国人对我们的对外书刊会有不同的看法和感受。东方的外国人与西方的外国人也不一样，外国人和海外华人也不一样。

现在的旅游点，到哪儿都是卖念珠、卖风车、卖葫芦，都一样缺少当地的文化内涵。咱们山东旅游首推的纪念品是什么？就是孔子像，还有老子、庄子、孙子。西安到处都是汉瓦当，太多了，没办法利用，我建议他们加盒子、加托架，注明“汉朝瓦当”，后来他们开始这样做了，据说韩国人很喜欢。

四、在国际舆论中加强中国的声音

ZAI GUOJI YULUN ZHONG JIAQIANG ZHONGGUO DE SHENGYIN

出席“纪念中日两国互派常驻记者40周年”座谈会（参见《“经济热”再加点“文化热”》一文）

《波士顿星期天环球报》上所刊登的漫画
（参见《中国从未把别的国家当菜吃》一文）

中国从来把别的国家当菜吃[1]

总编先生：

1 月 7 日贵报刊登了标题为《世界，要不要惧怕中国 ?》（“*Should We Fear China?*”）的文章，并配发了一幅一双硕大的筷子正夹着几面美国国旗当菜吃的漫画。文中引用了我关于世界、亚洲和上海经济的观点。但是，我不能同意这样一幅漫画的寓意和文章中的一些观点。

我想声明的是：中国从来没有把任何一个别的国家当菜吃的习惯。恰恰相反，任何一个熟悉近代历史的人都知道，自 19 世纪中叶到 20 世纪初的中国确实曾被世界上的一些列强当作一道好菜瓜分过。

如果认为哪个发展中国家一旦强盛了就要把其他国家当菜吃的话，这将是一个荒谬的逻辑。按照这个逻辑，那么世界只能维持现状，穷国只能当穷国，富国永远是富国。那么，我们是否也可以画出一幅这样的漫画，即一个超级大国的叉子正在把其他国家也当作一道道菜肴吃掉呢?

去年是反法西斯战争胜利 50 周年，中美人民都为此作出过巨大贡献。原来希望两国关系会因此进一步改善。然而，过去的一年对中美关系来说是不平静的一年。作为世界上具有重要影响的两个大国，中美两国应建立

1　这封信曾发表于 1996 年 3 月 8 日的《波士顿星期天环球报》上。信发表后，在美国的华人朋友来信说，这是他们见到的在美国报刊上第一次出现的驳斥“中国威胁论”的文章。

正常、稳定和建设性的关系。我衷心希望在新的一年中，双方的共同努力可以使中美两国关系得到新的发展。贵报也一定能为此发挥积极的作用吧。

相信总编先生也会把我的这封信刊登在贵报上。

赵启正

1996 年 2 月 29 日

附：

世界，要不要惧怕中国？

John Yemma

在中国——一个正在强大起来的超级大国，资本主义的萌芽肯定会带来一个文明社会吗？还是会带来一个更为强大的独裁社会？

在上海，赵启正坐在他宽敞的会客厅里那个大沙发上，面对着最先进的电视墙，正描绘着美好的未来。他一边讲，助手们一边熟练地操作着电脑，显示出一幅幅画面，来炫耀他的城市现在以及将来在亚洲是多么的重要和关键。

这位上海市副市长兴奋地说："我们将成为带动长江流域（经济飞跃）的龙头，成为亚洲明星城市的中心。"他说着，从北向南指出了东京、大阪、汉城到香港、吉隆坡、新加坡、雅加达等构成的城市链。

赵传递了一个在今天的中国到处都可以听到的信息：这个民族一定要强盛起来，他们追求的不仅仅是成为，而是要恢复她应当拥有的一个世界大国的地位，这种地位中国曾享有长达 3000 年之久，只不过在最近几个世纪以前才失去了。

照目前的形势发展下去，中国将在赵的有生之年达到目标。那时候中国与美国将隔洋相峙——两个超级大国价值观截然不同，但又具有许多重要的相似之处：都拥有核武器，拥有强大的军队，都有一个善于误解对方的坏习惯。

在美国，乐观派们希望，北京能够伸开双臂拥抱资本主义，将会慢慢地造就一个文明社会，带来政治自由，减少威胁性。这正是自尼克松以来每一位总统的实际做法。尼克松在1971年重新建立了美中关系。然而，悲观派们则担心，中国的经济繁荣会使其成为一个富强但仍然独裁的国家，就像20世纪初的德国和日本一样，中国经济和军事上的强大，再加上她的民族主义和社会主义，将会造就一个可怕的、好战的国家。

中国也有其乐观派和悲观派之分。像赵启正这样一些人只以经济利益论将来。日本和新加坡皆因重商业（经济）轻军事而成为他们的发展榜样。中国的悲观派通常是些民族主义者。这些人认为，西方因感到受到了中国的威胁，故想通过在人权这样一些捏造的事件上施压，从而达到遏制中国、削弱中国之目的。他们引用的例子除已解体的前苏联之外，还有就是前清王朝。1839年和1856年的鸦片战争之后清王朝逐步衰败并沦为了殖民地。

谁能说中国会走向何方？但无论怎样都会有巨大的影响，这不单单是一个国家，而是世界人口的五分之一。每一位中国问题观察家都在竭力预测着中国的发展方向，因为中国目前的现状本身——似乎是如此奇怪和不稳定。

最近，设在波士顿的东北咨询事务所的Piero Telesio和Doug Randall在一篇为《中国商业新闻》撰写的文章中，列出了下列西方流行的有关中国走向的观点：

1. 经济发展受阻。共产党强硬派责怪外国人造成了困难，并重新关上国门。

2. 经济繁荣地区如上海、广东和福建会在政治上与贫穷的内地分裂。中国变成一个松散的、分裂的联邦。

3. 政治斗争使得北京摇摆不定，忽左忽右。

4. 中国逐渐成为亚洲霸主，走上日本式经济模式：与美国及欧洲国家的贸易摩擦增加。

5. 中国最终成为世界强国，但慎用武力，允许温和反对派与政治多元化的存在。

Telesio 上周说道：“自从我们举出上述观点以后，中国走向的不确切性有增无减。”

设在纽约的美中关系委员会长期以来致力于促进两国的对话，该委员会主席 David M. Lampton 说，“在中国的问题上，没有保险的赌注”，“我们认为经济发展必会导致政治多元化的观点，也许是错误的。假如真的如此，我们则是正在扶持一个独裁国家”。

然而，Lampton 认为自己是一个乐天派，他看到了一个文明的社会正在形成。他说：随着人们的不断富强，更多的人们拥有了需要保护的东西，因而也在不断地要求政府保护其产权。教育在普及，人们的寿命在延长，越来越多的中国人希望出国旅游，改变工作，拥有私房等等。尽管为数很少，Lampton 还是发现有独立出版物出现。Internet 通讯网在更多地得到利用，以及人们更多地求助于非政府的社会机构。

Lampton 说：“可以肯定，中国正在走向多元化，管理更趋人道。”他认为，最近对于人权人士吴弘达和魏京生的严厉处分好像是一种倒退，但实际上是在彻底的自由化进程中出现的个别事件而已。

无论如何，中国观察家们都在关心着未来的十年——这期间中国将有大批农民离开土地进城帮工，脆弱的金融体系不得不彻底修整；邓小平时代的领导权要向下一代移交；台湾问题也可能会达到危急关头。与此同时，中国大量的、也是诱人的廉价劳动力，市场准入障碍和在公平贸易中的违规做法，也将引起许多美国劳工及政治领袖们的关注。

因此，在美国，一种并非完全没有道理的抨击中国的方式正在越来越成为一种政治手段。有迹象表明，共和党提名的主要竞争者、参议院多数派领袖 Bob Dole（多尔），将会对中国采取强硬立场，以有别于克林顿总统。国会发言人 Newt Gingrich（金里奇）则鼓吹足以让北京愤怒的承认台湾的做法。

确实如此，每逢总统大选时都有此类事情发生，毕竟从肯尼迪和尼克松开始，他们在 1960 年就曾在台湾的金门与马祖问题上舌战过。总的说来，世界上大多数国家都已习惯了美国这种四年一度的竞选仪式：即在此类问题上纷纷采取极端立场，直到宣誓那天方才放弃它们，改为中立态度。据说，中国的外交官、商界官员，甚至执政的老人政府的官员们也对这种美国政治习以为常了。

然而，亦不尽然，即使很老练的人也常常会有错误的认识。上个月在北京，一位中国高级官员举例说，美国政府关门就是一个很好的例子，说明中国体制至少有一个方面胜过美国。这位官员继续说，邓小平曾经讲过："你们的国会专门制造麻烦，不仅为中美关系找麻烦，也为美国自己找麻烦。"

当然，他说得对。政府关门的确令人恼火，国会确实在制造麻烦。但这位温文尔雅的官员的评论中也暗示了他缺乏对一个独立立法机构的作用的了解。其实，这是一种民主的交易。而这一切则预示着中国将在下个世纪成为一个绝不会让大多数美国人感到熟悉和友好的超级大国。

（译自 1996 年 1 月 7 日《波士顿星期天环球报》）

短也是一种美

（1998 年 2 月 22 日在第四届影视“金桥奖”颁奖仪式及研讨会上的答问）

问：怎样看待介绍中国的电视片和解说词的“文学性”，其中的解说词中需不需要“文学性”，它的作用是什么？

赵启正（以下简称赵）：因为我到这个新岗位才一个月，还很不在行，我试着回答，错了请批评。我曾看过不同单位拍过的多个关于浦东开发的片子，我对其中几部片子不满意。不满意的原因有这样几个：冗长，不简练；解说词太沉重，听着太累；数字太多，觉得像听工作报告，于是也没有精神去欣赏画面了。还往往爱无确切根据地说“世界第一”“东方第一”，这样的语言国内外观众都不爱听。我觉得用简单明了的语言说明比较复杂的问题，是一种好的解说词；用比较复杂的语言解释一个复杂的问题，算及格；用复杂的语言没有说清楚，那是不及格。短也是一种美，比如诗歌的短，是美的。

做片子不能不讲究文学性。为外国人做的片子，当然也不能不讲文学性，不仅图像美，语言也应该美，不能粗俗。我认为对外的片子的语言美，首先要表现在逻辑性、简练性和通俗性上。如果语言“过分”修饰，再加之翻译不当，反而可能造成受众的反感。所以对您的问题，回答是肯定的，要“文学性”。

问：我是江西井冈山来的，我想请教如何处理历史题材与现代精神、现代生活的关系，使我们的片子达到对外传播与沟通的效果。

赵：历史题材，特别是我国革命的历史题材，与当代建设社会主义的精神是一致的，历史题材也是表达中国的一个方面。

刚才电影家协会副主席石方禹先生说，拍片子不要“目中无人”，我很有同感。不要“目中无人”，我的理解，首先是要明确受众是谁，所表达的思想要使受众能够理解，这当中当然要区别对待国内外受众的接受能力。制片人对历史事物本身得有相当的了解，要有潜台词，才能深入浅出。对事物本身理解的是国情；外国人的想法和感觉，是“外情”。有这两方面的背景之后，才能拍出一部非常好的“对外”片子来。

问：我们在搞对外交流时，往往认为外国人的现身说法是最具说服力的。我们很多对外片都有这样的共性。这样做，外国人愿意不愿意看？

赵：也许一些亚洲人由于历史的原因有一种自卑感，日本的经济已经这么发达了，但是日本的广告，无论是电视广告还是说明书，总是要放上几个外国人。如果没有这样一种心理背景，外国人出不出现还是顺其自然为好。

你要表现一个外国企业在中国的成功，当然你要找几个外国人来说说。如果能找到跨国公司的总裁，这些举足轻重的全球性人物，让他们讲话会有效果。外国人也有从众心理，或多信服权威的心理。

问：地方外宣有时想在很短的时间内把全省的情况都介绍到，片子容易拍得比较散。不知这样的片子是否有市场，提倡不提倡？或者怎么样把这类片子拍得更有趣？

赵：其实你已有定论了，想在一部短片中面面俱到便拍散了，重点不突出了，就难给受众留下印象。这类片子，还往往大量引用数字。那是一张表格,不需要用录像片,何必费这么大劲儿呢?看一个片子要看出思想。甚至一个描写风光的电影,可能没有人,没有故事,但今天的人和古人看同一个景,看同一个古代建筑物,思想感触是不同的。

思想性绝不是简单的口号,而是通过导演的多种“语言”(图像、解说、音乐……)描绘出来的。要表达你这个省的目的是什么?是吸引旅游者,是吸引外资?还是想说明邓小平的建设有中国特色的社会主义理论在你们那里的实践?如果没有深刻的思想性,外国人就难以从我们的表达中得出什么结论。

启正同志给我们出了一个好题目

中国传媒大学校长　刘继南

对外传播——传播事实，传播真理。但是，对外传播的目的并不是“传播”本身，而是如启正同志所言，要让外国人也“得出你期望的结论”。对外电视片的创作作为对外传播的一种重要形式，可以说是一门需要高超技巧的艺术。启正同志在1998年2月一次畅谈对外电视片创作问题的答问中，用他挥洒自如而又朴实无华的语言，对这门艺术进行了富有启发性的解读。

对外电视片的创作是一门用简洁的传播语言去诠释深刻道理的艺术。所谓“真佛”只说家常话，运用简洁的语言是传播的一种重要技巧。简洁的语言需要千锤百炼。诚如启正同志所言，“我觉得用简单明了的语言说明比较复杂的问题，是一种好的解说词；用比较复杂的语言解释一个复杂的问题，算及格；用复杂的语言没有说清楚，那是不及格”。反观我们一些“太长”“太沉重”“听着太累，数字太多”的对外电视片或其他宣传材料，艺术性是不必说了，其传播效果无疑是要大打折扣的。按启正同志的标准，它们自然是很难“及格”。

作为一国政府的“公关总领”，启正同志还特别关注对外宣传的针对性问题，强调要研究外国人如何理解，“外国人有什么想法和感觉”这样的“外情”。对外电视片的创作要注意技巧上“对外”的特点，这一点非常重要。你用自己的认知体系强加于他人，人家自然不一定感兴趣，甚而还可能引起误解。所以，对外传播时一定要善于利用符合目标对象认知体系的传播技巧。

对外电视片的创作也是一门用生动的形象和丰富的细节去传递传播者思想的艺术。诚然，拍任何片子都要有思想，但是，“思想性绝不是简单的口号，而是通过导演的多种‘语言’（图像、解说、音乐……）描绘出来的”。此外，电视片中的细节可以产生无穷的感染力，可以大大提高亲和力。中国对外宣传片可以通过对细节的精雕细刻来提高亲和力。外国人，尤其是欧美国家的人非常喜欢贴近个人生活的、反映生活细节的表现方式。这也符合传播的规律，因为利用亲和性的表现手法通常可以引起受众注意、加深记忆、增进好感，这难道不是我们对外传播要实现的重要目的吗?

最后，对外电视片的创作还是一门可能不断制造新的感悟而又让人回味无穷的艺术。启正同志所谓的对外电视片的“文学性”，其所言正是这样的“艺术性”。小到对画面感的强调、对语言分寸的把握，大到对历史题材与现代精神的探讨等等，在他的这篇谈话中均有涉猎。其实，我们在对外传播实践中还可能更多地遇到类似的课题。

启正同志在这个课题上为我们开了一个好头，给了我们很多启发，我们没有理由不使之深入下去。

中国媒体要加强国际问题评论

（1998 年 4 月 23 日在深圳第三届“中国国际新闻奖”颁奖大会上的讲话）

“中国国际新闻奖”是为了推动中国媒体的国际报道——包括国际新闻和国际评论的发展而设立的。这个奖自 1995 年以来评选了三次，看来影响和效果较好。在这里我也向获奖的作者表示热烈祝贺。

中国媒体的国际新闻和评论随着中国参与国际政治、经济和文化生活的发展，其广度和深度也有明显的进步。大家回想一下，在实行改革开放之初，有些地方报纸只有四版，某一天可能没有国际新闻，而读者竟然也能接受。在今天国际报道多的媒体就更受欢迎，多数读者对国际形势的变化有兴趣，而读者中的干部、企业家、学者则把读报当作功课，是每日不可少的。

国际新闻天天发生，我们的记者如何选择，用什么语言描述都是在表达中国的兴趣和中国的立场，中国读者也在自己思考的同时受报道的影响，从而对国际事务有所判断，分清是非。

我们新华社、《人民日报》、国际广播电台、《中国日报》都发外文稿，我们的中文媒体也有外国受众，他们有人能读中文。外国人由此了解中国政策和中国舆论。中国媒体的国际报道和评论是否准确、迅速、公道实际上也是构成中国形象的一部分。各国媒体对同一国际事务的报道会持不同的立场，在国际舆论中加强中国的声音，是我们一项长期的任务。而中国读者不能只读外国的报道和评论，那只能算不全面的参考消息。中国媒体要加强国际问题评论，也要请媒体以外的国际问题专家参加。

我们的国际新闻报道面正在拓宽。随着中国的发展，随着改革开放的扩大和深入，我们与国际社会的交往日趋增多，人们对国际报道的质量和数量的要求越来越强烈。我们要进一步开阔视野。不仅要关注涉我新闻，还要关注不直接涉我但题材重大的新闻；不仅要重视政治新闻，还要重视其他领域的新闻，特别是要加强对世界经济和科技新闻的报道。

现在的世界呈现多极化发展的趋势。中国是最大的发展中国家，我们要加强对发展中国家的报道。特别是在我国调整对外政策、发展与西方大国关系时，不能让发展中国家感到受我们新闻界的冷落。我们要更多地反映发展中国家要求改变旧的国际政治经济秩序，建立公正、合理的国际政治经济新秩序的呼声，更多地反映他们的进步和成就。对他们之间的分歧和矛盾可按照是非曲直作客观适度的报道。

我们必须承认，我们的这个奖项，总体水平还不够高，这和记者获得一手消息的机会少有关，而其中评论文章少，参选的媒体总数也少——有许多报纸至今还没有自己的国际评论。普利策新闻奖细分十几个分类奖，我们的奖项还做不到。从质量上说，我们一时也赶不上国际水平；就是水平够了，从意识形态上看，他们也难以选上我们的作品。我们只有长期努力，不断扩大我们在国际舆论中的影响力，那时我们这个奖的水平自然也就高起来了。谢谢！

大众传媒的革命

（《网络媒体》序言）

由于互联网的高速发展，一场巨大的变革由信息领域骤然而至经济领域和社会生活领域。日新月异的技术进步，使人们产生了追赶不上的强烈感觉，甚至没有停下来思索、回顾一下的时间。昨天还是一个概念、一个设想，今天忽然一下子已成为事实。新闻媒体是社会重要的信息集散枢纽，用先进的网络技术来装备自己，充分发挥自身的信息优势，以新的手段向社会提供更完善更全面的服务，是社会的需求，也是在媒介激烈竞争中取胜的手段。

本书讲述了在信息高速公路即将到来之际，我们正经历着的人类传播史上一个“大众传播时代”的到来。进入20世纪90年代后，以数字化技术、多媒体技术和网络化技术为核心的信息高速公路，推动人类社会向信息社会迅速转变；作为信息高速公路雏形的互联网已经给大众传播无论是媒介形式、采访方式、报道方式、传播方式，还是受众地位、受众行为等诸方面都带来了极大的变革。当今社会的信息传播方式与我们长期以来习以为常的传播方式相比，将发生根本性的改观！这是大众传播媒介在信息社会即将到来时面临的极为严峻的挑战。

新兴的多媒体以其数字式技术的优势，开始和现有的广播、电影、电视、报纸、书籍、杂志等多种大众媒介竞争和相互补充。过去，人们只是被动地接受信息的受众，尽管有选择何种信息的自由性，但却没有利用互联网搜索信息的迅速和周全。也无法利用媒介主动传播个人信息。而现在，网络上的任何一个用户都可以成为信息的发布者。另外还有一个问题是，互联网连接了世界上200多个国家和地区，在跨国界的信息交流中，大大地降低了不同国家、民族和信仰的人们进行交流的限制。然而对发展中国家来说，这意味着这些国家将比以往更多地接受国外特别是西方国家传媒和信息的影响；在向着全球经济一体化发展的今天，保持本国的政治独立、信息安全和文化的独特性方面面对着新的问题。因此，如何扩充互联网上有关中国的信息资源，又善于利用全球的信息资源，同时尽可能避免随之而来的糟粕，已成为迫在眉睫的事情。

在今天走进任何一家中国的书店，最蔚为壮观的是计算机和网络书籍的展销。但是细看起来，琳琅满目的书籍中还是以译著为主，由于出版者的竞争，内容十分相似的书的重复出版也算一“奇观”。

近年中国作者的佳作开始上市了，其中仍以计算机类的为多，网络类的较少。本书的作者是我国一批最早掌握互联网技术及实现新闻媒体上网的专门人才，他们积累了丰富的实践经验，又有扎实的理论基础。他们的叙述不枯燥，能引人入胜，易懂又不失严谨，我相信这会是一本成功的书。

1999年12月3日

新闻的定义得修订了

（2002 年 8 月 5 日在京沪两地新闻发言人培训班上的讲话）

新闻报道的速度几乎与新闻事件同步

在经济全球化和通信高速发展的背景下，新闻报道的速度几乎达到与新闻事件同步的程度。

在海湾战争时，导弹发射了，还没有落地，我们就在电视里看见了。这样，“新闻”的定义就得修订，要包括“正在发生”的事件了。这对我们新闻的及时性和丰富性也提出了新的更高的要求。那年浙江省发生“千岛湖事件”，国内媒体很迟才报道，效果适得其反。当然也有好的例子，“林滴娟事件”发生后，我们每天召开吹风会，随时通报案件侦破进展情况。去年 9 月 11 日，纽约世贸大楼被恐怖分子撞塌后，纽约市长朱利安尼当天召开新闻发布会，一个记者问现在有多少人丧生？朱利安尼回答说，确切数字现在还不知道，但不论这个数字是多少，肯定都是我们难以接受的。媒体评论说，他谈话的感情发自肺腑，尽管没有说出具体数字，但说出了同情心。及时发布突发事件，不仅在于公布事实，还在于表达对事件的态度。

新闻不仅是每一个对世界、对国家、对社会关心的人都需要的，而且大多数人对“新闻故事”有兴趣，新闻像吃饭和空气一样重要，成为人们的生活环境的要素之一。我们的新闻发布会就是通过记者们向人们提供真实的、新鲜的“空气”——这包括社会进展的信息和回答人们关心的问题。可见这是一件非常重要的事情。

新闻发布会是投入/产出比最高的“无形产品”

不妨把我们对外传播与交流的工作都看成是有形的或无形的“产品”。从效果和投入来看，新闻发布会可能是投入/产出比最高的“无形产品”了。发布之时即由网络和电视同步传播出去，并随即见诸国内外报纸，发布慢了就成了“旧闻”，新闻也是有有效期的！可是现在新闻发布会还没有在各地普遍举行，究其原因无外乎两个：一是对新闻发布会在政府工作中的重要意义认识不足；二是缺少组织和发布的经验。国务院新闻办准备大力地、专心地连续二三年在各地举办培训班，目的就是解决这个问题。但这样办需较长的时间，像京沪两地自行联合培训是个好办法，其中交流实战中的经验是最宝贵的内容，希望联合办班的方式能得以推广。

中国武警战士好心未得好报

（讲话后答问）

问：中日关系是很重要的外交关系，今年发生了几个外国人闯入日本驻沈阳总领事馆的事件，我们从网上看到有一段时间舆论反应比较强烈。赵部长当时在日本，请您介绍一下当时您对这个突发事件是怎么处理的？

赵启正（以下简称赵）：其实这个事件是有人设计的，事前还安排了专业级的电视摄像机，事后在日本电视台上反复播放武警战士阻拦某国的几个妇女试图闯入日本领馆的镜头，日本个别政要大发攻击之词……

由此一时出现了一片的反华噪声。当时日本政府还提出了几条无理的要求。日本自民党协调会的一个议员甚至说，中国武警侵入日本领馆，即日本领土。如果在以前这就是一场战争了。我在两个会议上答日本记者问时说：中国武警战士是18岁到20岁的青年，他们的任务就是保证领馆的安全。“9·11事件”之后，我们加强了对武警战士的训练，他们时刻警惕着。当时他们不知道闯入者身上有没有带炸弹，可以说是冒死阻拦，但是好心没有得到好报，而我要向他们致敬。如果你们愿意容纳这些闯入者，可以照会给我们，我们可以将强行阻拦变成劝阻。这样闯入者就不会是5个，就会变成50个、500个。也许你们忘记了几年前日本驻秘鲁大使馆被恐怖分子占领的事。我还和日本政界元老野中广务等先生见面，双方直率交换意见，事后他对报界说他已进一步理解了实际情况，也起了作用。

《朝日新闻》在第二天发表了社论，呼吁要冷静处理这一事件。后来，我们又访问了日本几家大媒体，更详细地阐述了我们的观点。为了维护国家的尊严，我们就要说明真相，讲清道理。只要充满自信，就能从容地面对这类突发事件，从而争取到对我国有利的结果。

最重要的是信心

问：这几年新闻发布会在中国越来越多，您认为最应该克服哪些问题？

赵：我希望政府各部门，特别是部长们、市长们、书记们更重视新闻发布会的作用，这的确是与国内外沟通的有效渠道。北京在申奥过程中，在莫斯科充分运用这个办法，得了很多分。现在新闻发布会还是太少。至于新闻发言人本人，我想最重要的是信心，外国人问的是关于中国的问题，我们比他们深知国情。但不能认为自己对所有问题都一定答得出，要靠平时大量积累。第一是政治方面的。比如关于台湾、西藏、“东突”，我们是什么原则，这个原则可以概括得非常简短，但要能融会贯通，结合具体问题，用自己的话说出来。我在美国华盛顿全美新闻俱乐部作过一次演说，哈佛大学的一位教授事前给我写了一封信，说我选择了一个很难对付的场合，并给我提了几个建议：第一不要感情用事，不要在被激怒后说话；第二要幽默，但不要过多的和勉强的幽默；第三要注意美国记者喜欢“打倒”表现过于聪明的人。但这只是技巧，最基本的训练是政治观点正确，以及对国情的掌握。

对外报道，以效果论水平、论成绩

问：在短时间内，西强我弱的国际舆论形势我们是打不破的，我们应该做一些什么事情？

赵：“西强我弱”应该是指由西方媒体主导的国际舆论对中国的报道中，误会的多，歪曲的多，我们正确的报道在国际舞台表现弱。要改变这个形势，必须强调对外报道应从效果出发，以效果论水平、论成绩。新闻发布会是能取得较好效果的一种重要方式。请外国记者到中国来专题访问也是一种方式，白皮书、小册子也是一种方式。当然更大的精力应放在内容上，如果内容粗糙，那么再好的形式也难发挥作用。

问：北京和上海的新闻发布会应该有什么不同的特点？

赵：各地的新闻发布会的不同特点，不是主观规定的，这和当地的政治、经济、文化生活密切相关，至于形式、风格，则需在多年实践中形成。不言而喻，在最近几年，关于奥运会和世博会，将分别成为两个城市新闻发布会的重要内容。

中国媒体：发展潜力巨大的产业

（2002 年 12 月 5 日在“2002 年首届上海传媒高峰论坛”上的演讲）

首先热烈祝贺上海市刚刚获得 2010 年世博会举办权[1]。机遇总是青睐上海传媒业。这两天上海的报纸加印了，看上海卫视的人也多了。由此带来的机遇将会持续多年，所以特别应当向上海传媒业表示祝贺。

中国传媒业取得了长足的发展

“2002 年首届上海传媒高峰论坛”选择此时召开，使我想起另外两个新闻热点：一是去年这个时刻，中国加入 WTO，成为世界贸易组织的正式成员。二是刚刚闭幕的中国共产党第十六次全国代表大会。这次会议表达了中国在未来 20 年的奋斗目标，这目标也包括了媒体等文化事业的发展方向，也引起了世界对中国未来的高度关注。这两件事无论是对中国传媒业的发展，还是对世界传媒与中国的合作都是一个具有积极意义的信息。

自 1978 年实行改革开放以来，特别是近几年来，中国的传媒业取得了长足的发展。不论是在新闻信息量，还是在传媒的经营管理等方面都积累了一定的经验，也在市场竞争中拓宽了视野，增强了实力。据初步统

1　2002 年 12 月 3 日，莫斯科会议上，上海获得了 2010 年世博会举办权。

计，到目前为止，我国出版报纸2100多种（是1978年的11倍），总印数350亿份；期刊8800多种（是1978年的9倍），总印张已超过100亿；图书品种超过15万（是1978年的10倍），总印张已达400多亿；广播电台达290多家；电视台已有400多家；通讯社2家；互联网用户已达5435万，上网计算机2056万台，WWW网站有29万多家，有的网站日点击量已近1000万。据统计，中国传媒业利税已成为继电子信息、制造业、烟草业之后的第四利税产业。随着经济发展的整体推进，传媒业吸纳就业人员的潜力更会凸显出来。

中国传媒业面临的挑战

加入WTO，标志着中国的对外开放进入了一个新的发展阶段。对促进中国社会主义市场经济的完善、加强国际合作将产生深远影响，也给中国传媒业带来了良好的发展机遇。显而易见的是，传媒业的物质材料的成本将大幅度下降，如中国将大幅降低纸品的关税，新闻纸将由2003年以前30% ~ 40%的滑准税[1]（sliding scale duty），调整为从2003年起征收从价税[2]（advalorem tariff），到2005年，税率将下降到7.5%，到2006年下降至5%。据预测，到2005年，中国需进口印刷纸约800万吨。中国的高级印刷机器是进口的，高级的广播、电视设备、互联网设备也是进口的，它们的关税也在大幅下降。这种调整显然将大大降低传媒业的经营成本。

---

1 滑准税又称滑动税。对进口税则中的同一种商品按其市场价格标准分别制订不同价格档次的税率而征收的一种进口关税。其高档价格的税率低或不征税，低档价格的税率高。征收这种关税的目的是使该种进口商品，不论其进口价格高低，其税后价格保持在一个预定的价格标准上，以稳定进口国内该种商品的市场价格。

2 从价税为“从量税”的对称。按税收计征标准划分的一类税。凡是以课税对象的价格或金额，按一定的税率计征的税种，都是从价税。目前世界各国实行的大部分税种均属从价税。

同时，入世也有利于我们开阔视野，从全球化、现代化的高度，以比较的眼光审视我国传媒业的发展。外资参与互联网站经营和出版物的分销服务，有助于我们了解国外媒体的先进技术和经营管理手段。由于中国已经成为WTO重要成员之一，世界对中国的政治经济、社会发展信息有更多的需求，中国传媒在内容上要更丰富、更及时、更准确、更能为外界所理解。这样就有利于推动中国传媒业更好地走向世界。

毋庸置疑，入世对中国媒体的挑战也是巨大的。从总体情况看，中国媒体品种数量不少，但是人均值较低，特别是在世界市场所占的发行销售份额较低。2000年全球图书市场销售额达800亿美元，美国253亿，占32%，德国100亿，占13%，中国50亿，仅占4.3%。很有趣的是，许多国家图书销售额占世界总销售额的百分比恰好与各国GDP所占世界总GDP百分比相近。那么随着中国在2020年GDP将增至今天的4倍，可以指望中国人均图书购买量至少也有4倍的增长。

中国的传媒业与世界同行相比，在资本实力、经营理念、管理体制及人才素质上，都存在一定差距。路透社1998年的收入，就相当于325亿人民币，是中国所有报纸广告收入和发行收入总额270亿的1.2倍。我国8800多种期刊中，每期发行量在1万册以下的有5000多种，10万册以上的仅有500多种，与国外《财富》《读者文摘》等媒体动辄上百万的发行量相比，显然达不到规模经济的要求。据新闻出版总署统计，2001年中国图书、报纸、期刊出口额为1764万美元（比上年增长5.5%），而进口额为6904万美元（比上年增长19%），进口是出口的4倍。而音像制品、电子出版物的进口额为出口额的14倍。中国媒体产业的贸易逆差如此之大，这对中国了解世界固然有利，但却不利于世界了解中国。目前，我国新闻从业人员有55万，但掌握国际贸易规则又熟悉国内市场规律的人才很少。这是加入WTO后对传媒业人才发展的挑战。

以积极的姿态应对入世

面对全球化竞争和入世的挑战，中国政府以积极的姿态应对入世。中国的媒体已在注重社会效益的前提下，开始注重经济效益。它们开始注重受众多样化的需求，面向市场。传媒业的内容日益丰富和活泼是显而易见的。媒体经营中最重要的收入是广告。中国媒体的广告收入从1983年的1.18亿元人民币到1999年的289.8亿元人民币，不到20年增加了280多倍，实现了历史性的突破。可以相信，随着经济全球化和中国市场化程度的不断提高，中国媒体的整体市场化和传播实力将有明显增加。同时要看到，媒体的社会效益和经济效益确有不一致的方面，如在反对以宣扬低俗文化争取经济效益的同时，我们要充分发展先进文化，积极完善文化产业政策，支持文化产业发展。两种效益在许多情况下是能互相促进的。国内外许多知名媒体都有“社会、经济效益双丰收”的“产品”。

在推动中国媒体向市场化发展的同时，中国政府积极进行媒体产业的结构调整，打破区域封锁和市场壁垒，推动大型集团跨地区经营。以北京、上海、广州、沈阳、成都等大城市为重要辐射基地，大力推进报业集团、广电集团、出版集团、发行集团的建设。但是，这些集团与国际产业集团相比，多数在结构、运行机制等方面还属于初级阶段，有待提高与发展。在推进集团化的同时，我们还把内容建设作为媒体企业的支柱和核心，把它作为赖以吸引和满足用户的基本条件，作为媒体创新的动力。

建议提前办一本《上海—世博》杂志

中国是传媒业受众最多的国家，电视观众超过9亿人，预计每年还会以1000万户的速度增加。据预测，到2005年，中国潜在的文化消费能力将达到5000多亿元人民币。美国在线时代华纳、新闻集团、迪士尼公司和电视与广播博物馆国际理事会（MT&R）等一些著名的传媒机构都与中国有交流和合作。德国贝塔斯曼出版集团2000年在中国创造了1.4亿元人民币的效益。美国新闻集团下属的星空卫视在广东有97万用户；时代华纳下属的华娱电视在广州市用户为60万，预计明年将到120万。在星空、华娱等走进来的同时，中国的电视也积极走向世界。如CCTV-9在美国落户，能通过有线收看的家庭近70万户，能通过卫星收看的用户数为50多万。由于存在节目安排与当地时间难以全面协调、没有当地社会新闻等困难，因此对当地观众还缺乏足够的吸引力。我们希望得到如何改进的意见。

无论如何，中国传媒业发展前景是乐观的，可以挖掘的潜力是巨大的。21世纪的中国将是更加开放、更加繁荣、对世界更有吸引力的中国。我们愿意吸收国外传媒业在经营管理方面的有益经验，加强与世界各国传媒业的交流与合作，共同推进世界传媒业的发展！

我们平时说机会是给有准备的人的，现在可以说机会是给有准备的城市的。上海传媒界如何充分利用召开世博会这个机会？我有一个建议，上海可否以申办世博会成功为契机，创办一个杂志，名字叫《上海—世博》（Shanghai-Expo），当然是中英文分刊发行。她将使2010年世博会“提前召开”，又将永远继续下去，使世博会在上海永不落幕。

新闻发布是及时引导国内外舆论的有效方式

（2003 年 9 月 22 日和 11 月 4 日在两期全国新闻发言人培训班上的讲话）

我今天主要讲两部分，一是讲新闻发布会制度的重要性，二是讲对新闻发言人的要求。

为了适应我国社会发展的新形势，改进和完善我国政府新闻发布工作已经成为一项十分紧迫的重要任务。健全国务院、国务院各部门和地方政府三个层次的新闻发布体制，增加发布的数量，提高发布的质量，有助于政府工作的透明，有助于政府贴近广大人民群众，有助于积极引导社会舆论，对于促进我国社会发展、维护社会稳定具有重要作用。对外则有利于向国际社会表达一个真实的中国，有利于影响国际舆论。因为本办的任务是对外宣传，所以我今天主要是从这个角度展开。

让全世界更好地了解中国的真实情况

我国的外宣工作要服务于我国的改革开放和社会发展。让全世界更好地了解中国的真实情况，为中国特色社会主义的建设营造一个良好的国际舆论环境，是外宣工作的基本任务。新闻发布便是这项工作中一个非常重要的组成部分。新闻发布在国际上是通行的，特别是在发达国家有很久的历史。我国新闻发布的历史相对较短，很多创造性的工作还需要我们共同努力去做。

追溯我国政府的新闻发布工作，在20世纪60年代就出现了。当时外交部根据需要，举行过几次新闻发布会。印象最深的就是在1965年陈毅同志的那次发布会。而真正将此项工作予以规范化推动，是从1982年初开始的。外交部率先举行新闻发布会，并逐步建立了新闻发布制度。国家统计局等部门也相继设立了新闻发言人，建立了定期新闻发布制度。就地方政府而言，北京、上海、广东、南京等地是新闻发布制度建立较早或办得较好的地方。

随着我国社会的进步和发展，中国逐渐地由国际政治、经济舞台的边缘走向了中央，真正名副其实地在国际政治生活、经济生活中越来越多地担负起重要的角色。中国的国内外政策和经济发展越来越为世界所关注，这也是国际新闻界对我国新闻发布会需求增多、兴趣增强的原因。最近以美、日等国为首的一些国家，不断要求我人民币升值，有一阵子西方大报几乎每天都有文章制造这种舆论。然而，大家可以想想，20年前或10年前，世界对人民币并不这样关注。那时我国对国际贸易的依赖度很小，大多数中国人也不像今天这样关心美元、欧元或日元的汇率变化。世界对中国经济发展、对中国经济改革的消息的关注，以我国加入WTO为标志成倍地增加了。中国国内市场的发展关系到外国投资者和贸易商的利益，许多外国机构都有常驻中国的代表处，观察和收集我国国内经济信息。中国人民银行的戴相龙行长出席国务院新闻办的新闻发布会时，路透社记者每次提前半个多小时等候在会场门口索要新闻稿，甚至用微波直传现场情况到伦敦，可谓分秒必争，对中国金融情报的重视由此可见一斑了。

要向外国媒体多提供本国的信息

中国的外交政策更是为国内外普遍关注。中国是联合国安理会常任理事国，在世界事务中占有无可替代的位置。中国的立场、中国的表态、中国的行动对国际形势有举足轻重的影响。外交部常规的新闻发布会每周两次，还有临时增加的新闻发布，次数也不少，我们的声音可以说总是能及时传遍世界的。任何一个国家营造一个有利于自己的国际舆论环境都不能只依靠本国媒体。美国全球传播办公室公开说，要促进外国媒体、记者作有利于美国的报道。我访问过东京的外国记者俱乐部，该俱乐部负责人说外国报纸很少采用日本记者的报道，所以他们总是尽量给外国记者有关日本的资料，尽量多地开发布会，这对促进外国媒体正确报道日本确有好的效果。回忆伊拉克战争，很说明舆论战的艰巨和舆论战的重要。我们的印象是，美、伊双方的战争就是炮火战和舆论战并行，甚至可以说舆论战先行。当时就有人评论说，伊拉克的新闻发布会几乎相当于几个师的战斗力。

1999 年 5 月和 7 月，我们在北京召开了两次新闻发布会，较深刻地批驳了诬陷中国盗窃美国导弹和核武器机密的《考克斯报告》，国内外媒体都作了充分的报道，其中《国际先驱论坛报》以头版头条刊载。有外国朋友告诉我,这是很罕见的。当年年底美国新闻界将美国媒体炒作《考克斯报告》列为美国十大丑闻之一。对这类事件采用新闻发布会的形式较之其他形式的突出效果是显而易见的。

德国《名星》杂志说，敢电视直播，说明你们有信心

中央领导同志最近多次讲话，要求增强宣传舆论工作的时效性和针对性。胡锦涛总书记在全国防治非典工作会议上的讲话中指出，要“及时准确传播信息，积极有效引导舆论”，“要进一步加强对外开放条件

下做好工作的能力"，"要加强对国际经济、政治、法律、文化等方面知识的学习，加快熟悉有关国际惯例，不断提高同国际社会打交道的本领"。这里包括对内的新闻发布，也包括对外的新闻发布。我们认为，新闻发布是及时地引导国内外舆论的有效方式。建立多个层次的新闻发布制度是对中央有关指示的落实，是新闻宣传战线贯彻落实"三个代表"重要思想的重要体现，是在新的历史条件下体现我们党"立党为公，执政为民"，以及推进"三个文明"建设的重要举措之一。

国务院新闻办公室每次发布会参加的记者约在百人上下，几乎每位参加者都能有一篇或长或短的报道提供给他的媒体。上周德国《名星》杂志的驻京记者陪他们总裁来我办，他们对我说，中国各个部长轮流出席发布会，并且直播，这很有特色，也是很不容易的，许多国家做不了这么好。他们说，在欧洲，不是顶级重要的消息，不是伊拉克战争，不会直播。敢直播，说明你们有信心。

部长们亲自发言，更激起了记者的兴趣

中央各部委已经建立了新闻发言人制度，部长们亲自作发言人，这更能激起记者们的兴趣；各省区市也逐步建立了新闻发言人制度，经常就当地群众最关心的话题发布新闻，这有利于使人民群众更加理解党和政府的政策，更了解某些事情的真实情况，从而更加支持政府的工作，也能更有效地监督政府的工作。

新闻发布前要充分准备，在舆论分析的基础上还要了解外国记者想知道什么，中国记者要知道什么。要设置议题，准备答问方案，答问要有针对性、说服力、有效性。各部门和各地方政府的新闻发布工作要围绕政府

的中心工作进行，包括政府想要表达的内容，围绕群众最关心、最感兴趣的问题展开。对一些群众不理解、不满意的问题要未雨绸缪，主动公开，主动引导，而不要将发布会变成在舆论压力下不得不举行，也不要做成应付性的解释。

新闻发布的形式不是一种，而是多种，可以是个别记者采访，也可以是集体采访，还可以采取电话回答的形式。最近西北工业大学发生了一起因日本留学生的下流表演引起数千学生上街的事件，网上及国外媒体的各种报道沸沸扬扬。后来新华社发表了陕西省教育厅发言人的谈话，起到了有效的对外澄清、对内引导作用。也可以采取吹风会的形式。吹风会是给记者作某个问题的背景介绍，供他们在写稿时参考，一般不能引用发言人的姓名。如果某位违反了约定，下次不叫他来了，他损失就很大。

国内媒体的需求更重要

有的地方的新闻发布会现在举行得较少，理由是该地外国记者很少。但应该认识到，国内媒体的需求是更重要的。国内各媒体的记者们也希望跟政府发言人对话，希望能得到生动活泼的消息，并解答他的读者通过他提出来的问题。现在举行发布会比较多的是北京、上海和广东，特别是SARS出现之后，北京的新闻发布会举行了多次，对卫生部的新闻发布会起了延伸和补充的作用。大家都记得当时北京市委、市政府的几位领导亲自登台，面对众多中外记者，不仅介绍了真实情况，澄清了问题，还赢得了对北京市的整体好评。上海市举办的几次发布会在国内外媒体都有许多报道和称赞之词，这都是很好的经验。大家和上海、北京、广东的同志可以交流一下。南京可能也不错，我没看过南京的发布会，但是南京的发言人徐宁在中央四频道表现得很好，回答很从容、得体。我想不只是这几个城市的水平高，全国许多地方的水平大概也能这么高。

对地方的新闻发言人制度，我们现在没有统一要求，不是说非在何时建立不可。如果条件不具备，可以做些准备工作：培养人才，寻找一些、思考一些可能的问题，构思一些当地媒体和人民群众关心的问题的回答要点。这样先在头脑上“练兵”，为以后正式开展这项工作做好准备。

新闻发言人责任重大

长春同志最近在中央党校省以上主要新闻机构负责人培训班上的讲话中说：要按照政治强、业务精、纪律严、作风正的要求，努力建设一支高素质的新闻队伍，切实增强政治意识、大局意识和责任意识，增强政治敏锐性和政治鉴别力，增强正确分析认识意识形态领域形势、应对复杂局面、把握正确导向的能力。”长春同志的讲话，对于我们建设一支高素质的新闻发言人队伍具有重要指导意义。也许可以把我们政府新闻发言人看成是身兼二职，既是公务员，是国家的干部，又是新闻工作者。因为对媒体来说，你是重要的新闻源之一，政府新闻发言人是众多媒体报道消息链的起端，传递的是政府信息，可谓责任重大，容不得马虎，容不得失误。所以“政治强、业务精、纪律严、作风正”的要求对我们不仅适用，而且要更严格。

把握正确的舆论引导，最根本的是要坚定自觉地以“三个代表”重要思想为根本指针。新闻发布工作及其内容，当然要反映和代表先进生产力发展的要求，反映和代表先进文化的前进方向，特别是最后一条，任何一个政府的发言人都很清楚，必须站在自己国家的立场上，我们发布的每句话都要维护国家和人民的根本利益，这是毫无疑问的。政府的新闻发布制度规定了新闻发言人的责任，新闻发言人在发言时受到新闻发言制度的约束，绝不能离开发言人的角色，随意地发挥。

政治成熟、立场正确、勇于负责

对于新闻发言人的要求，归纳起来，第一个要求是“政治成熟、立场正确、勇于负责”。“政治成熟”概括地说就是对邓小平理论，对“三个代表”重要思想，有深刻的理解，对党和国家的政策，包括所代表的政府部门的政策有融会贯通的掌握，能够在政治上很纯熟地把握和应对局面；“立场正确”就是要维护国家和人民的根本利益；“勇于负责”是缘于有时我们遇到的问题事先并没有准备，但对自己知道的，有把握的还是要说。那时候容不得你再请示、再跟别人商量，能答的还得答。因为你代表的是国家，维护的是国家的利益和荣誉。

第二个要求是“内知国情，外知世界”。“内知国情”是指要有关于我国国情的基本的知识储备和你工作领域的知识储备，还包括对一些随时发生的时政性问题的了解。“外知世界”包括两个方面，一方面必须知道你所回答的问题在国际社会上是一种什么情况、什么舆论；另一方面应该对不同国度外国人的文化背景和他们的理解能力略知一二，了解外国人与中国人的文化差异，这样有助于准确地表达我们希望他们了解的信息，也就比较容易有好的效果。

第三个要求，应该是“讲究逻辑，有理有节”。逻辑如果不通，不能令人信服，别人会觉得你牵强附会，强词夺理。那么你不但没有得分，还失分，所以，我们一定要讲究逻辑。“讲究逻辑”的基础就是实事求是。偶尔会碰到我们尚不了解的情况、不知道的问题，或涉及国家机密的问题，那么可以说“下次告诉你”，或“这个问题我不能回答”。要记住，宁可少说，不说，也不可以说假话或胡乱应付，否则会破坏新闻发布的权威性。

在“有理有节”当中，很重要的一条是要“善待记者”。记者是个新闻人，他追求的是新闻。他不是你的学生，不是你的部下，不是你的朋友（作为个人关系当然也可以是朋友，这里是就新闻发布的场合而言），也不是你的“敌人”，他是你的挑战者。记住这点很重要！这会使你随时处于发言人状态中，不会松懈。他们不是你的学生，没有必要像讲课一样长篇大论；他们不是你的部下，不能以作指示的口吻讲话；他们也不是你的朋友，不能说我只告诉你们，千万别说出去；他们更不是你的敌人，虽然有时他们会提一些尖刻的问题，但这多数是因为职业的需要。记者是新闻传播链上不可缺少的一环，你希望他们传播你的信念和消息，而他们愿意战胜你，逼你说出惊人的消息，甚至期望你说错话，说出你本不想说的话。就像打网球一样，看谁得分，因此他们是你的挑战者。回答问题要简洁，过多的解释会被误认为强词夺理，在解释中也容易出现漏洞而引起再次追问。我们统计过，在一般情况下美国白宫和美国国务院发言人回答每个问题平均只用 40 秒。

在座的各位都代表各自所在的单位、部门以及地方省区市做新闻发布工作，但你们所做的不仅仅只是涉及本部门、本地区或你们个人，外国人是通过你，通过你这个部门的新闻发言人了解中国，在这个意义上，你就成了中国的一个形象，中国政府的一个形象。由此看来，新闻发言人工作责任重大，从事这项工作可以说是光荣的，也是有幸的。希望各位在这样的舞台上充分展示你一生中很有意义的这一段经历。

“经济热”再加点“文化热”

(2004年9月6日在北京纪念中日两国互派常驻记者40周年座谈会上的讲话)

尊敬的日本国驻华使馆公使原田亲仁先生,
尊敬的各位朋友,各位来宾:

难熬的夏季终于度过了,我们迎来了桂花飘香、金风送爽的秋天。在北京一年四季中最美好的日子,我们两国新闻传媒界同仁聚集一堂,庆祝中日互派常驻记者40周年,我感到非常高兴。首先,请允许我代表中国国务院新闻办公室向出席今天座谈会的所有朋友表示热烈的欢迎和感谢。

要使这座铁桥更牢固

大家知道,1964年4月19日,两国民间促进双边贸易往来的团体廖承志办事处和高琦达之助办事处经过友好磋商,在签署关于互派代表和互设联络事务所的会谈纪要的同时,还签署了关于双方交换新闻记者的会谈纪要。继廖承志办事处驻东京联络处代表于8月30日抵达日本赴任之后,9名日本记者和7名中国记者于9月27日分别抵达对方国家的首都,这是两国和两国人民政治生活中的一件大事,尤其是在两国尚未恢复邦交的情况下,更显得重要。

时光荏苒,40年过去了。这些年里,无论是世界形势,还是中日两国的国情，都发生了巨大的变化。在实现两国互派记者的当时，双方飞机、轮船都不能直航，来往人员不得不绕道香港。抚今追昔，感慨万千。

在这些年里，两国一批又一批的“特派员”都受到当地政府和社会各界的支持与关照。他们克服困难，辛勤工作，采写了大量的稿件，为增进两国人民的理解与交流，为促进两国恢复邦交、缔结和平友好条约以及友好合作关系的发展发挥了重要作用。“特派员”们不仅是这一段两国历史的记录者，也是这一段两国关系的促进者和见证人。借此机会，我们对那些长期以来曾为报道中日关系发展付出了巨大心血的两国新闻媒体界的朋友表示感谢和敬意，对那些已经过世的前辈表示深切悼念。

日本前首相福田赳夫生前曾说，《中日联合声明》给两国之间架起了一座木桥，而缔结《中日和平友好条约》把这座木桥变成了铁桥。确如福田赳夫先生所说，通过这座桥梁，去年中日两国贸易额已经达到 1350 亿美元。如今，日本是中国的最大贸易伙伴，中国是日本的第二大贸易伙伴。日本是对华第二大直接投资国。去年人员往来升至 368 万人次，平均每天 1 万人次。两国之间的友好城市已达 224 对。

这种密切合作是双赢和互利互惠的：中国的改革开放得到了日本国民、企业和政府的支持，而中国的经济发展为日本的经济发展提供了机遇和条件。中日交往规模之大、范围之广、程度之深，不仅在我们两国的交流史上没有先例，就是在世界上所有国家的双边关系中也属罕见。中日关系对双方，对亚洲乃至世界，都是非常重要的关系。从这一意义上说，中日两国人民的友好合作关系更值得我们加倍珍惜，要使这座铁桥更牢固。

为了使中日友好合作关系能够得到巩固和发展，两国政府从复交的 1972 年至 1998 年，相继发表了《中日联合声明》《中日和平友好条约》

以及双方表明要建立致力于和平与发展的友好合作伙伴关系的《中日共同宣言》。

“政冷经热”现象应当引起我们的警觉

但是我们不得不承认，由于各种因素，中日关系具有一定的脆弱性。当前中日关系中出现的“政冷经热”现象就应当引起我们的警觉。虽然双边的经贸合作如此兴旺，令他国羡慕，但是政府最高层往来难以展开。根据民意调查，两国民众中互不抱好感的人数比例也比20世纪的七八十年代上升了许多。这不能不令人焦虑和痛心。

事实上，历史问题的确在中日两国之间难以完全挥去。由于战争使中日双方生命财产损失巨大，而中国作为受侵略一方，其牺牲则远远高于日本。早在二战期间，中国共产党就强调要把军国主义同广大日本人民区分开来。新中国成立以后，中国政府一直强调处理中日关系问题要向前看。1972年，中国捐弃前嫌，同日本复交，希望从此将不愉快的历史之页翻过去。直至今天，这一政策并没有任何改变。遗憾的是，日本少数人在历史问题上一再刺激中方，加之又连续发生一些本不该发生的事件，使中国人民的感情受到严重伤害，中方从维护原则和本国人民的感情的立场出发，不得不作出必要的反应。

中国政府一贯重视发展中日友好关系。中国改革开放的总设计师邓小平在1984年3月25日会见日本首相中曾根康弘时指出：“把中日关系放在长远的角度来考虑，来发展。第一步要放到21世纪，还要发展到22世纪、23世纪，要永远友好下去。这件事超过了我们之间一切问题的重要性。”他说：“看得远些广些，有利于我们之间的合作，这种合作不是只对一方有利，而是对双方、对两国、对两国人民都有利。”1987年5月5日在会见宇都宫德马等日本朋友时，邓小平说：“‘中日两国人民世世代代友好下去’的口号代表了我们大家的理想。应该说，这个口号三十多年前就提出来了，不是今天提出来的，更不是某一个人提出来的，是中日双方提出来的。”邓小平先生的这些话，一直是指导我们处理中日关系的准则。今年是邓小平先生诞辰100周年，回忆他这些话，更感亲切。

在坚持“以史为鉴，面向未来”的基础上，如何维护和发展中日友好关系，以永远有利于两国人民，有利于亚洲乃至世界的和平与繁荣，是摆在中日两国政府和人民面前的严肃课题。对此，不仅两国的政治家，两国的新闻媒体也都负有重大责任。

在现代传播技术飞速发展的背景下，媒体的作用愈显重要。我们一方面要正视中日两国之间存在的问题，更重要的一方面是媒体应该起到更好的沟通作用。在尊重事实的基础上，尽量确保报道的公正、全面。我们不妨回顾一下，从近年来在两国发生的一些“事件”中不难发现，媒体对事实的报道的客观性和评论的冷静性及公正性，对于国民情绪的引导具有重要的影响。也可以说，两国媒体对于中日关系能够作贡献的余地是很大的。今年4月，川口外相与我直率地讨论了互联网的问题。我们谈到网络信息的复杂性和与传统媒体的区别。

希望中日媒体在促进文化交流上多使一把力

各位朋友，各位来宾：

我还记得2002年国务院新闻办公室在日本NHK剧场举办的“中日友好之夜”，这台由中日两国艺术家共同演出的文艺节目受到了热烈欢迎，我对此深受感动。由此想到近年来由日本著名艺人坂本音重出演的日本能乐、由日本“人间国宝”中村雁治郎主演的歌舞伎《盗刀人》《藤娘》和不久前以横纲级选手朝青龙领衔的大相扑都受到了中国人民的欢迎。我也希望中日媒体在促进文化交流上多使一把力，“经济热”之上，再加点“文化热”，不是更好吗！

面对历史、现在和未来，我衷心希望通过纪念中日两国互派常驻记者40周年活动，回忆前辈的努力，进一步密切中日新闻媒体的友好合作。为增进两国人民的相互理解和信任，推动两国关系健康发展，为实现两国人民世代友好而共同努力。

最后，我祝愿在座的日本朋友在中国工作顺利，生活愉快！

新闻发言人的热线电话

（2005 年 1 月 10 日接受中央电视台新闻会客厅专访）

新闻发言人需要和新闻界保持密切联系

主持人白岩松（以下简称主持人）：观众朋友，欢迎收看新闻频道的特别节目。年关岁末的时候，我们该关注的是什么呢？有人说这个时候人们关注的不是新闻了，应该关注开心的事情。今天我们不关注“新闻”，而是关注“如何发布新闻”，因此请来国务院新闻办主任赵启正。（观众鼓掌）

大家可能都注意到了一件事情，一年以来，国务院新闻办主办的发布会很多，但是 12 月 28 日这一天很特殊，国务院新闻办自己举办了一场关于新闻的新闻发布会。是实在找不到国务院其他部门在年底发布新闻了，还是“压轴的事还得自己干”呢？

赵启正（以下简称赵）：这是应中外记者的要求举行的。他们认为今年的新闻发布进展很好，对明年有更大的期望，是在这样的背景下举行的。

主持人：那天发布了很轰动的新闻，第二天几乎走进了所有报纸的重要版面，就是你们把国务院 62 个部委的 75 名新闻发言人的电话公布了。事先征得他们的同意了吗？为什么公布电话？

赵：新闻发言人是一个非常重要的政府工作岗位，他们需要和新闻界保持密切的联系，如果联系不密切，就会影响效率。所以，这也是根据记者们的要求公布的。

主持人：假如我是一个需要用这些电话的记者，我应该怎么用这些电话呢?

赵：当你在采访中遇到困难的时候，比如你不知道这个问题应该由哪个部门回答；或者听到一个消息不知道是正确还是不正确，需要核实，那么都可以用这些电话来询问。也可以询问“下一周的新闻发布会有什么内容呢？”，都可以的。

主持人：我在现实生活中采集了几个案例，我们一起听听。《新京报》的记者，你这几天一直在试着打这些电话，结果怎么样?

郭晓军（《新京报》记者，以下简称郭）：国务院各部委新闻发言人的电话和名单公布之后，我们做了跟踪。从我们打电话的情况看，应该说情况不是特别乐观。

主持人：有没有具体的数字?

郭：第二天我们打了14个部委的电话，有4个电话没有人接。

主持人：没有人接，不止打了一次吧?

郭：不止。

主持人：你可以公布一到两个人的名字吗?

郭：可以。据我所知，今天到现场的发言人中没有不接电话部门的人。

主持人：你说完之后我放心了一点。（观众笑）

赵：我们新闻局的记者联络员也做了调查，她也来了，请把调查的情况说一说。

主持人：您也是有备而来。

赵：今天的内容与她有关，让她说一说。

龚艳春（国务院新闻办公室工作人员）：在注意到媒体的报道后，我们立刻向媒体提到的四个部委进行了核实，其中有一个部门的电话确实是传真，第二天就更正了，另外三家当时没有人接听，原因是新闻办的工作人员当时在开会或者出差。情况就是这样。

赵：这里有一个工作职业的习惯问题。因为制度刚刚建立，比如说发言人有事开会去了，他可能没有想到请另外的同志替他一下。刚才大家一说就明白了，不需要我再多说了。你的节目播出去之后，也等于促进我们的工作——再打电话试试！都有人接了。（观众笑）

主持人：我也请来了香港《文汇报》的同行。他有另外一个感受。

杨帆（香港《文汇报》记者，以下简称杨）：在海啸发生之后的第三天，我们下午就联系到了国家有关部门的新闻发言人，而且当天就完成了采访，澄清了外电一些不符合事实的报道。但是这里有些插曲：在我们记者联系采访的时候，有几次电话不是这位新闻发言人接的，是另外的工作人员接的。可能他当时手头事比较多，比较忙，所以对记者的采访有点不耐烦，甚至两次挂了我们的电话。吃闭门羹对我们境外记者是家常便饭，但是这次我们的记者不知道哪来的一股勇气，在电话里对工作人员说，“国务院新闻办刚刚公布了……”（众笑）

主持人：这都是赵主任惹的祸。

杨：“国务院新闻办刚刚公布了这个事，你们就敢这样？！”当时的工作人员就愣了，给噎住了，接下来他态度缓和了下来。我在这儿想说，新闻发言人制度公布以后，我们记者把它当回事，我们也希望新闻官把它当回事，而且这个制度应该有点威慑力。

主持人：好，非常感谢你。赵主任您可能发现了一点，这出乎您的想象，很多记者开始拿您当招牌去要求人家。

赵：我知道这个情况，也感谢各个媒体对热线电话进行测试，因为这本身就是推动，比我们上下级的检查要生动，更能够让人记住。

主持人：赵主任，咱们得听听公布电话以后几个新闻发言人的感受。公布了电话之后，咱们卫生部的日子该怎么过呀？

毛群安（卫生部新闻发言人）：这个电话设在我们新闻办，当我第二天发现电话打不通的时候，我提醒我们新闻办保证这个电话不要长时间占线。我觉得这个电话的公布，对我们的工作是一个促进。它要求我们保持一个绿色的通道，也就是通过媒体和社会大众沟通的渠道。

主持人：广电总局的发言人朱虹，您生活的很多方面都会为此改变吗？

朱虹（广电总局新闻发言人）：有一个上午我接到 16 个电话，其中有 8 个电话是商量外国人和中国人共同制作电视节目的。打来的电话确实很多，但是新闻发言人不是专职的，我们都有大量的日常工作，比如说我是办公厅主任、法规司司长、中国广播影视集团秘书长，事情很多，不可能每一个问题都亲自回答。

主持人：我特别感谢您，您真的给赵主任提出来一个应该提出的问题。我们现在的新闻发言人的确是刚刚起步，有很多人都是兼职，有很多繁重的工作。但是以后会不会设专职？现在不设专职又怎么办？

赵：随着事情的发展，随着发言人任务的加重，有一些部门会率先设专职的。这么大一个部门，有几个专职的新闻发言人不算奢侈。

主持人：归根到底，公布了新闻发言人的电话是为了让大家觉得形式上又前进了一步，在信息公告方面、信息透明度方面变得有用。我想咨询一下吉米先生，赵主任公布这件事的时候，你的第一反应是什么？你用没用过（这些）电话？

吉米（CNN 驻京记者，以下简称吉）：最近没有用。但是，我的第一个反应是：这比 20 世纪 80 年代我刚开始当驻京记者的时候好得多了！我回忆那时候根本谈不上什么发言人，也根本找不到电话，连找一个说“无可奉告”的人也找不到，就好像什么都是保密的。因此，这是一个很好的、应该肯定的进步。问题是执行，总会有这样那样的问题，这也是不可避免的。但是，我想最重要的一个进步表现在理念上，就是发言人应该知道他的职责和任务，主要不是代表自己部门的利益，而是通过媒体和公众沟通，提供信息，提供说法，这样才能解决问题。

尽量不要发生“无可奉告”的情形

主持人：赵主任您看大家对这个问题的关注，可能是永远没有止境的：您刚提供完电话马上新的要求就出来了，接下来我们关心的是我们究竟需要什么样的发言人。赵主任，请先说说您最欣赏的新闻发言人是什么样的？

赵：新闻发言人应该有正确的立场和目的，所谓正确，就是应当透明地和真实地传递信息。他的立场是：政府想要表达什么，要主动说，而不是被动地等着被询问。这样说了还不够，发言人还得充分地掌握他们部门工作的进展和政策，这个领域内，中外有什么比较研究也需要了解。所以，回答是中国的问题，但是，发言人表达的方式却是国内外记者都能够接受的方式，正确、简洁、明了、及时。

主持人：很有意思，其实从2003年国务院新闻办公室就开展了新闻发言人培训工作。我们希望培训出来的是什么样的新闻发言人？我曾经开玩笑说，是不是像江姐一样，“上面的情况我也知道，下面的情况我也知道，就是不告诉你”？

赵：恰恰相反，我们培训的目的是“如何告诉大家”。新闻发言人和记者的关系是个接力棒的关系，发言人是政府信息的第一棒，而记者是传递的第二棒。所以，不是“如何不告诉人家”，而是“如何告诉人家”，并且要告诉得清楚、准确。

主持人：您来之前特意准备了一个题板，我们先拿出来看看您准备的题板是什么。

赵：这是一张新闻发布工作大体程序的图解，有很多人问我们，发言人怎么工作？这一个方框说，发言人要列席他们部门的决策会议，不列席他不知道会议内容，他就无法选择有新闻性的信息来公布。

主持人：这儿大家容易误解：“新闻加工”是不是尽挑对自己有利的讲，不一定是讲事实，但是说出来对自己有利，然后加工一下？

赵：“新闻加工”指的是从很多政府工作的头绪中找出有新闻价值的信息，用新闻语言来表达出来，这叫“加工”，不是“编造”的意思。另外，还要根据国内外的舆情，哪些是重要信息？怎么选择？发言人得了解人家对什么有兴趣。通过对舆情进行分析，这时新闻发言人不是自己凭空确定“新闻”，而是把已经发生的与公众想知道的这两者结合起来才能在发布会上有的放矢。书面材料也好，回答问题也好，才能比较准确、比较简洁。

主持人：但是，有两个问题大家比较关心。第一个是“相关口径”，是不是可以理解为上级领导给发言人一个口径？它是中国特色？其他的国家有没有？另外一个问题是：上级告诉发言人只许说到这儿，别的不能说？

赵：我们国务院新闻办与部委发言人是各负其责："口径"不是说哪些许说，哪些不许说，第一是要说得准确。第二对有的超过你的工作领域范围的问题，你必须得先向相关部门请教，还得记住。口径是个工业术语，应该是"回答纲要"或者是"回答要点"。工业上讲"口径"指直径是多少。（观众笑）

主持人：接下来是"收集舆情"。很多记者很害怕，会不会开完一个新闻发布会之后，我的报道被认为"报道不力"，以后给我穿小鞋？

赵：本办和我的新闻发言人都不会做小鞋，因此也不出售小鞋。（观众笑）我们对记者的要求是"事实要准确"。"评论"当然是根据你的立场。同一件事情，欧洲人和美国人评论不一样，都是北美，加拿大人和美国人也不一样。我觉得这也很好。但是事实是一个，评论是多样的，这符合新闻规律。了解舆情，工作才有针对性。

主持人：赵主任，您刚才讲得非常清晰，讲的是一次新闻发布会的准备过程。可是，不要说全国各地政府了，就是这次公布的国务院 62 个部委的 75 位发言人中有多少是严格按照这套程序准备新闻发布会的呢？

赵：如果他们自己独立举行新闻发布会的话，这个程序一点不能少，问题只是做到家和做不到家。尽量不要发生"无可奉告"的情况，"无可奉告"就是说你没有准备，发言人不能随便回答人家"无可奉告"。去年我们组织的 60 场新闻发布会，基本没有发生"无可奉告"的情况。

记者不是下级，不是学生，是“挑战者”

主持人：还要问您，新闻发言人和记者到底该是什么样的关系？这恐怕是针对新闻发布制度问得最多的问题吧？

赵：新闻发言人和记者的目的都是传播新的信息，这是一致的。在工作关系上，一个是新闻的发布，一个是新闻的传递。政府部门和记者的关系不是上下级的关系，我不能说你们应该怎么做，你们不该做什么。发言人对记者也不是老师对学生，不能像在大学讲课，先说ABC，ABC下面还有1、2、3，这样记者不知道哪句话重要。另外，记住记者是有一定的素养的，因此不能给他们讲定义、作过多的解释，他不是你的学生。记者也不是你的挑衅者，专门与你作对，不是的。记者为了报道好才发问尖锐，因此有时候话就很厉害，但是它是职业需要。对发布会上的记者，我觉得最好的描述是“挑战者”，问题问得好，回答得更好，就叫双赢。

主持人：“挑战者”“双赢”，这是赵主任认为的两者之间的关系。吉米先生对记者和新闻发言人的关系，如何用简单的语言概括？

吉：我觉得这是一个很好的解释，虽然我们记者本身对政府的发言是天生怀疑的。

主持人：怀疑是一种方法和态度？

吉：但是我也同意说是挑战者和被挑战者的关系。主要的目的、共同的目的是把信息拿出去，就是透明度。

主持人：山田先生呢？给一个关键词？

山田之雄（日本朝日电视台记者）：我觉得是“对手关系”。

主持人：我不知道您是否同意我的判断：我一直有这样的说法，新闻发言人和记者的关系就是“刺猬和刺猬的关系”，离得太远就太冷，离得太近扎得慌，所以保持一个合适的距离是两者特好的关系。

赵：你经常被扎吗？

主持人：有的时候，当回答不够准确时，或者老百姓想知道他又不能提供信息时。

赵：那你扎人家（指发言人）？（全场笑）

主持人：因为大家都是刺猬。我想听听新闻发言人的回答。铁道部发言人，你认为两者的关系是什么？

王勇平（铁道部新闻发言人）：两者应该是有挑战性的朋友的关系。我记得刚刚当新闻发言人的时候，有一位老师告诉我，“记者不是你的朋友，是你的敌人，你应该警惕”。我始终不敢把这个理念付诸我组织的新闻采访活动之中，因为那样我的处境会非常糟糕。我在把记者当朋友的过程中体现我们互相尊重，即便是有一些东西有不同观点，我们也能够达成一致，或者他说服我，或者我引导他。所以记者对我非常友善。正因为这一点，我觉得铁道部应该说有一个良好的舆论环境。

主持人：接下来听听现场的观众朋友的观点。针对新闻发言人的形象和要求，有哪位有问题要问赵主任，或者问现场的新闻发言人的？

观众：我想问的问题与新闻发言人和记者的关系有关，刚才赵主任提到接力棒的关系，但是我知道还有一种说法是守门员和球员之间的关系。记者总是想射进一些漂亮的球，而新闻发言人有的时候就像守门员扑出一些险球。所以我想问您，新闻发言人会不会扑出一些对政府不利的信息？这对我们公众的知情权有影响吗？

赵：发言人至少不是在全部时间充当守门员，否则发言人就十分被动了。从世界的角度来看，发言人有做守门员的时候。如伊拉克战争，伊拉克的政府发言人萨哈夫就是守门员，当机场已经被占领，他还说："没有占领，不信下午带你们去看看。"他是这么说的。

新闻发言人的表达要精确

清华大学研究生：我感觉在发布会有些时候，新闻发言人回答问题在绕圈子，不直面问题，我觉得老百姓肯定觉得不解渴，想知道的内容没有得到完全的解释，应该怎么解决这个问题?

赵：去年，我们在北京办了两期培训班，在西北、东北、西南办了12期培训班，接受培训的是2000人。在培训班中，你说的这个问题是我们训练的一个重点。有的人在镜头面前实在是很紧张——镜头病，有的人不紧张，但是他说话兜圈子，实际上这个人肯定在平常也有说话不简洁的毛病。发言人思想要清晰，表述才能简练、精确，这需要略加训练，一点即明。

主持人：你看我们一环一环地向前走，公布电话号码是为了有更好的新闻发言人制度，有更好的新闻发言人制度需要培训，归根到底是要让新闻发布会举行得更好。您又准备了一个题板给观众看?您为什么一定要带这个题板，这里面蕴藏的东西是什么?

赵：这是告诉大家新闻发布会前的一些细节是怎么做的。这也说明我们向大家讲的话或者发给大家的材料是很负责任的。一要确定发布时间：这里有两个时间，哪一天是"时间"，发布会多长也是"时间"。确定发言人要视内容而定，确定发言人和主题，就是要选择最重要的、最受关注的、有新闻性的，如果是平淡的、大家没兴趣的，记者会惩罚你，他不来。所以，我们一定要数数有多少个摄像机、多少个记者。

主持人：刚才看题板的时候我有一个疑问，第二条是确定发言人，第三条确定主题，我觉得应该倒过来才对，应该是先确定大家关注的主题，然后才决定发言人。

赵：你说得对，这是一个疏忽，应该倒过来。我刚才回答说，如果错了怎么办？就立刻纠正。（观众笑）

主持人：您回答得太诚实了，我反而不知道下面该问什么了。

赵：如果我修饰的话，那你就可能继续进攻！

“丑事”和“突发事件”是两个概念

主持人：我们在2004年举行了60场新闻发布会，这是创纪录的。但是，大家不仅期待那种固定的、预料的，而且还希望在突发事件到来的时候，政府迅速地针对突发事件来举办新闻发布会。2005年是不是要开一个很好的头?

赵：关于突发事件，大家也知道我们中央政府、中央领导人在多次讲话中提到要加强报道。问题是如何加强，以及目前为什么做得还不够理想。我们作了很多的案例分析。刚才有位先生说，是不是“家丑不可外扬”。“丑事”和“突发事件”是两个概念，有些突发事件不一定是丑事，但却是令人痛苦的或者造成很大损失的，比如海啸，比如地震。当然，一些突发事件里头也许夹杂着官僚主义或腐败的内幕。矿井管得不好，一氧化碳的探测仪坏了，指示器显示得不对，没有及时修理，结果大家下坑道作业去了，这也是丑事。可是因为这样就不告诉公众，不告诉家属吗？还是要告诉的，这里有几个问题：第一是突发事件有复杂性，二是的确需要对突发事件的报道做特别的训练，才能迅速、准确，三是效率问题。边远的矿山连我们得到准确的信息都很难，真是不知道找谁去问情况，找省政府，省政府也在向下问，问到地区、问到县，地区、县还是向下问，问到张家庄、李家庄去了，没有一个贯通的报告线索，所以，要想报道突发事件，必须首先建立起责任系统。这个网络要极其高效才行。刚才大家说中央、国务院各部委发言人的热线电话总体上还可以信赖，只是不太理想。我们想举办突发事件的新闻发布就更困难，因为有时不知道实情。这是2005年要研究和改善的方面。

主持人：我正好想问一下新闻局的副局长。在2004年的时候，有没有遇到媒体非常强烈要求——我知道国内外媒体有要求都反馈到你们那里——希望你们迅速召开新闻发布会，而你们尝试了，但是却碰了壁。有没有你们也很为难的?

杨扬（国新办新闻局副局长）：我觉得更多的是通过我们的组织促成了发布会的，更多的是做成事情的例子。譬如遇到禽流感，我们组织了中外记者到禽流感现场去采访。记得一次发布会上一个外国记者提出要采访现场，新闻发布会的主持人说，这件事情我们马上组织，于是就组织了。另外还有一些比较突发的事件，我们也很快就组织成了发布会。有一次矿难是早晨四点钟，我们十点钟的新闻发布会就公布了初步调查结果，当然这件事情有一定的偶然性，正好是当天有一场发布会。

主持人：您刚才讲的案例非常有意思，那是一个巧合，因为原定在十月份召开安全生产监督管理局一个新闻发布会，没有想到恰巧就在当天凌晨四点发生矿难。结果例行的新闻发布会就演变成突发事件的新闻发布会。我不知道今天现场的记者有没有人在那天的新闻发布会上？

马宁（《北京青年报》记者，以下简称马）：我是很早知道这个新闻发布会的，因为安监局的发布会是例行的，基本是每个季度都有一场，我那天早上去新闻发布会的时候还不知道发生了矿难，因为我早上没有来得及看新闻。但是当我坐到会场之后，马上听到周围的记者唧唧喳喳议论，说新闻稿上称安全生产状况比上一季度有明显好转，今天却又发生矿难等等。当时这种急迫的心情让大家感觉到气氛和以往不一样。十点钟，安监局的新闻发言人还有国新办的副局长准时走进了发布厅，在我印象中很少有记者关注他原先打算发布的内容，几乎80%以上的问题都是围绕凌晨矿难的。

主持人：刚刚发生的矿难？

马：对，围绕刚刚发生的矿难提问。我感觉发言人和副局长的回答基本满足了媒体的需要，虽然提供的一些数字可能是统计截止时间的数字，但还是澄清了外界的传闻，这是一个很好的范例。

主持人：好，谢谢你。你看，一个偶然的事件反而制造了一个很好的范例，它反映了记者的需求。赵主任，2005年能不能在70或80场的新闻发布会中，有10或15场也许是完全不在你们的预料之中，而是根据事件临时召开的？

赵：我觉得有这样的可能性，我们努力吧。以前有一种新闻观，就是当事的机构和地方觉得处理好了突发事件后再发布新闻。处理一半怎么说呀？！其实错了没关系，发言人只要说这是我目前掌握的信息，说错了再纠正，大家能够谅解，比不说要好得多。另外他又担心，我如果一说记者蜂拥而来对付不了怎么办，因此要晚点说。通过讨论，通过对比，我们认识到，越早发布越主动。你如果不讲，别人会讲，而别人不是新闻记者，会讲得很不准。我们小时候有一个游戏，排一个队，第一个人说一句话告诉第二个人，第二个人告诉第三个人，到最后一个人，原话不知道变成什么样了。这样不行。公开地一喊，就都明白了。

多数情况下没有“托儿”

主持人：我想，2005 年我们为此又多了一份期待。我们现场来的朋友，从一开始到现在，涉及新闻发言人的方方面面都谈到了，但是依然有许多问题，你们现在遗留的问题是什么？

观众：赵主任，新闻发布会中漂亮的女记者，是不是有更多的机会抢到话筒？

主持人：你也问出我的心里话了。（笑）

赵：至少有意识地不会，下意识地则因人而异，像他（指白岩松）就有可能。（全场笑）

主持人：我其实经常是为此而失去了提问机会的人。

赵：是吗？

主持人：对。大家还有问题吗？问题还挺多。但是，赵主任，我实在没有办法照顾性别，因为今天来的女性偏多。

观众：我没有参加过新闻发布会，但是我想知道那些国内记者的提问都是安排好的吗？是“托儿”吗？尤其是在刚开始的十分钟或者前几个问题，是不是有所安排？

赵：多数情况下没有，少数情况下有。为什么？因为我们安排发言人的开场白不能超过八分钟，他讲不完，又觉得这些话太重要了，还是想说。这个“托儿”不多，一个、两个而已，第三个绝对不是。如果找“托儿”，说明有的发言人的概括能力低，是不是？统计局就不要“托儿”。

郑京平（国家统计局新闻发言人）：今年我举行了三场发布会，没有一场有“托儿”。新闻局的人都清楚。

赵：大家都清楚。

对“党务公开”，完全可以抱有希望

观众：大家知道，去年国务院新闻发布会在“政务公开”方面做了重要的工作。那么今年是否要进一步搞好“党务公开”？

赵：我觉得大家对此完全可以抱有希望，因为这件事情，不是你提了意见我接受你意见，而是党的十六届四中全会决议中已有这样的决定了。我做了卡片，我拿出来给大家看看：“党的十六届四中全会通过的《中共中央关于加强党的执政能力建设的决定》，强调要‘发展党内民主’，‘逐步推进党务公开、增强党组织工作的透明度’。‘重视对社会热点问题的引导，积极开展舆论监督，完善新闻发布制度和重大突发事件新闻报道快速反应机制。’”这是多么重要的决定。我们当然都拥护，拥护的表现就是去实践。所以，我觉得大家的期望能够实现。

新闻发布事业是国家的事业、人民关心的事业

主持人：好，最后，我们在赵主任总结发言之前，先听几位发言人今年的打算。我得先问一下我们的部门广电总局的新闻发言人朱虹，请谈一下明年的打算是什么。

朱虹：我们明年准备到国务院新闻办举行这样一场发布会。一方面是想把一些重要的信息传播出去，另一方面，对于有些媒体不实的报道，我们也有更正的义务。比如最近有报道说广电总局批了一个神州电台。我们规定必须是政府机构才有权力办电台、电视台，所以这完全是一条假新闻。还有说我们批准了一个叫《口罩》的节目。实际上做这个节目的单位根本没有权力制作这个节目，我们从来没有批过。所以，我们一方面要公布正面的信息，另外对假新闻我们将予以公开的批评。

主持人：您坐在卫生部发言人后面就想到“口罩”，其实叫《面罩》。（全场笑）这实在是您的影响，请卫生部发言人讲讲。

毛群安：有一个事得说说，卫生宣传工作今年破天荒地被列入了“2005 年全国卫生工作计划要点”中，从这点就可以看出来，整个卫生系统树立了新闻宣传的意识，卫生部领导层就非常重视。

赵：这句话录播时可别删。

主持人：刚才我从侧面看赵主任，他一听到您说列入“全国卫生工作计划要点”，马上就笑了，还说坚决不能删。

赵：而且心花怒放。（全场笑）

主持人：赵主任，就像一个好的新闻发布会一定有一个好的开场白，中间经历你来我往的问答过程，终于要到发布会结束的时候，也该有一个结束语吧？

赵：我们的新闻发布事业是国家的事业、人民关心的事业，也是外国朋友关心的事业，绝不是靠我们新闻办公室一家能做好的，拜托诸位共同努力！

主持人：非常感谢您。

变新闻宣传为新闻营销

清华大学国际传播中心主任　李希光

2004年12月28日，国务院新闻办首次公开了62个部委75名新闻发言人的联系方式，这标志着中国政府与媒体的关系开始发生质的转变：从新闻宣传走向新闻营销。

政府的新闻营销就是变政策为新闻，变宣传为新闻，实施新闻执政的媒体战略。正如赵启正接受白岩松访问时说的，在确定发布的主题时，“要选择最重要的、最受关注的、有新闻性的，如果是平淡的、大家没兴趣的，记者会惩罚你，他不来”。

中国媒体的市场化给政府带来挑战，媒体作为政府喉舌的作用被急遽削弱。这使得政府更加依赖于新闻发言人，新闻发言人为政府设计信息，使政府能够把握舆论。正如美国政府的一位发言人说的，“总统和他的助理们要向国会和公众兜售政策，就必须……在今天以及明天……进行媒体渗透”。

在这样一种新的媒介环境中，政府要学会由传统的宣传控制者变成信息提供者，从过去对媒体的直接控制逐渐演变为政府对媒体的操纵，同时向媒体“推销”自己。

在接受中央电视台主持人白岩松的这场访谈中，赵启正自始至终都在运用“营销”的理念。“新闻营销”应该成为政府发言人影响媒体的指导思想。

“新闻营销”意味着：不要等着媒体来找你，而要自己主动上门去找媒体。绝不是一味地在事件发生后被动地回答记者的提问，而是在事件发生前就主动向记者透露消息，提供详尽的资料，从而引导媒体的报道和关注。当记者无法来找你时，你就主动去找他；当报道要求做一些额外采访，你就为他提供联系人名单和联系电话；如果未来的新闻节目需要一个画面作补充，你就让他能轻而易举地拍摄。当白岩松问：“为什么公布（新闻发言人的）电话？”赵启正干脆地回答：“新闻发言人是一个非常重要的政府工作岗位，他们需要和新闻界保持密切的联系，如果联系不密切，就会影响效率。”

“新闻营销”还意味着不断地“喂记者”。这一特点在突发事件中表现得尤为明显。当突发事件尤其是坏消息发生时，新闻发言人首要去做的不是回避记者追问，而是马上站出来解释事件原由和政府正在采取的行动。来自政府的消息都有着天生的权威性，是民众最想知道的，只要主动出击就能占得引导舆论的先机。赵启正对此亦有独到的见解，“以前有一种新闻观，就是当事的机构和地方觉得处理好了突发事件后再发布新闻。处理一半怎么说呀？！其实错了没关系，发言人只要说这是我目前掌握的信息，说错了再纠正，大家能够谅解，比不说要好得多”。

“新闻营销”还意味着政府要成为新闻的第一定义者。有学者认为“新闻官通常能成为新闻的第一定义者”，政府往往能成为新闻的第一定义者，尤其是在突发事件中，但其先决条件是政府必须主动出击。媒体在选择信息源的时候，除了有可信性和权威性两大标准，还得加上第三条：易获得性。只有便于记者获得信息，才能有利于政府在媒体上的声音与形象。赵启正说：“越早发布越主动。你如果不讲，别人会讲，而别人不是新闻记者，会讲得很不准。”

“新闻营销”符合媒体经济学原理。政府必须要掌握为记者服务的基本经济学原理。经济学决定了媒体只能将他们关注的焦点放在这样一些地方：时常有新闻发生的地方，时常有丑闻和谣言爆出的地方，时常举办记者招待会的地方，时常发布政府信息和召开政府会议的地方。有人错误地认为，政府发布的信息和召开的会议没有新闻价值，而事实上，媒体往往出于成本考虑，从政府获得信息，减少了核实调查的成本，同时也避免诸如诽谤之类的法律案件。

政府为了强化作为媒体新闻源的地位，为了方便媒体不惜自己承担“麻烦”。这种麻烦就是设立新闻发言人。新闻发言人的工作包括事先为媒体提供领导演讲的底稿、举办新闻发布会要考虑记者们的截稿时间、要用媒体可用的语言写新闻稿、要考虑记者照片取景等等。政府部门对记者的服务实际上是在资助媒体，他们为媒体制造新闻和提供新闻原材料而减少了媒体的成本，作为媒体对政府的回报，政府的声音得以进入媒体。

白岩松问："'新闻加工'是不是尽挑对自己有利的讲，不一定是讲事实，但是说出来对自己有利，然后加工一下？"赵启正回答："'新闻加工'指的是从很多政府工作的头绪中找出有新闻价值的信息，用新闻语言来表达出来，这叫'加工'，不是'编造'的意思。另外，还要根据国内外的舆情，哪些是重要信息？怎么选择？发言人得了解人家对什么有兴趣。通过对舆情进行分析，这时新闻发言人不是自己凭空确定'新闻'，而是把已经发生的与公众想知道的这两者结合起来才能在发布会上有的放矢。"

作为新闻的资深营销官，赵启正对记者的要求很简单，但是，却是对今天许多记者的挑战："我们对记者的要求是'事实要准确'，'评论'当然是根据你的立场。同一件事情，欧洲人和美国人评论不一样，都是北美，加拿大人和美国人也不一样。……但是事实是一个，评论是多样的，这符合新闻规律。"

新闻发言人的魅力与作用

（《外交部发言人揭秘》序言）

在我国，一说起外交部发言人，我们就会想到他们代表中国，阐述中国的外交政策的生动形象，就会回想起1965年9月29日陈毅副总理兼外长回答中外记者的那场记者招待会。在那场记者招待会上，人们无不为这位元帅、诗人、外交家的睿智、幽默、威严所折服，对他在回答中所体现出的中国人民和共产党人的坦荡、正气感到由衷的敬佩。岁月如梭，近四十年了，外交部发言人制度日臻完善。

外交部的发言人制度是在我国国务院各部委中率先设立的。他们的发布、回答的内容涉及多边、双边等外交领域，有效地向世界表达了中国对一系列国际问题的看法，阐述了中国的立场、观点和方法，在国内外均产生了重要的影响。翻阅一下媒体的报道和外交历史的记载，我们会看到一张张熟悉的面孔：钱其琛、齐怀远、李肇星、吴建民、沈国放、孔泉、章启月……中国的立场、中国的表态、中国的影响就是通过他们的嘴、声音、语言、风度向世界传达的。

世界上大多数国家都设立新闻发言人制度，通过新闻发布、媒体的传播营造有利于自身的国际舆论环境。然而，各国新闻发言人制度又各有不同的特点。中国有着独特的国情：对内，全面建设小康社会，一心一意谋发展，落实科学发展观，推动经济社会全面协调可持续发展；对外，奉行独立自主的外交政策。因此，中国的新闻发言人制度也呈现出自己的特点。其一，新闻发言人的工作主要是向世界郑重宣布中国的立场，真实地介绍中国的国情，正确地表达中国政府的政策，及时澄清外界对中国的误解，有效反击别有用心的人对中国的歪曲和污蔑。其二，作为新闻发言人，必须“政治成熟、立场正确、勇于负责”；必须要“内知国情、外知世界”，具有丰富的知识。他们只有在较高的政治素养积淀和丰富的知识储备的背景下才能够在不同的场合、时机准确地表达国家和政府的声音，才能胜任代表中国、维护国家利益和荣誉、捍卫中国人民根本利益的光荣职责。我们的新闻发言人应当是各部门的智慧和形象的代表。他们不仅熟谙本部门内各项业务，还需了解国内外相关领域的动态，他们必须努力而勤奋，才能胜任。他们必须刚柔并济、纵横捭阖、进退适度、攻守自如，有时却还要忍受媒体的评议和受众的不解，承受着巨大的压力。

由于我国新闻发言人制度的较快发展是近年来的事，尽管我们目前有60多个部委设立了70多位新闻发言人，但是真正像外交部这样建立定期新闻发布制度的部委还是屈指可数。本书是一本通俗介绍外交部新闻发布制度和新闻发言人的书，书中既有一些生动的故事，又有一些如何应对媒体的技巧；既有史料的介绍，又有一定深度的论述、评价。每一位对新闻发布和新闻发言人工作的故事感兴趣的读者都会从中得到有益的启示；从事或希望从事对外交流的人，也能从中受到启发。

其实，向世界说明、介绍中国，大而言之是新闻发布和新闻发言人的职责；小而言之，是每一个中国人的“匹夫之责”。每一个中国人都可能在适当的时机和场合成为“临时的”新闻发言人，因为许多时候世界看中国是通过个别的外国人感受个别的中国人而获得的。愿每一位国人都能成为临时的“新闻发言人”和“外交官”，为我们的祖国服务。

由于工作关系的密切，我能在近距离观察外交部发言人的工作，及时了解他们每一次发布会后国内外的反响，也经常能分享他们每取得一重大成果的喜悦。由于此书的出版，广大读者也就能参与分享这种喜悦，也有助于更深入地了解我国外交部工作，从而成为他们工作的更热情的支持者。

五、全方位展示中国

QUANFANGWEI ZHANSHI ZHONGGUO

到巴黎参加编钟演出的演员们与希拉克总统合影

（参见《随县的编钟在巴黎奏响》一文）

在云南打洛口岸翻阅缅文版《吉祥》杂志

（参见《有特色就能吸引人》一文）

随县的编钟在巴黎奏响[1]

（2001 年 8 月 27 日在湖北考察外宣工作时的讲话）

各省（市、区）如何做好对外交流，我看，第一是选好对象，第二是用好资源，第三是改进方式。

选择对外交流的对象，首先选择对中国感兴趣的人群。那些政治上研究中国，学术上研究中国，到中国来旅游，到中国来做生意的，是我们的第一对象，到中国来的人，他必对中国有兴趣。我们许多对外资料一心想往国外送，运到国外有许多又送不出去，发送中存在着盲目性。而到中国来的外国人又得不到我们的出版物。这种情况可以说是“灯下黑”。最近，我们提出开展“灯下亮”工程，就是向短期来华和长期在华学习和工作的外国人提供关于中国的各种形式的信息，大城市也许可以提供英语广播、本地编的英文、日文杂志等。

海外来湖北的人，应该能很方便地得到介绍湖北的外文的小册子、介绍中国的小册子。至少一进宾馆，就能得到一张当地的导游图。

地方还要做友好城市工作。湖北与 20 多个国家的 40 多个城市建立了友好关系，这是一批值得珍视的交流对象。如果我们全国的每个城市都与友城保持较密切的有效的交往，这不就是“由点成面”吗？！

1　本文为谈话摘要，标题为编者后加。

我们还欢迎地方参加中央组织的大型活动。前年随县编钟去了巴黎，它的声音和巴黎圣母院的钟声浑然一体，交响生辉，在当地震动不已。那次湖北同志很辛苦，昼夜值班看守编钟。

湖北历史悠久，素有“千湖之省”和“鱼米之乡”的美誉，又是博大精深的楚文化的发源地，历史资源、文化资源、自然资源雄厚，正在大规模建设的三峡工程等一批重点项目，也是很好的资源。三峡移民涉及人权问题，应该做成一个典范。这次来我了解到，我们的移民工作做得特别周到，都是往自然条件、生产条件好的地方移。三峡这一个题目，这一个载体，里面不但有社会主义的建设，有高科技，还有生态环境等好多内容，这是一个特别精彩的题目，现在可能还发挥得不够。三峡总公司在北京举行过一次新闻发布会，非常成功，几位领导人对外国记者提的问题对答如流，很精彩，很有水平。如何充分利用本地的资源，我们不如你们了解得多，需要我们做什么服务，我们很愿意做。

湖北是文化大省、经济大省，还是旅游大省。如果外国人对湖北这些灿烂之点不知道，湖北省就如同锦衣夜行，要“锦衣昼行”才是。

对外传播要讲究方法[1]

（2001年11月2日在北京市外宣干部培训班上回答学员的问题）

中国这样好的形势并不为世界所尽知，需要我们对外传播出去。我们面临的情况是：第一，多数外国人对中国了解得仍旧较少；第二，确实有一部分势力对中国怀有敌意。因此我们创造良好的舆论环境任务重大。

对外传播首先要“灯下亮”

全国各地做了那么多外宣品，想把它送到外国去，但是有时效果并不理想，送了一部分到国外，但没有多少真正能到主流社会的人士和想要的人的手中。到中国来的外国人数量很大，每年来北京就有300万人左右。他们都是对中国感兴趣的人。在北京，外国人经常出入的场所，如机场、宾馆，却很少有能让外国人了解北京、了解中国的书刊。在这个背景下，我们提出了“灯下亮”工程，就是在国内，外国人能够很方便地得到介绍中国的书，介绍北京的书。北京的地图有免费的，也有需要花钱的。

不久前，我拿到了一份达赖集团出版的拉萨市区地图，无中生有地在十字路口都画上荷枪实弹的士兵。拿着这样失真的地图，谁还敢到西藏去？这样，我们给想去西藏的外国人提供一张真实、漂亮的旅游地图就很有必要。“灯下亮”工程就是做那些到中国来的外国人的工作。“灯下亮”工

1　本文为谈话摘要，标题为编者后加。

程还包括电视台，我发现北京有些很著名的大宾馆里没有中央电视台第四套和第九套节目，外国的电视频道在中国落地了，但是我们自己的节目在家门口却没有落地。我们应当把眼前的工作先做好才是。

“灯下亮”工程今年是调研准备阶段，明年将大范围开展，我们会给各省市外宣办最大的支持。

对外传播工作要讲究艺术性

传播艺术是什么？它不是数学、不是物理，是以语言和形象来反映现实的。我们的对外传播在事实真实、政治立场正确的前提下要讲究艺术，才能有好的传播效果。

最近我们跟外国人座谈，他们说你们介绍中国，重点还应是现代的中国，我们只能跟现实的中国交往，太多介绍古代没有必要。其实介绍现代中国就会包含中国的传统文化，现代中国是在古代中国的基础上产生的。在国内，我们讲要以正确的舆论引导人。面对外国人，则是把中国的事情告诉他们，以一个真实的中国影响他们对中国的看法，也就是以正确的舆论影响（外国）人。如果我们的外文报纸人家看不到或者根本不看，你怎么引导？我们对外的媒体，无论如何要拥有自己的读者群。当你失去读者的时候，就谈不上舆论的影响作用，也就是这个媒体走向衰亡的时候。

建立广泛的国际公共关系

近几年，国务院新闻办公室在海外组织了三次大型文化活动，在国内外反响较好。如果把这些精力和钱在全世界许多地区“撒胡椒面”，就肯定没有这样的效果。集中两周时间，把全国对外传播优势汇集起来，在一个地区搞“中国文化周”活动，这样的方法得到了各方面的肯定。

北京已经赢得了2008年奥运会的主办权，世界必然对北京更加关注。宏观地说，北京说了要做好“七年宣传”和“宣传七年”，但不能只狭窄地宣传体育，应该把宣传领域扩大，宣传北京的方方面面，这对北京、对全国都是极好的对外传播机会。

建立良好的舆论环境需要国际公共关系，两者是互为促进的。去年，我们在美国搞“中华文化美国行”活动，取得了一些对华关系密切的美国著名大企业，有的是世界500强之内的大公司的支持，这对我们扩大这个活动的影响起到了一定的积极作用。

中央和地方外宣工作的区别和共同点

北京的一个区如何进行对外传播？如仅限于以本区为内容就比较难，我看如果站在整个北京的角度和立场上就比较容易。在本区的外国公司和外国人，也许还有外国城市的友区，自然就是区对外传播的现成对象。

中央和地方的外宣工作有一些区别，但是也有很多共同点。主要区别是：需要由国家回答的问题，有的由国务院新闻办负责，如驳斥美国的《考克斯报告》。申奥、办奥也是国家大事，但对外传播主要由主办城市北京负责。不久前，天津新闻办有力地驳斥了所谓中国非法进行人体器官移植的谣言，就很成功。

其中的共性是，我们都是为了创造一个有利于中国的舆论环境，要说明中国的现状、中国的政策，回答外国人对中国的疑问，这在立场上是一致的，在方法上也是相近的。

外文书刊也要走市场化道路

美国有一个台湾人办的《世界日报》，据称是海外第一大华文报纸，许多在美国的华文报纸发行远不如它。《世界日报》成功的主要原因之一是非常注意市场开发。对外刊物要发挥作用，一定要有市场；不能只靠赠送，赠送不能广为传播，内容平淡人家拿到手了也未必去看。有影响的电影一定有很高的票房价值，好的电影自然会吸引想看的人。书刊也是一样，比如研究西藏，我们编了很好的研究西藏的书目，把我们所有的成果、成百上千的目录提供给各国重要的研究者，对他们研究西藏会有帮助。但有人想读这些书，到哪儿去找？没有书号、没有定价，中国的书店不销售，而外国书店、图书馆也不接受没有定价的书。澳门回归前两个月，我到西单图书大厦转了转，里面有专柜销售有关澳门回归的书籍，大概有 30 种，但没有一本是外宣系统出的，对澳门感兴趣的人拿不到我们外宣系统出的书籍。我们正规地定了价以后，10 多种小册子一下子卖出了 450 万本。我们还设计了庆祝澳门回归的招贴画，先放在中山公园展览，让大家投票，选出好的再付印，通过媒体给予报道，就把这些画宣传出去了，卖了 9 万张。这充分证明了对外刊物需要走市场的渠道。虽然外宣品免费赠送是需要的，但不能因此就不要市场，事实上主渠道还是市场。

回答记者提问重要的是信心

外国和一些港、澳、台记者的提问常常比较刁钻，这里面有两个原因：一个是记者的本能，这是他职业的需要；第二是立场的需要。职业使然，立场使然，因此他们提的问题常常很尖锐。对我们来说，我们并不怕这种尖锐，这表明这个问题正是世界对中国感兴趣的焦点，我们正要找机会回答。有个很典型的例子：麦克·华莱士是美国很著名的电视主持人，也是以提刁钻问题而出名的。他采访过邓小平同志和江泽民主席，他的这几档节目当时创美国最高收视率，反响巨大。

至于回答问题有什么技巧，或者有什么经验，我觉得技巧不是最重要的，甚至口才都不是最重要的，最重要的是信心。外国人问我中国的问题、北京的问题，实际上他往往站在一种相当主观的立场上，外国人肯定不如我们知道中国，不如我们了解北京！我们头脑里有很多内存，到时候就能融会贯通。

对台胞要有亲情

对台宣传要依据“和平统一、一国两制”的原则，防止“台独”及外国势力把我们的对台政策歪曲、渲染成“惟有武力解决”。对待台胞要有亲情，交往要真诚。地方外宣办要多和台胞、台湾记者交朋友，要说“经济话”“文化话”，政治是原则，是融会贯通其中的，不是总在表面的。

由于没有语言障碍，对台交流应当比对外国人的交流容易做。有一次我接待一个台湾记者团，我问台湾记者，大陆的官员和台湾的官员有什么区别，他们说，大陆的官员对经济数据如数家珍，而台湾许多官员只对选票倒背如流，说的都是官场话。我觉得这回答挺有趣。

以艺术的、文化的方式向外国人介绍一个真实、进步、开放的中国

中国幅员辽阔，各地情况不同。我们地方外宣办在对外宣传中不能只有一个做法，像西北地区和沿海地区不可能做一样的工作，任务应该有所区别。大体上可分成三类：一是沿海和发达城市。由于他们经济发达，对外交流的机会就多，资金也无困难；二是边境地区，如内蒙古、新疆、云南等。边境地区有优势，就是他们与某一个或多个国家接壤，在语言交往上容易。有两个工作做得比较好的例子：内蒙古自治区电视台向蒙古提供蒙语电视剧《水浒传》，《好汉歌》用蒙语唱很带劲儿。那边电视台播《水浒传》的时候，收视率很高。新疆还办了《大陆桥》俄文杂志，效果也很好；第三类是内陆地区，开展工作似乎稍微困难一点，但也大有题目可做。传播资源要靠自己去挖掘，各地都有取之不尽的源泉，各项社会进展、文化生活、民族团结进步……也许自己司空见惯了，但外国人会感觉很新鲜。要注意研究当地特点和传播对象，这样才能有针对性。

我们在宣传政治内容、文化内容时应该找到合适的切入点和好的方式方法。宣传本身也有特殊性，数学、物理是以概念、公理和定律为基础，如运动、速度、牛顿定律，在此基础上演绎出无限丰富的内容。同样，对外宣传工作也应以中国的真实情况为素材，如基本政策和国情、社会各项事业的进步等情况，以艺术的、文化的方式向外国人介绍一个真实、进步、开放的中国，这是一项艰巨的大工程。外宣工作内涵丰富、大有学问、任重道远，望大家一起努力。

传授“三贴近”的工作方法

北京市新闻办公室主任　王　惠

这次与北京外宣工作者的座谈，准确地说，更像是一次集体采访，从会场延续到餐桌，长达三个半小时。采访者成分复杂，问题涉及广泛。但答题的核心始终没变，全都射向了如何提升外宣工作艺术的靶心。

当时北京申奥成功不到四个月，喜悦的余波尚未从北京人的心中退去。然而，清醒的外宣人已意识到难得的机遇带来的巨大挑战，他们把带着思考的问题交给了赵主任。

显然，像所有的外宣人一样，赵启正主任也体会过外宣人特有的苦恼，这就是国际舆论对中国大量的不公正报道，中国的形象一次次地被诋毁和歪曲。可以把原因归结于外国人对我们的误解和偏见，然而，我们的工作方法是否也有研究和改进的空间呢？赵启正主任把思考的方向引向了这个领域。

记得赵启正主任讲到“对外宣传是一门高超的艺术”时，在场的人睁大的眼睛里显然不无疑问：如此严肃、近乎于战场的工作竟是艺术？

赵启正主任从面对的挑战说起，使在场的听者了解了外宣工作政治性和艺术性并存的意义，他把外宣工作纳入公共关系范畴，淡化了宣传的味道，强化了沟通和交流的作用。他所强调的外宣工作的艺术性，既是他率先实践“三贴近”原则的体会，也是他对外宣工作有效性和针对性的概括。当然，这首先缘于他对外宣工作本质和规律创造性的认识和把握。

熟悉赵主任的人都知道，他在对外交流中通常采用由近及远、从小到大、先形象后理念的工作方式。即从交流对象了解、熟知并有共识的话题说起，渐至对方不甚了解，不太熟悉，或有偏见、争议的问题；从大家都能理解的故事说起，再阐释蕴含在其中的深刻道理。因此在他的讲话、致辞、答记者问中，总是有一个典型的故事、一组有说服力的数字、一段经典的引言、一个简单而又深刻的观点。这种表达方式既有感染力，又容易被交流对象认同。

有学员问赵启正主任，如何面对境外记者尖锐且带有偏见的提问？赵主任的回答是：一靠自信，二靠内存。这也是他对自己多年来回答记者提问经验的总结。内存是自信的基础。赵主任说：“外国人肯定不如我们知道中国。”他的自信建立在对国情的了解上，他称这些了解为头脑里的内存，因为赵启正主任平时十分注意收集信息、积累资料，加上他高超的政策水平，头脑里储备了大量内存，才有了足够的自信，面对记者的各种问题也才能从容不迫，回答得于我有利，有理有据，语言生动、充满幽默。这也是他所提倡的外宣人应具备的“内知国情，外知世界”素质的具体体现。

一堂讲座和讲座后的答问，听似平实，但却深刻，紧紧抓住了在场每个人的心，大家脸上的疑惑渐渐变成了会心的微笑，一致认同了赵启正主任关于对外宣传是政治性和艺术性均不可或缺的一项大工程的见解。

虽然当时中央还未提出“三贴近”的对外宣传工作原则，但赵启正主任的观点却与“三贴近”环环紧扣，他不仅率先实践了“三贴近”，并将其工作方法传授给了大家。

中国人民享有前所未有的人权

（2002 年 2 月 10 日接受《人权》杂志记者采访）

让国际社会全面真实地了解中国人权状况

问：国务院新闻办公室自 1991 年成立以来，一直致力于对外介绍中国的人权状况，您本人自 1998 年担任国务院新闻办公室主任以来也很重视这方面的工作。请问，您对中国政府对外介绍中国人权状况的工作有何评价？

赵启正（以下简称赵）：国务院新闻办公室有责任就一些国外非常关注但了解很少、疑虑很多、误解很深的重大问题作出回答、说明和澄清，以让世人认识一个真实的中国。中国人权问题，就是一个国外对中国缺乏了解、存在疑虑和误解的问题。

20 世纪 90 年代初，由于苏联、东欧剧变和冷战的结束，美国等一些西方国家由于意识形态和价值观念的原因，迅速将“人权攻势”的矛头集中地指向中国，经常通过决议，发表报告，把中国的人权状况描绘得一团漆黑，将所谓中国人权问题与对华政策挂钩，并屡次在联合国人权委员会提出反华提案，使人权问题上升为一个直接影响中国国际声誉和国家利益的重大问题。

为了向世界说明中国人权的真实情况，阐明中国政府在人权问题上的立场，国务院新闻办公室于1991年11月1日发表了中国第一份人权白皮书——《中国的人权状况》。

此后，国务院新闻办公室定期发表中国的人权状况白皮书和文章，不断向世界介绍中国的人权状况及其进展。到目前为止，我们发表的直接以人权命名的白皮书有6个，另外还分别就改造罪犯、农村扶贫开发、妇女、儿童、计划生育、民族、宗教、西藏等与人权密切相关的问题，发表了12份白皮书和若干篇文章。

与此同时，对于西方国家对中国人权进行的歪曲和攻击，如美国国务院每年发表的《国别人权报告》中国部分，我们适时发表有分量的文章，摆事实，讲道理，予以驳斥和澄清，还在《国别人权报告》发表之后，随即发表《美国的人权纪录》，对他们避而不谈美国的人权状况，做个提醒。对于一些西方舆论对中国指责比较集中的问题，如所谓“政治犯”、出售人体器官、出口劳改产品、囚犯待遇、孤儿院虐待儿童等问题和一些所谓个案，我们还通过组织外国记者进行实地采访、及时发布新闻、发表文章等方式，说明事实真相。

中国在大约10年的时间里，发表了18份有关人权的白皮书，阐述自己的人权状况和主张，这本身就是中国人权不断发展进步的标志。我们的人权白皮书与某些国家发表的人权报告有着本质的区别，因为它并不以“世界人权法官”自居、以指责别国为己任，而是立足于阐述本国的人权理论与实践，总结自身在维护和促进人权方面的经验，推动本国人权的发展，并与国际社会进行平等和相互尊重的对话与交流，谋求与世界共同进步与发展。

应该说，这些年，我们通过发表白皮书和其他各种形式，比较系统、深入地向世界阐明了中国的人权观点和实践，揭露了谎言，澄清了事实，为国外一切真正关心中国人权的人士提供了获取信息的官方渠道，有助于国际社会全面和真实地了解中国人权的情况。虽然现在国际上特别是在西方还有一些人对中国的人权有各种各样的不理解、误解甚至偏见，但是与前几年相比已经较少见到完全否认中国人权进步、把中国的人权说得一无是处的情况。我们还能够不时地听到联合国官员和一些国际知名人士对中国的发展和人权进步的比较积极和公正的评价。中国关于人权的一些基本观点，也在世界上特别是在广大发展中国家赢得了广泛的理解、支持和认同。这当然最主要是因为中国确实在维护人权方面取得了显著的成就，中国的人权观是合情合理和合乎国际准则的，但毫无疑问也与我们长期不懈地向国外介绍和说明中国的人权状况和观点有很大的关系。

在人权认识问题上存在分歧是正常的

问：众所周知，国外对中国人权的看法与我们有很大的分歧，中国在人权方面长期以来受到西方一些国家的抨击，您对解决与西方在人权方面的分歧和冲突有什么看法？

赵：我们与西方在人权看法上的确有很大的分歧。1990 年以来，美国等一些西方国家在联合国人权委员会上先后 10 次提出反对中国的人权提案，虽然每次都以失败而告终，但始终没有彻底放弃，这本身就反映出美国等一些西方国家与中国在人权方面有着很大的矛盾和分歧。这些分歧大致说可分为两种：一种是对事实认识上的分歧，一种是人权观上的分歧。

比较起来，人权观上的分歧更带有根本性，对同一事实的认识往往由于受到不同人权观的支配而得出很不相同的结论。

尽管中国的人权状况在许多方面仍有待改进，但是，改革开放以来的 20 多年是中国人权发展最快的时期，这不仅表现在人民生存权、发展权和经济、社会、文化权利的改善上，而且表现在民主法制建设的加强和公民权利、政治权利的扩大与维护上。事实上，人权的实现是一个与社会的文明进步密切相关的不断发展的过程。各国的经济发展水平和历史文化各不相同，采取不同的发展道路和人权模式，是很自然的。强迫世界各国都采用一种发展模式、一种人权模式，是不符合人类发展规律的，也是背离人权的基本精神的。

改善中国的人权状况，是一项符合中国人民根本利益的事业，是中国促进社会全面发展的一个重要目标，中国政府和人民愿意为之付出长期不懈的努力。我们愿意吸收世界其他国家的好的经验，充分利用人类文明的一切优秀成果，真诚地希望一切关心中国人权的国家、组织和人士，对中国人权发展提出好的建议和善意的批评。

最近一些年来，中国与美国、欧盟、加拿大、澳大利亚等许多西方国家进行了多个层次上的人权对话，这对于增进彼此间的相互了解和加强合作起到了积极的作用，我希望这种对话今后能够继续积极有效地进行。

世界各国追求人权的总目标应该是一致的

问：一些人认为，中国和西方在人权问题上不应存在分歧，世界上没有不同的人权标准，您是否同意这种观点？

赵：我不能同意世界上只有一种人权标准，更不同意以某一个国家或地区的人权标准作为普遍适用的标准。当然，世界各国追求人权的总目标应该是一致的，这就是《世界人权宣言》和联合国人权公约所规定的普遍人权和基本自由。中国政府赞赏和支持国际社会为实现这种普遍人权和基本自由所作出的努力。

我们认为，人权的基本目标和理想是共同的、一致的，但是，不同历史文化、不同发展阶段的国家实现普遍人权的方式、方法和模式有所不同，人们对人权保障的看法和理解也有差别。例如，东方文化和中国传统文化比较强调个人与社会的和谐和个人对社会的责任，表现在人权上就是比较强调个人权利与集体权利的协调；而西方文化则更关注个人、个人自由和价值的实现，表现在人权上就是比较强调个人权利与政府、社会的分离和对立。又如，人权与经济发展水平有密切关系，许多发展中国家比较重视社会经济的发展，以及对人民生存权、发展权和经济、社会、文化权利的维护和促进。另外，东方国家在婚姻、家庭等问题上，也与西方许多国家有不完全相同的理解和看法。这些在很大程度上都与各国的历史、文化和发展水平有关。

当今世界没有一个国家的人权状况可以说是完美无缺的，世界各国都存在着程度不同、表现形式多样的人权问题。各国应该根据自己的实际情况和所存在的具体问题，促进人权的发展。

中国人民享有前所未有的人权

问：您如何评价中国人权在最近 20 多年来取得的进步和存在的不足？对中国人权未来的发展方向您有何预期？

赵：中国人权进步最突出的表现是中国人民的生存状况在最近的20多年来发生了巨大的变化。1978年以来，中国政府坚定不移地实行改革开放政策，极大地促进了经济发展和人民生活的改善。从1979年到2000年，按可比价格计算，中国的国民经济保持了年平均9.5%的增长速度，中国的贫困人口由1978年的2.5亿减少到不足3000万，23年中约2.2亿人脱贫，这不仅在中国历史上而且在世界范围内都是前所未有的。占世界人口五分之一的13亿中国人民生存状况的巨大改善，是中国人权发展史上具有历史意义的进步，也是中国对世界人权事业发展作出的巨大贡献。

改革开放以来，中国政府根据中国的具体国情，采取循序渐进的方式，稳步推进民主、法制建设，促进中国社会的全面进步，保障人民的公民权利和政治权利。中国人民现在享有了历史上从来没有过的自由和个人权利，例如，个人从事经济、商业、文化活动的自由，选择职业的自由，言论、出版的自由以及法律对个人权益保护等等，都有了很大的发展。

中国积极参加国际人权领域特别是联合国人权方面的活动，尊重《世界人权宣言》和联合国人权公约及其基本原则。到目前为止，中国已经批准加入了18个国际人权公约，并依据中国的实际情况，将这些公约规定的保护人权的原则和标准纳入到中国的法律当中。

中国在人权方面还有很多的不足和问题，其中最大的问题是：我们还有3000万农村贫困人口没有解决温饱问题，还有8507万15岁以上人口是文盲或半文盲，医疗健康保障水平还比较低，劳动者权益的保障面临不少挑战。另外，法制不够健全，执法不严、执法犯法等侵害公民合法权益的事件时有发生。中国政府维护人权的态度是十分明确的，对于一切侵害人权的现象都坚决予以纠正。

对于中国人权的未来，我是乐观和充满信心的。随着中国经济的发展，人民生活更加富裕、社会更加公平开放和文明进步，是可以预期的，经过中国政府和人民的共同努力是完全可以达到的。随着经济的发展和社会的进步，中国人民将在更广泛的领域和更高的层次上享受人权。中国目前正处在一个重大的变革时期，有着良好的发展机遇，我深信，每一个中国人都会以积极的姿态热情参与这个伟大的社会变革，为实现中国美好的明天积极贡献自己的力量。

祝愿《人权》杂志取得成功

问：《人权》杂志是新中国成立以来第一份公开出版的人权刊物，您对中国在目前创办这样一份杂志如何评论？对这份杂志有什么期望？

赵：人权问题不仅是一个理论问题，而且是一个重大的现实问题。我希望《人权》杂志不仅要面向学术界，关注人权学术理论的研究，而且要面向改革开放和现代化建设的实践，重视对中国现实中存在的人权问题的探讨，要在促进中国人权学术理论研究和开展人权教育方面发挥重要作用，要积极向政府各部门建言献策，为中国人权事业的发展和人权状况的不断改善作出贡献。

我听说《人权》杂志还要出版英文版，希望这份杂志在开展与国外的学术交流与合作，增进国外对中国人权的了解和理解，介绍世界各国促进和保障人权的知识和经验等方面，发挥应有的作用。

我祝愿《人权》杂志取得成功。谢谢。

有特色就能吸引人[1]

（2002年6月5日至11日在云南考察期间的谈话）

有特色就能吸引人

省的对外交流主要是通过对本省的表达来对外说明中国，就像云南的《湄公河》（泰文）、《吉祥》（缅文）杂志封面上写的，是“告诉您关于中国，尤其是中国云南的故事”。云南执行的政策就是中央的政策，它的民族政策就是国家民族政策，它的环保就是中国环保的缩影。有人通过云南认识中国，不可能通过整个中国认识中国，这符合哲学。那么，一个省要介绍什么，什么是重点呢？全面的介绍虽然好，但可能使人记不住；还是应该认真分析一下，要让人记住你什么样，要突出特色，有特色就能吸引人。

精品就是对外国人有影响的“产品”

这几年外宣工作取得了大家感觉得到的进步，现在要上一个新的高度，我们面临着什么样的自我要求呢？我们的工作是政治性、专业性很强的工作，因此，首先必须提高我们的专业水平。那么，专业水平又表现在什么地方呢？

---

1 本文为谈话摘要，标题为编者后加。

一是表现在政治水平上。我们的岗位要求我们能敏锐地观察国际风云、舆论动态，有很强的政治分析能力，基于此才能为国家的利益尽心尽力。

二是表现在业务水平上，业务水平又表现在我们的“产品”上。介绍中国的书、小册子、画报是“产品”，我们举行的新闻发布会，在外国举行的中国文化活动，更广义地说，我们和外国的新闻界的交往都是“产品”。这些“产品”都有成本投入，也必须考虑质量和效果，简言之，就是说要出精品。精品就是对外国人有影响的产品，外国人能由此理解中国的某个方面，就算有了影响力，有了效果。

要改变产品多、精品少的现状，这些精品绝不是在屋子里坐着想出来的，是靠我们对国外的情况、对宣传对象有调查研究，经过反复思考和酝酿之后才能策划设计出来的，是靠我们的业务水平才能做出来的。策划时就觉得可能不是精品，就不必做下去了。

有了精品，还要考虑输送的渠道

有了精品，还要考虑输送的渠道，疏通渠道的难度不亚于制作精品。靠赠送总是效果有限的，要学会利用商业渠道使对外“产品”流到真正需要的人手里。商业渠道是很自然的流通渠道，我们为什么不利用呢？进入了商业渠道就是进入了血管，就能真正流动起来，不然，就是贴膏药，而且常会贴错地方。建立推销渠道是一件很专业的工作，不是我们自己独立能做到的。贝塔斯曼[1]的人介绍过他们推销一本新书的程序之周密对我很

1　德国的贝塔斯曼图书集团公司是世界上最大的跨国出版企业。该公司的前身是C. 贝塔斯曼于1935年创立的贝塔斯曼出版公司，初期主要出版神学书和教科书。1928年开始出版文学书。1971年，贝塔斯曼出版公司将所属各企业组成为图书集团公司。该集团现有2万多名职工，年度出书2000余种，出版各种期刊100多种，再版图书近2万种，年营业额约为75亿马克，平均每天在世界各地销售150万册图书。

有启发：新书定稿后先印100册给有关的名人，请他们写书评。然后把评语放在封底上再大量印刷；同时在重要报刊上发表片断内容和书评；择重要日期多城市同时上市，最重要的是利用已有几十年的发行渠道发布信息到各大图书馆及需要者手中。大家在利用国内外推销渠道上还要多用心，多下功夫。要努力适应市场机制，使我们的产品开花结果。

“知名度、形象力也是生产力”

我十分赞同西双版纳、丽江、昆明石林等地有关“旅游靠名气、名气靠外宣”“知名度、形象力也是生产力”的认识，云南积极主动地开展外宣工作，促进改革开放和经济发展的经验，应该充分肯定。你们的泰文月刊《湄公河》、缅文月刊《吉祥》等对外刊物，有特色，吸引人，很受欢迎。看来我们实施“灯下亮”工程是有成效的，把部分对外期刊交给边疆省区办的决策是成功了。

我们不仅要把美丽的云南展示给世界，而且还要向世界人民介绍中国多民族和谐相处的亲情，展示民族团结和对人权的尊重。还要积极宣传当地的环保成就，表明中国的综合发展，而不是单纯强调经济增长。云南面对东南亚诸国，与缅、老、越接壤，外宣的地位重要，任务繁重。做好了对周边国家的外宣也就是承担了全国的大外宣的任务，我们在北京的同志也务必记住，中国是由32个省市自治区组成的，每个地区做好了外宣，中国也就做好了外宣。我们希望云南省能成为中国外宣工作的榜样。

昂着头说贵州[1]

（2003年4月3日与贵州干部谈话摘要）

说贵州的时候要昂着头

肖潜辉（贵州省黔东南州州委副书记）：贵州在高速发展，但面临一个问题，也是一个特殊的困难，就是贵州的形象，因为所谓的"三言两语"，什么"夜郎自大""黔驴技穷""天无三日晴，地无三尺平"，败坏了贵州的良好形象，使贵州的对外开放受到影响，我们搞外宣工作的同志经常遇到这样的问题。在这种情况下，我们的外宣工作应该怎样开展，希望您能给我们更多的指导和帮助。

赵启正（以下简称赵）：的确，就是在我们国内，对贵州的看法也不都是很准确。几个旧的说法或几个成语，就给贵州形象抹上一层雾，让大家不能认识真正的贵州。我们要昂着头说贵州，不要首先自己心里就觉得不如别人。我们要骄傲地宣传贵州。不要把"我们落后，我们无法跟江苏、跟浙江比"这样的话做开头语。我们应该理直气壮地正面地宣传贵州。

我们对外表达切忌像在作政府工作报告，面积多少，每年的GDP多少。因为GDP是多少百亿，千亿，万亿，一般人是分不太清楚的。在座

1　本文根据赵启正主任与第七期全球传播高级研讨班学员的座谈记录整理，标题和小标题为编者后加。

的人有谁知道纽约的GDP是多少？估计多数人答不出来。但它给人们的印象——纽约是一个经济大都市就足够了。有一个例子，印度总统在参观上海农村时，一个乡长介绍情况，云山雾罩地说了半个小时的数字。这位总统告诉我，他什么印象也没留下。他说，给我一张纸（书面材料）就可以了。

一个地方究竟应该怎样宣传？最近有的省请我们推荐专家给他们设计口号似的宣传词。有的省市索性请了国外的公关公司来设计。上海到现在也没有确定怎样一个口号。我曾提过建议，用英文：Shanghai，the key to modern China（上海，打开当代中国的钥匙）。这是50年代，美国马里兰大学罗兹·墨菲教授写的一本书的名字。贵州的优势可能还是在生态上，有个提法叫公园省，很美丽的名称！也许可以发动全省人民动脑筋，设计出最好的对内、对外都能感动人的口号。

保护生态恰恰说明我们的进步

钟明（贵州电视台国际部）：第一，贵州省交通不方便，使得贵州经济发展比较滞后，因而保留了比较原生态的风光。这些民族化的风情就更具有世界性，我们对这些宣传比较多。但是有一个担心，解放这么多年，贵州还这么落后，反过来对贵州的形象又有不好的影响，这使得我们比较为难。第二个问题，建立一支高素质、能打硬仗的对外宣传干部队伍非常重要，尤其是在西部，请问国务院新闻办有没有考虑一些举措？

赵：做片子，做节目，做宣传，首先要看是给谁看的。如果想振兴贵州的旅游业，那当然要把生态作充分的报道。这不能说是贵州的落后，保护了生态恰恰说明我们的进步。经济和城市建设方面的一些“后进”并不影响人们旅游的兴致。如果想吸引投资开发者，就要说明白某些方面的相对“后进”正是贵州的发展潜力，讲外国人容易感兴趣的项目和领域。一个高科技企业不会因为这里风景优美才来投资建厂，他是为了利润而来。

我们举办这个研讨班是培养干部的举措之一。另外还有其他方法，比如安排大家到中央宣传单位去实习。搞网络的同志，可以到几个重点网站去实习等等。

双语教育对外国人要讲透

石干昌（贵州黔东南州常委、宣传部长）：西部地区搞外宣，有劣势，也有优势。我们省少数民族多，自然条件丰富，发展潜力大，民族文化的特点是我们的优势，双语教学也是我们的特点。问题是如何更好地向外国宣传？

赵：1999 年，我们在法国办展览时，把西藏的双语教材摆在那里，法国人很震惊，觉得中国人了不起，中国孩子这么小就学双语，对少数民族文化这么尊重！

美国有一个宗教代表团，曾跟我讨论过这个问题。我说，的确，现代社会面临痛苦的语言选择，中国 56 个民族中有 21 个民族有独立的文字，细分有 200 多种语言。有的语言不能过南边的山坡、北边的小河，如果不用双语教学，只学本民族语言，一定没有广阔的出路，他们表示完全同意这个观点。但是在美国没有双语教学，他们是不允许用少数民族语言讲一般课程的，只能把少数民族语言当作外语来教授。在云南有一位彝族的县委书记对美国人说，不能为了保留彝族的古老文化给你们研究，就不学汉语和英语，那不是放弃现代化的机会吗?！有的少数民族的文字只有1500多个，表达现代生活是不够的。双语教育对外国人要讲透。

各国历史名胜都是有颜色的

王启宏（遵义市宣传部副部长）：第一，遵义是个革命老区，在外界也有一定的知名度，但是受经济条件的影响，我们对外宣传的手段还停留在一个比较低的层次，手法也比较单一落后，如何在外宣手段上寻求新的突破，请赵主任指点迷津。第二，宣传遵义这样的红色品牌，我们担心外国人不好接受。但是，前不久英国有两个学者重走了长征路，对长征路表现出了极大的兴趣。对红色品牌，如何在挖掘内涵上进行宣传，请您谈谈对这个问题的看法。

赵：的确，外国人和中国人对中国革命圣地的理解是不同的，但他们对“红色”的历史未必没有兴趣。我们对美国的独立战争，对欧洲的某个战争也许还是有兴趣的。当然政治学家、历史学家更感兴趣。对于宣传红色旅游不必有顾虑。各国历史名胜都是有颜色的，封建王朝的、宗教起源的或战争的、革命的。关键是正确表达，名胜加故事才有一定的吸引力。如何把红军长征的历史，用对方容易接受的方式去表达是重要的。要生动就要尽量保持原貌，用朴素的语言解释，效果就会好。

资金要用得巧，广种必然薄收

张加春（黔南州委宣传部副部长）：西部大开发给西部少数民族带来了好处，也带来了宣传机遇。从现实情况看，经济越发达的地区，越受媒体关注，而边远少数民族地区要受媒体关注就受资金影响，如何处理资金与宣传的关系？

赵：这个问题不仅在中国有，在外国同样有。越是发达的地方，其名字在媒体上出现的概率就越大。比如在哪儿开 APEC 会议，哪儿就更容易扬名。开一个重要的国际会议，能使你的知名度一夜之间提升很多，有些会议是能带着资金一起来的。成都举办西部论坛时，成都外宣办极为努力，尽力请名人，邀请新闻记者，一时间网上都是有关成都的信息，最后有了"成都上升为中国第几大城市了？"这样的题目。但办一些水平低的国际会，则徒劳无益。比较偏远的地方想出名是有困难的，当然也不是完全做不到。全世界每个市、每个乡都出名是不可能的。要想成为知名的地区，必须宣传本地的特色，别人不如你，别人就要注意你了。资金少，只有用得巧、用在关键之处。广种必然薄收。

安顺市和"黄果树市"

苏继安（安顺市委外宣办主任）：安顺市是黄果树大瀑布所在地，如何解决黄果树有名、地方没有名的问题？

赵：最简单的方法，把你的市名改成"黄果树市"就成了。（众笑）大家的问题有一个共性，就是地方很小，但都想成为一个有名的地方。这个愿望是好的，还是那句话，一定要找准自己的特色，用最好的语言来描述自己。各地都是贵州省的一部分，贵州省出了名对大家有利，要使每一个小的地方都在全世界出名是难以办到的，能在中国，在本省出名也是值得努力的。

高祥国（黔西南州委宣传部副部长）：请问如何加大西部经济不发达地区的外宣工作，国务院新闻办对扶持贫困地区有何考虑？

赵：加强外宣显然也含有开发经济的目的，有些地区，外宣的确是把招商引资当作主要内容之一，这是很自然的。但最忌宣传的成本很高，效果很小。有的地方提出“文艺搭台经济唱戏”，这个说法听起来生动，实际上是不行的。因为文艺搭台，来的都是对文艺、歌舞感兴趣的人，文艺搭台，就是为了文化交流的目的；他不是投资者，搭了半天台，经济没搞上去，钱白花了。一般而言，在贫困地区外宣不是重点任务，除非是那里有新发现的外宣资源。

原来国务院新闻办对地方没有明确指导关系，自从1998年合肥会议后明确了有指导职责，也就是更多地为地方服务。但国务院新闻办主要的还是加强与省新闻办联系。由省帮助地方乡、县提高对外宣传的能力。

傅思泉（四川省外宣办外宣处处长）：我是外宣战线的新兵，我感到许多部门都打造了自己的品牌，这有利于壮大自己的声势，谈到“三下乡”就想到中宣部，谈到“希望工程”就想到团中央，谈到“春蕾计划”就想到全国妇联，我们如何打造外宣系统的品牌，国务院新闻办有何考虑？地方外宣办应该如何努力打造自己的品牌？

赵：好的固定的对本地的描述就是好品牌，如云南是“生态公园省”。倒不一定用“工程”“计划”来表达。得先讨论什么样的品牌最恰当、最响亮，再讨论如何打造则比较现实和可行。无论是中央还是地方，对外宣传机构的任务，简述之，就是“向世界说明中国”，说到这句话，就能想到外宣系统了。

高艳（贵阳市委宣传部副部长）：我们贵阳市今年要开展新闻发布会工作，请问如何建立新闻发言人制度？新闻发言人的素质如何界定？

提高新闻发言人的素质的最有效的方法是什么?

赵：新闻发布在国外已经成为对外宣传的常规形式，它是宣传自己的很好的“武器”。我们希望今后有新的政策出台，重大事件的发生，都要有新闻发布会。对大众关心的国计民生的事情也都应该首先用新闻发布会的形式说清楚，人们关心的重大事件，不能给谣言和小道消息留下时间和空间。

最近，新闻办一局编了一个关于外国新闻发布会情况和处理突发事件案例的小册子，已经发给各省市，可以借鉴。

简而言之，新闻发言人的素质是：要有正确的立场；要了解随时发生的新的信息和有较广博的知识；要有责任心。决不是平日会说话善于辞令就能当发言人的。

提高的办法就是多观摩（电视台国内外发布会的节目很多），多练习，多实践，时间长了必有效果。

贴着心的交流

贵州省委宣传部副部长、省政府新闻办公室主任　姚　远

赵启正主任是第一次到贵州，我们许多从事外宣工作的同志都希望请他指点一二。虽然仅有几天的时间，其间还给贵州的领导干部作了一场形势报告，启正主任还是仔细考察了贵州的一些城市、企业和农村。这里良好的生态环境、正在兴起的高技术产业，及其与整体上发展相对滞后的经济社会状况之间形成的强烈反差，一定给了他深刻的印象。他曾对我们说过这样的意思，要认真地审视西部省份的对外宣传工作，力求有新的概括和思考，用以指导实际工作。

在与研讨班学员座谈时，启正主任事先约定，不发表讲话，主要就大家关心的问题当场作答。一时间堂上气氛热烈，学员们纷纷提问，启正主任耐心解答，循循善诱，思想在碰撞，火花在迸发，于是就有了这篇充满思辨色彩而又颇具实用性的谈话录。

首先提及的问题，就是信心。信心的问题既是贵州外宣面临的现实，又对西部省份带有普遍意义，即如何正确认识我们脚下的这块土地，依据什么样的判断去对外宣传自己。

历史的误读，经济社会发展的相对滞后，东部经济快速发展的现实，都给西部人以巨大的精神压力，给西部人的思想蒙上了一些阴影，继而局限着人们的思考和行动能力。不少同志在思考，在这样的差距下，这样的条件下，我们能够做些什么，应该做些什么，怎样去做。启正主任一语点破，要“昂着头说贵州”，“理直气壮地正面地宣传”，“骄傲地宣传”，“用最好的语言来描述自己”，切不可以有过多无谓的谦逊，更不能自我贬损。一番充满激情的话语，给贵州的同志极大的鼓舞。的确，深沉地爱着我们生于斯、长于斯的家园，从心底为之自豪和骄傲，这是我们对外宣

传、对外讲述的意识前提，是底气，是信心。连自己都缺乏自信心的宣传，何以影响别人？

谈话继续前行。信心来自何处？启正主任说，来自于对现实清晰的比较分析。要从比较中找寻个性。个性就是特点，就是别人缺少的、没有的东西。个性越是突出，特点越是鲜明，就越会有吸引力。再有就是要学会动态地、历史地、发展地看待现实中的“落后”“封闭”现象。落后并不是永远的。相对的开发程度低，保护了自然原始生态、民族文化生态这些不可再生和替代的发展条件，恰恰说明是进步，恰恰是为新的发展准备了物质和文化基础。同时，还需要学会逆向的思维方法，从欠发达的现实中，寻找足以吸引关注的对外宣传内容。生产力发展水平低，可以多分析其中的投资机会和投资空间。基础设施建设较差，可以多分析其中蕴含的发展潜力和投资回报的可能性，讲投资商最容易感兴趣的项目和领域，等等。一句话，以科学的思维和广阔的视野，从劣势中发现优势，从困难中看到希望。如此，对外宣传何愁无话可说？何愁无事可为？

有了信心，有了科学的思维方法，也许并不等于工作就可以完成了，办法、技巧同样不可或缺。启正主任以他丰富的阅历和经验，为西部省份的同志提供了具体的指导和实例。比如对外宣传的形象设计；如何正确又生动地用对方容易接受的语言来表达红色旅游；如何正确地设定既符合发展要求、财力又能够负担的对外宣传目标；如何集中使用有限的资金，在最有可能取得宣传效果的外宣领域实现突破，积小胜为大胜，等等，对西部省份的对外宣传工作都具有很强的指导性，给人以启发，给人以帮助。

与启正主任交流的确是件很惬意的事情。他常常是以智慧的深度、逻辑的力量、高超的谈话艺术和务实的作风使人叹服，给人以启迪，但更为可贵的是他的激情、率直和对外宣事业的热爱，不能不让人感动。与他的交流是贴着心的交流。

形神兼备才是好作品[1]

(2003年8月6日与河北省外宣局局长相金科的谈话)

各省市经济发展和历史背景不同,因此外宣资源也不同,各有优势。充分挖掘自己的资源,就能发展为外宣优势。要防止资源就在身边,但有时因为太熟悉它了,反而不以为然了。比如西柏坡,就是一个珍贵的资源。"十六大"后,胡锦涛总书记带领中央书记处的同志到西柏坡,重申了"两个务必"[2]。西柏坡在河北,是一种财富和优势。西柏坡是红色的,中国革命是由此走向新中国的。法国的大革命、美国的独立战争发源地都是纪念圣地,也是他们对外宣传的亮点。西柏坡就是我们的革命圣地。我们已建议并支持河北办一个西柏坡网,向国内外扩大它的影响。这样内容的网页如何设计得美观、有条理,请多用心。

一定要注意东方和西方、中国和外国的文化差别是很大的,不懂这样的差异就很难做好对外工作。我们不可能都去外国留学,但可以通过读书、培训、多接触来华的外国人,来了解外国、了解西方。我们出国访问,在国外举行活动也会多邀请各地同志参加。眼界开阔了,外宣工作会做得更好。

---

1 本文为谈话摘要,标题为编者后加。

2 1949年3月5日至13日,中共七届二中全会在河北省西柏坡召开。毛泽东同志在会上作报告,提出了"两个务必":务必使同志们继续地保持谦虚、谨慎、不骄、不躁的作风,务必使同志们继续地保持艰苦奋斗的作风。

我们的目的是“向世界说明中国”，以说明现代的中国为主，历史的中国为辅。特别要说明今天中国的社会发展、小康目标、经济政策、与时俱进的成就，这也是体现“三个代表”的思想，使外国友人在轻松愉快中接受你的“说明”，我们的作品就得让外国人喜欢读、喜欢看、喜欢听。思想是“精神”不是“形”，“形”必须是外国人容易接受的，形神兼备才是好作品。

推开"浦东逻辑"的历史之门

（2005年4月18日接受《国际金融报》记者采访）

造就一个"可以参与全球经济对话"的新上海

记者：1993年，您作为中共上海浦东新区工委第一任书记、上海浦东新区管委会第一任主任，亲身经历了浦东新区开发的最初历程。您认为，当初决定开发浦东的战略目标是什么？这个目标是怎么确定的呢？

赵（以下简称赵）：战略目标是把上海建成我国面向国际的、较强大的经济城市之一。然后成为与纽约、伦敦、巴黎、法兰克福、东京平起平坐的世界级的经济中心之一，这得需要长期努力。

当时，小平同志和其他中央领导意识到，必将兴起的经济全球化的浪潮，迫切要求中国有几个能够与世界经济对话的国际大都市。

国际的交往需要两种"对话"，一种是政治对话，一种是经济对话。政治对话是在首都之间进行，比如北京怎么说，华盛顿怎么说；而经济对话则不同，是具有世界经济、金融、贸易中心地位的大都市代表国家和地区进行的。当然，世界上有不少国家的首都同时也是世界经济中心城市。也有的国家不只有一个这样的经济中心城市，像中国这样的大国，除了上海，至少还有北京具备这样的资格。

一个国家，特别是大的国家，没有这种世界级的大都市参与国际经济对话，所谓参与经济全球化就十分困难。

在 20 世纪 80 年代末 90 年代初，除了还在英国殖民统治下的香港初具这种功能外，中国实在还没有哪个城市具有这种地位。

"再造几个香港"，掌握面对全球经济的发言权

记者：小平同志当年"再造几个香港"的谈话精神最终落实到浦东开发的实践上，现在已经过去 15 年，您能够谈谈当时的背景吗？

赵：当时，"全球化"这个词至少在中国媒体上还使用得较少，但小平同志对中国如何面对"经济全球化"是有深谋远虑的。比如他说："世界各国的经济发展都要搞开放，西方国家在资金和技术上就是互相融合、交流的。""现在世界发生大转折，就是个机遇。人们都在说'亚洲太平洋世纪'，我们站的是什么位置？"

正是基于在经济全球化浪潮中争取一个有利位置这一战略思考，邓小平才提出："现在有一个香港，我们在内地还要造几个'香港'，就是说，为了实现我们的发展战略目标，要更加开放。"当时我们对这段话不是很懂，有的同志问：造几个"香港"是什么意思？ 20 世纪 80 年代后期香港还在英国的殖民统治下，是个自由港，简单地说是不是造几个自由港？

我的理解是：小平同志的话是有深意的，其实就是说，在国际经济发展格局中，中国需要有几个具有国际影响的经济中心城市，这样的城市在全世界是屈指可数的。中国的香港，它在回归以后是"一国两制"下实行资本主义制度的国际经济中心城市，当然我们还需要"一国两制"社会主义制度的国际中心城市，与香港形成互补之势，面对全球。当时中国哪一个城市最具有这种潜力呢？首先是上海。邓小平在 1990 年 3 月初指出："比

如抓上海，就算一个大措施。上海是我们的王牌，把上海搞起来是一条捷径。”1991年初，他更加明确地说：“上海过去是金融中心，是货币自由兑换的地方，今后也要这样搞。中国在金融方面取得国际地位，首先要靠上海。那要好多年以后，但现在就要做起。”因此，浦东开发一开始所确定的最终战略目标就是建设一个国际经济中心城市。

开发浦东晚了吗？

记者：小平同志曾经表示“浦东如果像深圳经济特区那样，早几年开发就好了”。人们普遍认为这是他老人家在表示遗憾。但您曾说，这是小平有意激励上海和浦东的领导班子，是这样吗？是否可以说，在小平同志的筹划中，上海浦东开发的时间“正逢其时”？

赵：小平同志当时讲，“回过头看，我的一个大失误就是搞四个经济特区时没有加上上海。要不然，现在长江三角洲，整个长江流域，乃至全国改革开放的局面，都会不一样”。其深刻含义是什么？的确曾是一个引起人们纷纷探究的话题。

让我们回顾一下当年开发深圳和浦东的基本背景：深圳是1980年开始开发的，浦东是1990年宣布开发的。也许可以问：浦东为什么不可以早两年开发，或者早三年开发？但是不可以问“为什么不可以早十年开发”。上海和深圳毕竟不同。在开发之前，深圳不过是一个小渔村，以它为试点，即使遇到重大困难，甚至失败了，对于整个国民经济来讲，影响甚小。

而上海则完全是另一种情况。在改革开放之前，上海就是中国最大的工商业城市，这个城市所提供的税收，曾占到全国的六分之一或七分之一。以此为试点，一旦失败，整个国民经济都会受到严重影响。

在深圳开发积累了十年经验的基础上再开始浦东开发，披荆斩棘的是深圳，而不是浦东。深圳开发时，我们有多少观念是落后的？如土地不能批租，不能实行股份制，与外商合作是不是让他们占了便宜，能不能让一部分人先富起来，等等，都是问号。这些问题都由深圳开发解决了。

所以，在改革开放历时十年之后，在深圳开发已经获得基本成功之后，中央才下决心开始浦东开发。这实际上是邓小平对中国的责任心所致，浦东开发可以说是恰逢其时。

那么，为什么邓小平要说浦东开发晚了？我理解，这无外乎是邓小平对我们的激励，鼓励我们后来居上。他本人也确实讲过："浦东开发比深圳晚，但起点可以更高，我相信可以后来居上。"我在1993年访日时，日本记者问过我这个问题，我就是像今天对你一样的回答。日本记者听得很明白，第二天就见报了。

"功能开发概念"和"球场之喻"

记者：当年您在一次座谈会上提出浦东开发要注重功能开发，这是最早提出"功能开发"的概念，后来您又将其延伸为"球场之喻"。经过多年的实践，功能开发作为一种经济发展理念已经被广泛运用。您当初是如何考虑的？

赵：当年，大家讲开发通常强调"筑巢引凤"，主要指先进行"形态开发"，就是先有多少路，有多少楼，有多少基础设施。这样，如果引不来"凤"，开发就失败了。换个比喻，建成一个绿草如茵的足球场，这只是形态开发，如果没有国际规则、国际裁判，没有国际球队常来赛球这样的功能，这个球场就白开发了。

我想，形态开发就像计算机的硬件，而功能就是这些软件，是拿来做什么用的，要在开发前就设计好。

没有软件或没有使用场合的计算机，只能是一件摆设。

1992 年下半年，在新区筹备期间的一次会议上，我们提出要注重功能开发，在以后多年反复强调形态规划必须服从功能规划。

浦东就像一个功能完备的大球场，一年要赛几十场，最好能举办“世界杯”，这个足球场才发挥了功能，实现了功能。

我们请 4 个国家的专家规划陆家嘴金融贸易区，给他们一张地图、一份说明书，说明这个地方将来是一个金融中心，也是外国商社的中国总部所在地——当然，这是在请国内外专家分析了国内外可能投资的“凤凰”们能不能来，能够来多少之后提出的。陆家嘴金融贸易区不仅是一个与浦西连接的区域，还是与世界的交接面，我们预定总的建筑面积是 400 万平方米，这些简约的说明，实际上就是功能的说明，以功能带动形态规划和建设。

十四大为陆家嘴金融贸易区定位

记者：小平同志提出“再造几个香港”，您能否谈谈这些话的背景和深意？我们又是怎么做的呢？

赵：我曾经把浦东开发比喻为一支交响乐。乐曲的总谱是邓小平写的，党中央是乐队指挥，而我们做具体工作的，则是有幸参加演奏的成员，这个乐队的演奏员有几百万之多。

1992 年 10 月，江泽民同志在党的十四大报告上专门提到了浦东开发，他说："以上海浦东开发开放为龙头，进一步开放长江沿岸城市，尽快把上海建成国际经济、金融、贸易中心之一，带动长江三角洲和整个长江流域地区经济的新飞跃。"这实际上是在党的代表大会上确定了浦东开发的战略目标。在党的代表大会报告中具体部署一个城市的经济建设，这还是第一次。

1996 年 4 月，江泽民同志再次视察浦东，在审阅陆家嘴中央商务区规划图时，他问我们，这些规划的高楼，到香港回归时都能建成吗？我们回答，现在已经在建的，到明年大多数都可以封顶，陆家嘴的中央商务区可见雏形。他听后表示非常满意。

1990 年宣布浦东开发是庄严的承诺

记者：1990 年前后的那段时间，我国改革开放和经济建设处于一个严峻的历史时刻，是继续坚持改革开放还是走回头路，国内外都很关心中央下一步的动作。

赵：当时的严重困难主要是：一、1988 年的经济过热和价格闯关导致一场建国以来罕见的抢购风潮，为防止许多国家曾发生的经济失控局面，中央不得不作出对国民经济实行"治理整顿"的决策。结果是制止了经济过热现象，但同时也出现了改革开放以来第一次 GDP 增长速度放缓的现象。二、1989 年春夏之交，发生了建国以来最为严重的政治风波，以美国为首的西方国家借机掀起了一场"制裁"风潮。

正是在这样的历史背景下，由中国改革开放的总设计师邓小平与以江泽民为核心的党中央作出了慎重稳妥又高瞻远瞩的浦东开发决策，上海也走进了改革开放新阶段。

邓小平提出：“要把进一步开放的旗帜打出去，要有点勇气。……现在国际上担心我们会收，我们就要做几件事情，表明我们改革开放的政策不变，而且要进一步地改革开放。”20 世纪 80 年代作为改革开放重点的地区一般都在边境前沿及经济不甚发达的地区，其原因就是前面所讲的，尽量减轻改革的风险。而浦东的开发则具有更深刻的含义，它意味着中国共产党和中国政府拿出中国最发达、最富庶的区域来继续改革开放的试点。这一重大举措足以证明中国把改革开放推进到新阶段的义无反顾的决心和信心。

就国内而言，1990 年正是改革开放进入第十年的时候，改革可以说到了一个十字路口。当时有两种改革的思路可以选择：第一种思路是放慢速度求稳定，推迟改革开放的进程，减轻改革开放的力度；第二种思路主张抓住机遇，加快发展，深化改革。启动浦东开发开放，也是对国内外疑虑的回答和庄严承诺。

遗憾和经验

记者：您当年曾经推动迪士尼公司落户浦东，能否介绍一下当年的情况？这是否是您的一个遗憾？

赵：那是在 1993 年我访问美国时，在迪士尼公司洛杉矶总部，迪士尼总裁福兰克 · 韦尔斯在听了我对浦东开发及上海发展的介绍之后，他同意：“迪士尼若要进入中国，最好的地点是上海。”随即在一周之内，韦尔斯先生就派出先遣小组到浦东考察。不幸的是，几个月后，韦尔斯总裁因飞机失事而丧生。由于事件突发，韦尔斯先生把迪士尼建在浦东的愿望没能及时实现。人走事凉，一拖就是十多年，但他对浦东的热情和向往，却令人难以忘怀。

记者：1993 年，我国台湾地区也曾提出建立“亚太营运中心”的计划，但现在已无人提及；而浦东开发也几乎在同一时期启动，今天已经成功。浦东的诀窍在哪里？

赵：20 世纪 90 年代初，在浦东开始开发后，我国台湾地区搞了一个与浦东开发决策有点相仿的“亚太营运中心”的计划。这个计划是著名的美国麦肯锡公司替台湾做的，论证相当完备。1993 年，台湾公布了这个计划，也轰动一时。当时在开全国人大时，有一位台湾大报的记者问我浦东开发如何呼应这项计划，我告诉她：“浦东开发已经起步了，‘亚太营运中心’计划刚刚宣布，应该问后者如何呼应前者，然后再互相呼应。我希望这个计划能够成功。”没想到十几年过去，“亚太营运中心”计划云飞雾散了，而浦东新区则崛起在东海之滨。

两个看起来有些类似的计划，竟有如此不同的结局，确实令人深思。这一对比充分说明了社会主义市场经济体制的可行性和生命力，也证明了社会主义市场经济体制的竞争优势。同时也说明，台湾“亚太营运中心”的规划看似完备，但忽略了大的前置条件。这个前置条件就是不能脱离强大的祖国大陆的经济支撑。

希拉克总统的感触

记者：从事浦东开发开放的主政经历，对于您今天在国务院新闻办公室主任的岗位上做好对外宣传，向世界展示中国改革开放的形象有怎样的帮助？

赵：浦东开发期间，我接待、结识了大量的外国政要。当时到北京访问的外国政要，其中70%以上的都要到浦东参观访问，其中包括许多总统和总理。

当年，法国总统希拉克在汤臣国际酒店演讲时说：“我愿意在这里演讲，因为这里是太阳升起的地方。”在会议前，他对我说：“大运河是历史，长城是历史，浦东也是历史。”说完，希拉克要和我合影，可是摄影记者黎自立相机里的胶卷只剩一张胶片了。希拉克说：“你装胶卷吧，我们等一下。”可见他对于浦东开发这一历史事件的热情。

在路过进才中学时，我告诉他，这是伴随浦东开发而诞生的一所中学。希拉克对这所学校很感兴趣。我告诉他：“遗憾的是这所学校没有法文课。”希拉克当即指示法国驻华大使帮助安排法语教师和寻找教材，后来，这所学校很快开了法语课。去年，我访问法国时，告诉希拉克，进才中学已有了法文课。

我离开上海到北京上任时，整理名片时发现仅日本客人的名片就达3500张。可以说，在浦东工作时，我不仅结识了很多日本朋友，还结识了众多世界各国的企业家和学者，为我今天做好“向世界说明中国”的工作提供了基础和方便。

浦东开发和我今天从事的对外宣传工作，都需要建立良好的国际公共关系。基辛格博士参观东方明珠电视塔时，居高临下，一览浦东颇有感触，他说，你们这些大楼和高科技工厂都很成功、很宝贵，但更宝贵的是你们的国际信誉。当初人家敢到那样偏僻的浦东来投资，是对你们的信任，这比这些大楼和工厂更宝贵。你们的国际公共关系是成功的，这是最重要的成就。从国际社会对中国的误解，到对中国政府的信任，在促使这一转折的关键环节中，浦东开发的决策和行动是很起作用的。

从我现在从事的外宣工作来说，也借助了已有的和新建立的广泛的国际公共关系。在国际公共关系舞台上，和我们打交道的都是“公关老将”，都是左右平衡有致的人物。我们要善于使用国际化的语言，表达我们的声音，维护我们的利益，但是又不伤害对方，争取双赢。这样才能建立有利于我们的国际舆论环境。

在国际交往中特别要恪守信誉。在谈判过程中，宁肯谈得慢一点，也要把我们的主张讲充分、讲明白；而一旦达成协议，就要讲信用，严格按照协议去办。做好外宣工作要求我们“内知国情，外知世界”。

记者：您在浦东开发历史上的阅历，对您担任国务院新闻办主任显然是有益的。有没有这样的情况，当您出席外事外交场合时，人们介绍说“他曾经是浦东新区的主任”，从而把您个人作为一个宣传的“符号”？

赵：是有这样的情况。浦东是上海的浦东，是全国人民的浦东。浦东开发的成功，首先感谢邓小平同志高瞻远瞩，感谢党中央、国务院的领导，感谢中共上海市委的领导支持，感谢上海市民和全国人民的支持！

在浦东与国际社会打交道的经验告诉我们，用我们的思维方式去说英语、日语、法语时，并不能够很好地表达我们的思想。

外宣工作需要的是“文化的翻译”，是我们按照对应国的思维方式、语言习惯和市场经济的方式去表达中国。概括说，就是要用国际语言表达中国立场、中国观点，维护中国的国家利益。

我现在从事对外宣传工作，还要结识和熟悉各国主要媒体的社长、主编、评论员。他们的思想和风格不同于政要和企业家，和他们成为朋友，熟悉他们的工作方式，这样，才能开展我们的工作，传达我们的意见，以适合他们的方式表达中国形象。

我们国内的媒体在“向世界说明中国”方面作出了巨大的贡献，在此，我也要感谢包括《国际金融报》在内的所有国内媒体朋友的支持！

用世界智慧规划陆家嘴

赵：开发浦东，我们不仅面对长江流域，还必须面对太平洋，吸纳世界的智慧、经验和财力。早期的一个例子：为了把陆家嘴地区建成世界一流的金融贸易区，我们利用了世界智慧对它进行整体规划。有四位外国著名设计专家参加了规划工作，最后由中国专家统筹诸方面意见，提出整体规划方案，然后呈报上海市人大常委会审定。浦东的土地批租遂由“被动批租”变为“主动批租”。

投资者需要土地，必须严格按照规划进行选择，而不能随意变动规划。在严格控制整体规划和个体主要参量，保持政府主动性、避免被动性的同时，我们对投资者的每一单体设计不随意干预。

孙中山先生的理想今天实现了

赵：上海浦西的开发和建设，至今已有150余年的历史了。当浦西已经发展成为繁荣的著名大都市，享有“十里洋场”“东方巴黎”之称时，与之一江之隔的浦东却依旧是一派荒凉景象。

当然，浦东开发前，并无“浦西”这一称呼，那时说“上海”主要是指现在的浦西。虽然至20世纪30年代其局部景象颇似国际名城，但其功能却与伦敦、巴黎、纽约相距甚远。

在世界上，建立在河流两岸的国际大都市不少，如纽约、伦敦、巴黎、布达佩斯，皆有一河穿流，但都是两岸兴旺。像上海浦江两岸经济文化发展的差别如此巨大，可以说是罕见的。

面对这种强烈的反差，中国近百年来都曾有人筹划开发浦东。从孙中山先生到著名民主人士黄炎培先生，再到国民党政府，都曾经有过开发浦东的打算，但都没有实现。

有些事情，看起来是坏事，但细一想，实际上是一件好事。假设（其实是不可能的）浦东与浦西同时开发了，在腐败的国民党政府领导下，它就会像浦西一些地区一样，建设得杂乱无章。那么，现在面临的任务，首先就不是开发，而是旧城改造。旧城改造，比建一座新城要困难得多，有的问题子孙几代都改不过来。

日本前首相田中角荣在《日本列岛改造论》中说：改造旧的东京，比在平地上建设一个新的东京要多花 9 倍的价钱。他所估的数字未必准确，但这个观点是很有道理的。要拆多少旧房？道路怎么打通？大规模的公园怎么安排？

由此看来，我们倒是应该感谢我们的前人，在上海的宝贵地域给我们留下了一张白纸，好画最新最美的图画。

站在地球仪旁思考浦东开发

赵：邓小平同志曾经说，浦东开发可以起点更高。“起点更高”就是要面向全球，应该时刻明确这样一个目标：要使外国人到了浦东，能够感觉到国际市场的气息。所以我们“要站在地球仪旁来思考浦东的开发”。

记得基辛格博士当年到浦东访问时，面对陆家嘴开发模型中风格各异的摩天大楼，激动不已。当他了解到这一地区规划的三幢超高层楼宇中，两幢已分别由中国和日本投资时，曾风趣而又不失深刻地说：“第三幢高楼最好由美国人投资，以体现世界格局，如果另一个亚洲国家投资这一幢高楼，体现的就是亚洲的格局了。”

今天看来，上海已经初步具备了与世界其他国际大都市对话的地位。如今，我国已经加入 WTO，国际间的经济对话日益增多、日显重要，上海的经济中心作用也日益突出。如果没有当年浦东开发的战略决策，我们今天面临的形势，肯定要严峻、困难得多。但和世界几个经济大城市相比，上海还有许多路要走。

7 亿修个大花园？

赵：当时，东南亚一位很有名的企业家劝我，陆家嘴中心区的地价这么高，沿江边和在中心位置搞绿地太可惜了，不能这样做。

我认为，从城市的功能考虑，应该舍得这样做。城市需要呼吸，需要“肺”，需要绿色。再说，这里全盖大楼，一下班，到处是人，到处是车，交通非阻塞不可。外省一份大报刊出一篇大文章说：“上海人气魄大，7 亿修个大花园。”潜台词似有浦东太奢侈之意。其实 7 亿元包括了 10 公顷土地上的 3500 户旧住房的动拆迁成本。从城市功能来考虑，这个大花园的价值就远远不止 7 亿元，当有了这个绿地的规划时，周围的地价已开始大幅度上涨了。

这就是上海第一块城市绿地的形成历史。以后，同样的绿地相继开辟建成，绿地之下还将修建起停车场。虽然花了更多的钱，但也带来了更大的经济效益，取得了更佳的社会效果。

六、文化交流是相互理解的基础

WENHUA JIAOLIU SHI XIANGHU LIJIE DE JICHU

《南京暴行——被遗忘的大屠杀》作者张纯如塑像（参见《镌刻历史　捍卫和平》一文）

与美国宗教领袖路易·帕罗会谈后合影
（参见《一个有神论者和一个无神论者的对话》一文）

时代呼唤翻译事业更加兴旺发达

（1998 年 11 月 2 日在中国翻译工作者协会第四届全国理事会会议开幕式上的讲话摘要）

我本人不是一个翻译工作者，但有很多翻译工作者是我的朋友。近十年来，可以说我每天都需要翻译工作者直接给我的工作以支持。所以，我今天是从一个翻译工作者帮助对象的角度，来谈谈对翻译事业的一点儿期望。

改革开放在呼唤翻译事业

对于翻译事业，我的感想是：改革开放在呼唤翻译事业，时代在呼唤翻译事业更加兴旺发达。翻译工作多么重要？大家是终生从事这个事业的，比我理解得更清楚。我仅仅是从政府工作或党的工作的角度来谈点感想，或者说，是和大家的角度稍微错开一点，来谈谈一个外行的话。

改革开放给我们整个民族、国家带来了新的机遇，20 年来国家经济的发展，政治形势的发展，都已经证明了邓小平同志建设有中国特色社会主义理论的正确性。改革开放最直接的第一步，就是要和全世界打交道。今天中国已经是世界经济舞台上的一个重要角色。中国不可能再回到闭关自守的状态。如果在 20 年前发生亚洲金融危机，对中国的影响可能有限，因为我们对外贸易量还太少。

我记得在1984年，一次我兴趣所至，翻了一下当天的全国各省的省报。我发现，居然有若干份报纸，整整四版没有一篇国际新闻，没有一篇国际评论。就是说，这个省的干部和广大读者，当某一天没有读到国际新闻和国际评论的时候，他们并不奇怪，而是习以为常。这说明这个省和国际交往太少，国际上发生什么变化，对他没有影响。今天则不然，我们报纸的国际报道一天比一天丰富了，评论也越来越深刻。日本内阁更换，我们的银行家企业家都关心。这将引起日元升值或是降值，这与他们手中的外汇储备应怎样调整有关。克林顿访华，全国人民为什么都这么关心？因为中美关系是我们外交格局中最重要的一环。中美关系的发展影响我国的建设环境，影响我国的国际交往全局。所以说，改革开放已使我国成为世界经济中的一个重要角色。中国的GDP总额，现在大概是9000亿美元。我在上海工作期间，负责上海市外事工作，同时还负责浦东开发，这两件事由一个人来负责，对外开放是改革的需要。

在浦东开发中，翻译工作者打了头阵

在浦东开发进程中，哪些人打了头阵呢？是翻译工作者。我曾经写过一篇文章，叫《外事为刃，经济为体》。我们开辟外国市场，是懂经济的做先锋呢，还是懂外语的人做先锋呢？当然最好既懂经济又懂外语。可惜我们原来的教育方法，使大概40岁以上的开发区干部或者外语好，或者经济好，二者兼备的较少。我说外事为刃，因为首先要和外国人打交道，与外国人建立好的关系，正确地说明中国，正确地说明中国经济开发，要能理解外国人的文化和经济背景，语言也要正确和流畅。我最初说“外事为刃”一些人还不甚理解，后来浦东宣传部长把它发挥为“外宣为刃，经济为体”，大家说这样倒好理解了。一些进展的数字可以说明“外事为刃（外宣为刃），经济为体”的正确性。到去年年底，浦东吸引海内外的投资大约为 200 亿美元。200 亿美元是什么概念呢？一个南浦大桥是 1.2 亿美元，一个浦东在建的世界最高的摩天大楼是 7.5 亿美元，是这样一个概念的 200 亿美元。世界第三高的金茂大厦（5.5 亿美元）在浦东建成了，将要与美国的世界最大的机场媲美的浦东机场，第一期工程将花费 12 亿美元，明年（1999 年）10 月完工。基辛格博士对我说，你们有这样好的国际公共关系，这是最宝贵的财富。而这样好的国际公共关系是依靠“外事为刃（外宣为刃），经济为体”做出来的。外事工作者先开路，先介绍中国的投资环境，取得国外投资者的理解，同时也展现出在上海有一个好的外语环境。

对翻译事业提出了更高的要求：“信、达、雅、快”

“投资环境”是一个改革开放后才时髦起来的词汇。土地价格贵不贵，交通发达不发达，市场是否活跃，通信条件，电力供应，水的供应，环境的污染程度，这都叫投资环境。但是在前期的开发当中，忽略了一个语言环境。如果没有众多的能够掌握外语的人正确地表达自己，就没有办法与投资者方便地、准确地交流。曾有欧美投资者说，中国的语言环境不如印度，甚至不如波罗的海三国。所以，语言环境也是重要的投资环境。这一点，凡是开发地区比较先进的领导人都有最深刻的认识。近代史上很多国际谈判、很多国际协定，像《凡尔赛和约》《雅尔塔协定》等，中国都受到歧视。那时中国没有在国际舞台中心登场，也没有起一个大国的作用。

今天改革开放使中国的经济地位、政治地位空前提高，这种空前的提高对于我们翻译事业水准的要求也是空前的。这在以往可能没有这样的紧迫感。书面翻译不仅要求“信、达、雅”，还要求快，“信、达、雅、快”，“快”决定着效率，以前没有互联网，不存在互联网的挑战。奥地利总统克莱斯蒂尔访问上海的时候，我陪他看了犹太人的故居。他对南京大屠杀不太知道。他说，欧洲的图书馆找不到关于南京大屠杀英文或德文的书，也没有这样的电影在欧洲放映。无独有偶，美国一个石油公司的总裁也跟我说过同样的话。对此我们应作何感想？我们的民族应作何感想？前年，美国的一位华裔女作家，写了一本《南京暴行——被遗忘的大屠杀》，用英文写的，在美国成为畅销书，因为她的祖父是南京人，她立志要把这个空白补上。在她调查当中，发现了《拉贝日记》。很多人知道，拉贝是德国西门子在中国南京的总代表，拯救了很多人，并且记了日记。这部《拉贝日记》已有中译本，也有日文本，但日文本有较大删节。但是由中国人从德文直接译成日文也不容易。

翻译事业面临新的机遇，也遇到了新的挑战

现在翻译事业面临着机遇，也受到了新的挑战。变化中的中国，我们遇到的新词也多了起来，如何翻译，就颇费脑筋。也许因为我们的专业知识不够完整，亚洲金融危机发生之后，就有人把“反通货膨胀”(anti-inflation)当成deflation，错了。deflation是通货紧缩。“反通货膨胀”是指通货膨胀的系数随时间有所下降，而非“通货紧缩”。在变化中的中国，

在与外国交往的过程中，业务上的挑战是难免的。这需要翻译工作者的努力，也需要被翻译工作者帮助的作者或说话人共同努力，才能使我们的翻译水平提高。说或写的人原意表达不清楚，造成翻译困难也是常有的。

现在我们是建设社会主义的市场经济。与计划经济时相比，我们翻译协会的活动就应有所不同，翻译的重要性和翻译协会的重要性是相连的。协会应如何积极为社会服务、促进专业水平的提高，提高效益的同时，还要能提高大家的收益。在市场经济下，我们的翻译工作有没有一点新的做法、新的机制？在外国，很多翻译工作者都是自由职业者，收入颇丰，地位也高。问题是我们翻译工作者都是有学问者，不会为五斗米折腰，也许一些人不屑于做翻译公司这类事。在市场经济条件下，翻译工作机制不改革就不能更好地为社会服务。时代需要我们队伍大，业务精，还需要我们机制有新的创造。如果你们觉得我的话有一点道理的话，我看可以在一些经济比较发达的地区先行试验。“货卖识家”，也许经济发达地区需求者更多一些。从我们工作的角度来说，要支持翻译事业，帮助它更快地兴旺。草婴[1]同志说，很重要的是培养年轻人的问题。大翻译家年纪大了，新的翻译家在哪里？特别是由中译外的新翻译家在哪里？现在又有了新的诱惑力，我认识的几位好翻译到外资企业去了。文化领域的翻译是一项很好的工作，在艰苦工作当中也有一种安慰，一种享受。你率大多数中国人之先，理解了外国人的文化，又把它介绍给其他中国人，这个工作是很有意义的，也是很有格调的，是对推动中国进步有责任和贡献的。

顺便说一下，中国城市一些马路上的英语词，错误太多，令人瞠目结

1　草婴，著名翻译家，译作有《战争与和平》《安娜·卡列尼娜》等大量俄国文学名著。1987 年获“高尔基文学奖”。

舌。错误的英语标牌不如不写。不好的英语对投资环境会有破坏作用，看来翻译工作者到处都有为人民服务的机会!

再次祝贺这个会议！祝中国翻译事业兴旺，不要忘记时代在召唤我们!

一位名副其实的交流大师

林戊荪

1998年11月，中国翻译工作者协会召开五年一届的全国理事会，赵启正同志在开幕式上发表讲话。

我当时坐在主席台上，和在座的来自全国各地的两百多名代表一样，既好奇又充满了期待，因为启正同志是新任命的国务院新闻办主任，而新闻办是翻译协会挂靠单位中国外文局的领导机关，新官上任三把火，毫无疑问他会有所作为，但他理解翻译工作的意义和翻译的苦衷吗？他会支持译协这个组织吗？一系列的问号出现在我的脑海里。

启正同志开门见山，说自己不是翻译，但有许多翻译界的朋友，近十年来，每天都需要翻译对他的工作给以支持。没有领导的架子，没有官腔，没有套话，短短的几句平实的开场白，一下子缩短了他与听众的距离。

紧接着，启正谈了他对翻译事业的期望，提出了一句响亮的口号：时代呼唤翻译事业更加兴旺发达。

他高屋建瓴，从党和国家的国策——改革开放的视角，同时又结合自己开发浦东的亲身经历，谈翻译工作的重要性。他指出，中国要发展，要建设，就要和外国打交道，而交往是相互的，必须了解世界，跟踪各国政治经济的变化，才能洞察世界的潮流。过去，任何人想做好外事工作，少不了要在这方面下功夫，而今天，要做好经济工作，如果不懂外语，只能依靠翻译了。启正又现身说法，指出当初开发浦东，打头阵的，就是翻译工作者。他提出过一个观点，叫作“外事为刃，经济为体”。就是说，开发浦东，仅仅设置好投资的硬环境，还不足以吸引外资，还要有良好的软环境，包括语言环境。特别要致力于公共关系，解疑释惑，以诚相待，促进了解，而所有这些都离不开翻译。

启正接着扩大视野，把听众的注意力引到我国的大国地位。他指出，这一重大变化对翻译事业提出了更高的要求。他认为，信息时代的翻译不仅要有质量，而且要有速度，在“信达雅”传统标准之外，还要加上“快”字。我想，这一要求，对不同领域的翻译工作和绝大多数的翻译工作者来说，无疑是适用的。只有个别的翻译品种，如文学等，是例外。这里，启正特别强调加强中译外工作的紧迫性。他提到了用外语向外介绍南京大屠杀真相的必要性，其实，还有许多重大选题，如关于台湾、关于西藏等问题，正等待专家和翻译工作者共同去完成。

信息时代，翻译无所不在，既是人们彼此沟通的纽带，又是一门重要的产业。翻译工作者任重道远。正是基于这一认识，启正提出，翻译工作要有新的机制，翻译协会的活动要有所创新，要积极为社会服务，要采取措施，提高翻译水平，培养青年翻译，也要提高翻译的地位和待遇。

这次讲话给了大家很多启发，对改进翻译协会的工作有促进作用。

启正讲话，我听过多次，给我的印象是：渊博，精辟，平实，亲切。尤其难能可贵的是，他着力了解对象，善于寻求自己与受众的“汇合点”，同时又善于以事实说话，既掌握政策，又能以诚相待，有幽默感，这些条件汇集于一身，使他成为一位名副其实的交流大师，特别是对外的交流大师。

切勿被时代抛弃

（《决胜信息时代》序言）

正如同我们的祖先从树上来到地面，从此踏上不归之途一样，人类社会从农业经济到工业经济到知识经济同样不可逆转。知识经济是近年来非常时髦的一个字眼，其实知识经济的成分在很早以前就存在了，可以说当人类开始了解自然，并利用自然科学知识生产出商品时，知识就已经对经济产生推动作用了。只不过那时以知识为基础的经济在整个经济中的比例实在太小了。人类曾在漫长的时间内只能靠天吃饭，而不能靠知识吃饭，所以我们的祖先就想象了大大小小的神，也就有了各种各样的庙宇。

人类开始认识自己，开始懂得和运用知识的力量，只是最近几百年的事情。如果站在历史长河中，我们人类现在就像一个刚刚懂事的孩子。如果从哥白尼出版《天体运行论》的 1543 年算起，人类开始觉醒的时间只有 450 多年，如果从牛顿出版《自然哲学的数字原理》的 1687 年计算，人类第一次科技革命距今仅 313 年，而爱因斯坦 1905 年发表相对论的第一篇论文距今仅 95 年，第一台计算机 1944 年才问世。人类步入现代科学技术的时间是如此之短，比起人类的过去和未来仅是一瞬间。科技知识真正显示它推动经济的威力是在第二次世界大战之后，特别是 20 世纪 80 年代之后。尽管马克思和恩格斯早就提出科学技术是生产力的要素，但科技成为第一生产力仅仅是最近十几年的事情，“科学技术是第一生产力”就是十几年前小平同志作出的论断。1996年经济合作与发展组织发表的题为《以知识为基础的经济》的报告指出，该组织主要成员国经济成分中以知识为基础的经济已占一半以上。

互联网在这几年的高速发展犹如铺天盖地的大浪，载着海量的信息冲向人类生活的所有领域。在人们欢呼信息时代到来之际，会问信息时代会不会使发达国家发展得更快，而把发展中国家抛得更远，这就要看发展中国家如何面对这个新时代的挑战。回顾以往人们以技术进步为标志所称的时代：蒸汽机时代、电力时代、无线电时代、原子能时代、计算机时代（这都不是严格的划分），中国没有一个时代起步不是落后几十年的；而以互联网为标志的网络时代或信息时代，中国不像以往几个时代那么晚起步，这是因为中国经历了20多年经济健康的成长，中国已是世界舞台的一个重要角色，不但中国政府，而且中国经济界和中国人民都对网络的发展有相当的重视和参与，去年中国上网者是前年的4倍，达到了890万，就是一个证明。多个国际预测机构说，中国上网者人数几年之内就会居世界第二位。

去年有一期《财富》杂志的封面是一辆30年代的破汽车在公路边抛锚的旧照片，路前方的天边有一道绚丽的彩虹，图上标题是《利用互联网，不然就失败！切勿被时代抛弃》。信息时代刚刚开始，这正值中华民族伟大复兴的关键阶段，中国必能与它同步前进，不但发扬创新精神，对信息时代作出应有的贡献，并借此机遇弥补上前几个时代落后的差距。

上周，我会见了美国国际数据集团（IDG）董事长麦格文（Patrick J.

McGovern）先生，这位在信息产业获得巨大成功的人士说，他成功的基本经验是要有最好的人才，各行各业都要吸引好的人才，信息业尤其如此。我确信：中国的信息人才正在集中、正在成长，从美国的硅谷学成的精英们相约归来；近两年中国有志、有才的优秀中学毕业生，志在信息专业的为数甚众，人才之流源源不断，必使中国在信息时代倍生光辉，正如本书的作者所说，决胜在信息时代。

2000 年 3 月 14 日

网络启动新经济[1]

(《裂变：新经济浪潮冲击下的企业战略》[2]序言)

互联网的迅速发展给传统经济带来了巨大变化和无限商机，也为传统经济与现代经济或称新经济架起了一座桥梁。新经济目前尚没有一个统一的定义，就与网络密切相关的新经济而言，其范畴大体上应包括制造网络硬件和软件的产业、经营网络的公司，如ISP、ICP，以及传统产业和网络结合后的新的形态。重要的不是对新经济定义，而是对于这些新经济现象要有及时的观察、认识和分析，从而抓住机遇，推动不同领域的人们去适应新经济。

互联网的发展，使信息的收集、发布、传递和利用的成本大大降低，缩短了人们与信息的距离，使大、中、小企业乃至个人同时享受信息的机会均等，真正成为信息面前人人平等，从而导致原来的信息途径本质性地改变，使人们自觉地采取了最短的信息传播路径，近似于物理学的“最小作用量原理”——就像光永远选择最短的路线。

网络业的巨大冲击，使一些传统企业发生解体，同时也引发不同企业间的重组。这使人们不由得联想起20世纪初叶，人们发现核裂变的情

1　此时网络产业泡沫尚未爆发，纳斯达克股票剧跌是在此之后。

2　此书原名为*Blown To Bits: How the New Economics of Information Transforms Strategy*。李泽锴先生赠此书给赵启正主任后，由上海远东出版社和五洲传播出版社联合出版中文版，并请李泽锴先生写了跋。

形：人们最初用中子打入一个铀核，以期产生一个超铀元素，但是对不同的铀同位素，却会出现不同的结果，有时会产生新的超铀元素，而更多的时候则打碎了铀原子，产生新的碎片（新的元素）。起初人们对这种物理现象的认识难以深刻，幸而爱因斯坦已经提出了“能量—质量关系式”（$E = mc^2$），运用他的理论，不仅使裂变现象得到充分的说明，也指导着核裂变以及核聚变的研究不断走向深入。因信息高度发达而引起的新经济现象呼唤着新经济学。“新经济学”这门学问究竟有多么深厚，尚待人们在认识过程中积累，就像对核裂变与核聚变现象的解释一样，得有“网络与新经济”的“能量—质量关系式”的问世才能完成。当然，我们不能期望经济学像物理学那样有精确的公式，但是，的确需要有新的理论应运而生。传统企业的解体并非坏事，解体带来了经济结构的重组。

如果你兴趣所至，又有精力，一天收集 100 篇有关网络经济的评论不足为奇，但这会令你眼花缭乱，不知所从，也许会不自觉地被淹没在如海的信息中。也有人并没有花时间去深刻认识信息和网络的真正意义，就忙着开始“网络行动”，不仅把许多问题与网络挂钩，还急于由网友变为网络投资者，似乎“触网必发”，以为罩上了网络的光环，就会财源滚滚。殊不知网络的真正意义正在于与传统产业的有机结合。皮之不存，毛将焉附？虽然不能把网络业完全视为“毛”，但是，没有传统产业，网络创造新经济的意义也将不复存在。

透过网络经济现象，洞察其内在的本质和规律是至关重要的。菲利普·艾文斯写的这本书是一本有深刻见解的书。他在书中不仅解释了“信息经济与实物经济”“信息的质量和传播的广度”等许多新的概念，还剖析了传统产业与网络经济的碰撞与结合，勾勒了未来新经济的发展前景……我想，这些论述对企业领导者、关心并参与网络发展以及那些深刻观察股市的人都是有用的。

作者有一句意味深长的话："在互联网时代，一切都是短跑。"在中国即将进入WTO之际，我们要思考：在WTO的漫长跑道上，中国人如何处理好短跑与长跑的关系，不仅跑得快，而且有耐力。

2000年5月16日

中国媒体迎接网络时代[1]

欢迎互联网时代的到来

今年6月的最后一个星期，我再次访问美国硅谷，又听到一个新的说法，在硅谷按“狗年”计时（dog year，人的寿命若以百年计，狗的寿命以十年计），意为当今信息技术的进步幅度之大，速度之快，每十年的进展，远远超过以往的百年。21世纪的发明会比过去10个世纪的发明还多，从这个意义上说，与过去的任何世纪相比，21世纪将是一个漫长的时间概念。虽然历史并非按世纪的界线来划分，但是，当进入本世纪的分界线之时，人类文明恰以互联网为代表的信息技术的飞速发展作为这一时代的特征，我们为世界文明的高速进步而振奋。

一种新的电子媒介从推出到形成全球5000万个用户的时间，广播用了38年，无线电视用了13年，有线电视用了10年，互联网仅用了4年。而在中国，1999年底的上网人数是1998年底的4倍。2000年底，上网人数将超过2000万。许多机构预计，到2004年，中国上网人数将居世界第二位。中国政府和中国人民以极大的热情欢迎互联网时代的到来，并思索着如何以此推动中国社会的发展。

1　本文收入龙安志（Laurence Brahm）所著《中国的世纪》（英文、德文、中文简体字版和繁体字版）一书，小标题为编者后加。

回顾以往人们以技术进步为标志所称的时代，中国均落后于“时代”几十年。但是，如果以开始使用公众的商业互联网的时间为标志，中国进入网络时代或称信息时代的起步却与发达国家相差不多，中国的新闻网站与国外媒体的新闻网站几乎是同时起步，但是，上网的单位不论是新闻数量和质量均与国外存在较大的差距，70% 的媒体网站的信息更新速度基本上与原媒体发布周期同步，少数网站甚至落后于原媒体，只有大约 9% 的网站信息更新速度快于原媒体的更新周期。多数媒体网站发布的新闻内容只是传统媒体（报刊、广播、电视）的翻版，只有 10% 的网站对信息进行了重组和充实。

发展互联网要克服的三个困难

仅仅从开始应用互联网来衡量，中国已进入互联网时代。但如何发展互联网，中国存在着几个方面的困难：

1. 网络基础设施落后，国内网络分布密度和频宽不够大，跨洲际的网络频带过窄。

2. 像亚洲的许多国家一样，中国没有掌握有关的核心硬件和软件技术，在技术的发展上尚处于跟随者的地位。

3. 中文信息在网上存量不足。在整个互联网的信息输出、输入的流量中，所占比例很小，远远低于美国等发达国家。

中国要克服这些困难，需加强人才的培养，增加对基础设施的资金投入，在以“狗年”计时的时代，这些都是当务之急的重大工程。

中国计划争取用三年左右的时间，使全国性新闻单位办网率达 100%，各省的重要新闻单位办网率达 90%，驻外使领馆办网率达 80%。

特别是要集中力量建设一批重点网站，包括以英文为主的外文网站，使其信息量大、覆盖面广、服务功能强、知名度高。为国内外访问者寻找我国所有新闻单位的网页，提供搜索引擎，给予导航服务。各新闻网站（页）要充分利用传统媒体和社会各界多年的信息积累，有计划、有组织地合理开发，综合利用。新闻网站的开发新闻信息资源要以即时新闻和背景资料为主，以其他信息服务为辅。为使国内外访问者对发布的新闻更易理解和认识，网站还要发布更广泛的社会、历史和文化资讯。各新闻单位要从各自的专业特长和地区特点出发，扬长避短，加强沟通与配合，逐步形成全国性与地方性新闻网络之间的密切协作体系，实现优势互补，形成网络新闻的广泛效应。

中国新闻媒体面临的新挑战

网络信息技术之所以受到世界各国如此高度重视，是人们认识到了它在人类社会政治、经济及科技文化生活中的重要作用。但是，任何事物都有两面性，网络信息传递的超越时空的优势和交互性，为跨国界、跨地区传播信息提供了便利条件，同时，也带来了不利因素。每一个上网的人既是信息的接受者，同时也是信息的传播者，有人把这种网上信息的自由传播和接收，形象地比喻为网上航行，认为这种网上航行有一种令人欣喜和自由翱翔的感觉，就像一个孩子，走进一个巨大的堆满货架的糖果店，没有大人的约束，突然感到眼前的一切全部免费，任你选取。正是有了这种感觉，也由于网络信息的传递缺乏约束力，网民的道德自律和道德意识不够健全，导致个人隐私泄露，以及黑客的不断入侵。各种不良及有害信息与各媒体的新闻信息混合在一起，鱼目混珠，降低了新闻信息的可信性和安全性,这是当前世界各媒体,也是中国新闻媒体面临的新问题和新挑战。中国的新闻媒体将以增强新闻的真实性、实效性和提高新闻传播的竞争力，来迎接网络传播技术发展的挑战。

随着中国经济市场化程度的持续加深，新闻媒体的产业化性质将得以确认，“内容产业”（content industry）将会大有作为。中国即将加入WTO，中国的互联网业和网络新闻业的发展面临着极大的挑战。中国在开放市场的过程中，将与外国同业存在合作与竞争的双重关系。我确信，国际投资者能分享中国在发展中提供的机遇，也能与中国同行进行很好的合作，共同取得使双方满意的结果。

2000年7月14日

建筑要给未来发展留出空间

（2005 年 4 月 15 日与美国麻省理工学院建筑系主任、北京大学教授张永和[1]的对话）

没有争议的建筑只会是一杯“温吞水”

赵启正（以下简称赵）：我在参加浦东新区建设的时候就意识到要明确建筑商和政府部门的分工。具体地讲就是由建筑商根据政府对道路建设、供水供电、容积率等问题的规划，统筹考虑建筑方案，政府不要多加干涉，只有这样才能保证建筑风格的多样性，而不会趋同。只有符合美学标准的建筑才能称得上是好的建筑，设计家不要猜测和趋附当地政府可能喜欢的形式。这种想法在浦东开发区的建设过程中得到了很好的体现，如今，那里的建筑犹如百花争妍。

现在建筑设计的诸多流派和争议，是建筑学发展的动力，只有有争议的建筑才有可能成为名建筑，否则它终究只会是一杯“温吞水”而已。

张永和（以下简称张）：这就是我们所追求的“百花齐放”的效果，但是，说来容易，做起来却很有难度。这需要城市规划主管部门、建筑师、开发商及所有建设环节的共同协调和努力。

赵：对于建筑学我是完全的外行，因此必须始终抱着谦虚的学习态度。

1 张永和，目前世界上最杰出的华裔建筑师之一，有着深厚的家学渊源，其父张开济先生是中国著名的建筑大师、建国初期北京十大建筑的设计者之一，钓鱼台国宾馆的主要设计者。

我发现每个建筑设计师都会有自己的见解，都具有发挥想象力的空间。

当年在浦东建了许多高楼，这种设计是许多欧洲人所不喜欢的。但是，上海和美国的一些大城市情况类似：土地贵、资源有限，因此不得不向上发展，多建一些高楼。

张：浦东新区就像一张白纸，完全靠你们描绘上色。

赵：我和你相见恨晚了。如果1993年浦东开发刚开始的时候我就和你相识，咱们是完全可以合作一番的。我最有成就感的时光是在浦东度过的，那是一个由虚变实的过程。建筑师的工作也是在把想法化为现实，在这一点上我们的心意是相通的。

美学与美的载体

赵：迄今为止，人类对美学已经有不下一百个定义。我看美学是人的一种感觉，它使人们的情感得到欢愉和升华；它必须满足人们重复欣赏的要求。美学就是对美的研究，美的载体多种多样，在大自然中就是山岳、丛林、河流，而建筑、雕塑、绘画则是人为的美的载体，除此之外，还包括戏剧、舞蹈、电影等行为艺术。

哲学也是一种美，它是对人生的提炼，是人类思想的精华所在，19世纪时在中国曾被称为“智学”。哲学的经典立论也可被理解为“认识论的美学”。但是，这种美不通俗，不是人人都可以理解的。建筑就完全不同了，它是一种普遍的、大众可见的美。“和谐社会”的构想应含有美学因素吧。

在我们的文化中，有些概念是不能直白、具体地表达出来的。比如“香格里拉”，在传说中，秘境香格里拉充满着神秘之感，在西藏、云南都有其因素的分布，激发着人们去想象，去探寻。现在既然已指定了香格里拉的所在地，我们不妨认为“广义的”香格里拉仍然存在，以保留它的美感的神秘空间。就像“沉鱼落雁、闭月羞花”的杨贵妃，如果她今天重返人世，就抹杀了人们想象的空间，想必人们也不会觉得她倾国倾城了。老子所说的“道可道，非常道；名可名，非常名”也是这个道理。

张：的确，中、西文字的差异就在于，中国的语言更富有诗意。

现在，北京面临着如何实现保护和发展之间的平衡的问题。我们的“祈天宾舍”项目就是基于对北京城市发展的现状和未来的思考展开的。2008年的北京奥运会提出了“新北京、新奥运”的口号。我觉得，所谓“新北京”，不是要和“老北京”对比，而应该是一种延续。梁实秋先生曾经指出，在建筑学中，最好的是“中而新”，最糟的是“西而古”。这个论断可谓言简意赅。

目前，来北京的国际重要客人越来越多，我们应该向他们展现的就是一个“中而新”的北京城，让他们感受到不同的城市文化气氛，有传统的，也有当代的，而不一定是百分之百的传统和古风。

祈天宾舍——“民间的钓鱼台”

（席间，张永和教授播放了一段精美的数码动画，向赵主任介绍其正在运作中的一个项目）

张：这是我们在天坛附近设计的祈天宾舍。我们希望能融汇古今，把它做成一个“民间的钓鱼台”。

赵：在北京搞建设要比在上海难得多，因为北京是个古典的城市，发挥空间相对要小。而上海历史短，再加上本身就极富“万国特色”，创作中的随意性就大。

我们所说的“新北京、新奥运”，不是要重复已有的国际大都市的影子，而是要把“新”体现在有中国文化之魂和现代建筑理念的建筑形式和材料的结合上。我看到你的设计中就运用了新的理念、材料和技术，同时用亭台、玻璃墙、小桥和池塘创造出一定的景深效果，令人过目不忘。

何明（张永和的助手）：本项目用地共23公顷，被4条市政主干道环绕，形成了一个棋盘格似的格局。业主是崇文区政府。场地正中有一座逾八百年历史的药王庙，也融入了我们的整体设计。整个项目建成后将包含大小68个院落，容积率约0.7%，房屋最高为两层，地面是中式园林庭院，地下是配备完整的服务和保安系统。另外，这个项目将会采取政府招标的方式运作。

赵：相信这个项目会成为经典建筑。

你们务必坚守自己的设计理念，不要屈服于开发商的意见随意更改，否则最终的成品容易显得不伦不类。好的开发商不会过于追求高的容积率，最贵的地方要找最好的开发商。

张：是这样的。我们在设计的时候会把开发商的利益考虑在内，但最终的目的还是要让北京受益，要给后代留下文化遗产。

生态和节能——建筑要给未来发展留出空间

赵：对于建筑师、开发商和建筑公司来说，现在可以说是“黄金时代”。崇文区政府能舍得这块地，建筑这样高品位的传世之作，可谓眼光非凡。90 年代末，根据世界银行统计，全世界 7% 的吊车集中在上海，而其中的绝大部分集中在浦东。中国的建筑公司的优势在于不歇工，所以技术极为纯熟，工地也整理得越来越干净。维持工地的整洁不仅有助于建设质量，还可以提高工作效率。

另外，能源问题也是扩大初步设计时就得考虑的问题。现在的墙体普遍较薄，热能的散失相当大。

张：是的，建筑设计必须考虑生态，应该满足长远使用的要求，如果反复地拆拆建建就会浪费大量的财力、物力和人力。从能源的角度看，节能房屋虽然初期造价比较高，但可以收到长期的效果。

赵：中国现在正需要像你这样有创意的中西贯通的建筑师。在各地设计项目时，请当地的设计院作为顾问单位也是必要的，这样就可以更好地理解当地的文化，中国太大，各地文化也各有特色。

“似曾相识”是建筑设计的一大忌。一旦给人这种感觉，它的效果就去了一半。著名的悉尼歌剧院曾经备受争议，但至少说明了它的设计中有新东西。还是那句话，能引起美学争论的建筑，有可能成为名建筑。

人们常说，电影是一门遗憾的艺术。其实建筑更是一门遗憾的艺术。电影可以重新拍摄，换一套人马拍出来可能效果更好。但建筑一旦完成，就再也无法追悔了。

张：所以我们在设计的时候就非常欢迎来自各个方面的意见和建议，改图再难，也比改房子容易多了。

赵：和你探讨艺术，心情很是舒畅。我经常告诉我的年轻的同事，职务不能给你带来智慧，不要对建筑师干预过多。官员的干涉多了，城市面貌就会变得贫乏，一个缺少优秀建筑的城市当然更是一个贫乏的城市了。

反之,则会丰富多彩。当然我们在决策时必须对未来的发展空间留有余地。

张：Better late than never（虽迟胜于不为）。感谢您热情的接见，我正在制作新的作品集，会尽快送给您一本。

“千家集字”的盛事

（2005 年 4 月 28 日在书法家捐赠仪式[1]上的讲话）

今天，十分高兴出席书法家为西部特困生奉献爱心的捐赠仪式。书法家们的这一善举就像书法艺术，能创造一种行为、心灵、艺术与时代和谐并进的感染力。

千位书法家是在躬行先进文化，弘扬中华民族扶贫济困的优良传统。从社会、历史和人生的广阔领域来看，书法家们也是在扶植人权事业，推动社会进一步走向和谐、文明和幸福。

“言，心声也；书，心画也。”中国的书法艺术，历来就有表情达意的本能。从古至今的书法字海包含了对社会、人生乃至大千世界的审视和描述。这次捐赠活动，汇集了当代中国最具影响的书法名家的作品，反映了当代中国书法的最高水平，而且还贯穿了尊重人权、关爱人生的鲜明主题。在“国家尊重和保障人权”写入宪法的今天，我们有理由称道书法家们分担起了中国尊重、保障、发展人权的责任，从而扩展了中国书法界的传统精神。

晋朝，数十名书法家“兰亭盛会”成传世美谈；今天，中国千位书法名家齐献墨宝，可谓“千家集字”之盛事，请允许我代受助的西部特困学生真诚地说一声：谢谢！

1　中国人权发展基金会和中国书法家协会发起的 3000 名书法家支持西部学生捐赠活动，正值中国书法家协会在京举行全国工作经验交流会，在此会议上举行了捐赠仪式。

一个有神论者和一个无神论者的对话

(2005年5月20日会见美国宗教领袖路易·帕罗[1]博士时的谈话[2])

帕罗(以下简称帕):赵先生,最近各大媒体都在报道您,您正在主办《财富》全球论坛,您成了报纸新闻的头条人物,所以我在报纸上和电视上多次看到您。我知道您很忙,您能接待我,我感到非常高兴。我打电话对夫人说,我就要见到电视里的这位赵启正先生了,我夫人对我说:为什么不带我去?我也想见见赵先生。

赵启正(以下简称赵):好啊,欢迎她来中国。很可惜,今天没请电视台的朋友来,不然,您夫人就可以看到我们的会面了。

帕:是啊,我很后悔没有带夫人来。今天的会面若是能做成电视节目就更好了。

英文的《圣经》写得很美

赵:我认识两位美国宗教界的朋友:美国基督教三一广播公司总裁保罗·克劳奇(Paul Crouch)先生和美国基督教广播网主席罗伯逊(Marion Gordon"Pat"Robertson)先生。

---

1 路易·帕罗(Luis Palau),美国宗教领袖,路易·帕罗福音联合会主席。

2 作者和帕罗博士此后还有两次较长的对话。全部对话将汇集成书,以中、英等文字正式出版。

帕：他们两位也是我的朋友。克劳奇先生问您好，他还曾赠送您一本《圣经》。

赵：那本《圣经》我还保存着。我是无神论者，但我读过《圣经》。我读科技类的英文书，比较省力。但读《圣经》要借助词典，所以我找到一本英汉对照的。我觉得英文的《圣经》写得很美，因此我把《圣经》当英文标准读本来学英文。

帕：当英文读本的话，那要看您读的是哪一个版本。

赵：请我同事到办公室把我那本《圣经》取来，请您看看。（有人很快取来了那本《圣经》）好，您看，就是这本。

帕：这个版本非常好，可以当英文教材。

赵：那好，那就请您给我签个字吧，表示您认可这本英文是最好的。

帕：好啊。（签字）

赵：谢谢！

您对《圣经》的概括实在是太完美了……所以我不能对您布道

赵：我是从事核物理研究出身。物理学中牛顿定律很简明，《圣经》太繁杂了，《圣经》也应该像牛顿定律那样，可以归纳出几条基本的东西。

帕：您说得对。赵先生，您读过《圣经》，我想请问您对《圣经》中什么印象最深刻呢？

赵：物理学中牛顿定律只有三条，但《圣经》三条不够，我看有四条。一是上帝无时不在，无所不在，是全善的，是全能的；二是人是有原罪的，所以不能和人沟通；三是上帝派耶稣来和人沟通；四是人不要企图主导自己，要靠耶稣和《圣经》来主导自己。

帕：您对《圣经》的概括实在是太完美了，我这个布道者也无法表达得这么完美、这么准确。您说的比我布道时说的还好，我说不了这么简练，我看您都可以布道了，所以我不能对您布道。（众笑）

赵：简明是一种美！牛顿定律就是一种简明的美。牛顿定律、爱因斯坦定律是简单的，但推论却是丰富多彩的。

我看《圣经》，但我不是信徒，因为我不能理解上帝

帕：是的，我最近看了爱因斯坦关于宗教的一个讲话。爱因斯坦说，关于宗教，我是在思考上帝在想什么？上帝是怎样创造世界的？这两个是最根本的问题，其他的都是细枝末节。

赵：我看《圣经》，但我不是信徒，为什么？因为我不能理解上帝。从我的经验看，我很难理解《圣经》上说的：上帝是全善的，超形态的，这是说“上帝是超越我们感观和经验的存在”，所以我不能理解。我只能理解实在的，我不知道上帝说英文、法文还是西班牙文，我也不知道他的形态如何，所以我不能理解上帝这样形而上的概念。

帕：正因如此，才需要耶稣帮助人们沟通。

赵：我跟您谈话要小心了，再沟通就把我沟通到上帝那儿去了。（众笑）事实上，中国翻译出版的宗教作品非常多，有成百上千种，您去中国任何一个大一点儿的书店都可以看到。

帕：的确，我在书店里看到许多宗教书籍，克劳奇的著作也在其中，我在中关村书店就看到了。我知道您曾经在上海负责浦东的开发，取得了很多成就，因此，我知道您。浦东是举世瞩目的成就。

1997 年 5 月 17 日，与法国总统希拉克在一起

1999 年 12 月 4 日，在济南参加第一届“金桥奖”（出版）图书展

2002 年 6 月 7 日，在云南打洛口岸翻阅缅文版《吉祥》杂志

2003 年 8 月 18 日，在圣彼得堡接受俄罗斯媒体采访

2004 年 4 月 15 日，李肇星外长与赵启正的母亲王淑贤教授。他俩经常在《天津日报》上发表诗作，由此而引发这次会面

广西首届新闻发言人培训班 2004.5.31 桂林

2004 年 5 月 31 日，与广西首届新闻发言人培训班学员合影

2004 年 9 月 27 日，会见日本新闻记者团

2004 年 12 月 11 日，会见日本冲绳县知事稻领惠一（左一）等人

国务院新闻办公室新闻发布会现场

2005 年 3 月 16 日，在人民大会堂会见国际传媒大亨鲁珀特 · 默多克

2005 年 5 月 15 日，与时代华纳公司董事长兼首席执行官理查德 · 帕森思合影

2005 年 5 月 16 日，参加《财富》论坛高端人物对话

2005 年 8 月 3 日，在特拉维夫与以色列副总理、以中关系促进会名誉主席西蒙 · 佩雷斯会谈

2005 年 8 月 8 日，在开罗与《金字塔报》主编乌瑟玛 · 萨拉亚（右二）会谈

2005 年 9 月，参加《我最亲爱的洛蒂》新书发布会时与作者格里斯特夫妇合影

2005 年 10 月，与美国宗教领袖路易 · 帕罗在一起

赵：说到浦东，我想起了在浦东建的一个教堂，您知道吗？那座教堂并不算雄伟，但很精致。在浦东建教堂，主要是考虑到在上海浦东居住的外国人越来越多，可以满足他们的需要。不过，也考虑本土的需要，注意到中国的道教，所以还重建了一个道观。

帕：是吗？我下周去上海，一定到浦东去看看那个教堂。

无神论者相信人是自由的

赵：世界上大的宗教都是一神论，但中国的佛教、道教并不排斥其他宗教，比较宽容。其实，中国宗教中佛和神也不一样。我不赞成一些极端主义者把无神论者和其他宗教教徒都视为异教徒来对待，这恐怕就不合适了，因为我们并没做危害它的事情。我很难赞同这种极端的观点。

帕：这是很危险的想法，这样会使人们生活在恐惧之中，太可怕了。上帝对人不能像人控制计算机那样简单，要给人自由，否则，人就成计算机了，不能把人变成机器人。

赵：无神论者相信人是自由的。《圣经》说上帝是万能的，既然上帝是万能的，为什么上帝不能阻止邪恶和海啸，不能阻止自然灾害的发生呢？

帕：您说的这一点很重要。我们不能因为人的邪恶去责怪上帝给我们自由的愿望，上帝和我们是朋友，邪恶来源于人的内心。关于海啸的问题，我们可以交流看法，可以再想想。我认为，灾害是上帝引起处于冷漠中的人们注意的方式，是为唤醒人的良知，上帝的目的是永恒的，而现世是有限的。

赵：哦！不过这代价太大了。我找到了奥古斯丁[1]的论文集，他以“神正论”[2]解释了上帝与邪恶同在的道理，但不如您说得好，您应该写您的“神正论”。我这里有奥古斯丁著作的中译本，里面有奥古斯丁的画像，如果您喜欢，可以带走。

帕：那也请您给我签名吧！

谢谢！（拿出一本书）这是我最新出的一本书。

赵：哦，*High Definition Life*（《高精致度的生活》）。definition，物理学上更常用 resolution。

帕：是追求更好的生活，就是怎么样让人生活得完美。

赵：好，不过，数字化生活是不是让人感到太累了？

帕：确实如此，数字化生活有时让人昏昏欲睡。

赵：太多的数字和密码有时记不住，但带来的方便更多。

沟通，首先是文化的沟通

帕：是的，数字化生活总是需要有人来帮助你。那么，有没有什么我能够在西方，尤其是在拉美国家为中国的形象能做的事情？

赵：有太多可以做的事情。使用中文的人数虽然是世界第一，但使用的国家太少。所以，我们的书籍、报纸、电影在拉美、在美国难以传播，并不单纯是语言翻译问题，更有文化差异问题。同一个内容的东西，

---

1 奥古斯丁（Aurelius Augustinus，公元 354—430），基督教著名神学家，他建立了影响力巨大的“奥古斯丁经典神正论”。

2 神正论，希腊文为 theodicy，由“神”和“正义”两词组合而成。早期奥古斯丁的经典神正论指出：恶是善的缺乏，是上帝出于善的目的改造恶。著名神正论者还有柏拉图、亚里士多德等。

要用美国人、拉美人能理解的方式去重写，这对我们来说是比较困难的。

您能够帮助我们做的事情，首先是文化的沟通，在文化沟通的基础上，政治和经济等其他方面就容易沟通了。中国有很多文化遗产，包括自然的和人类的，非常丰富，不可能指望美国人和拉美人都来中国旅游。我们有很多录像片，并且做成了 DVD，如果交给您，您把它变成当地能欣赏的方式，那就是对我们极大的帮助。当然，您也可以实地拍摄中国各种场面。

中国最早的文字出现在五千年前。三千年前，中国的文字就非常充分地发展了，而历朝都有历史官这种官职，所以，中国的历史记载比较清楚。挖掘出来的古墓和地下的古迹与文献记载往往能对照上，但也由于战争或自然灾害，有些文史资料遗失了，所以挖掘出来的一些古迹有的也不能得到完全的解释。像和玛雅文化类似的，中国的三星堆文化，由于没有文字记载和旁证，至今人们不能做出解释。像这样神奇的故事，也是人类共同的财富。我们都拍成了录像，但没有办法介绍到您的故乡拉美和您现在的美国。如果您有兴趣，我可以送您一套。

帕：有英文版吗？或者西班牙文？

赵：虽然是中文的，也可以大体理解。因为有很多景象很美丽。您先感受一下景象，比您旅游看到的东西可能还多。

帕：您刚才提到了历史。最近，我读了一本书，书中提到了在公元 92 年的时候，中国就已经有基督徒出现了。这是我去年读的。因为在中国挖掘了一个古墓，发现这个古墓中教徒的安葬是按基督徒的方式安葬的，而这个年代离现在很久了，说明当时一定是有基督徒或者基督教传到中国来了。

现在，无论是在美国、欧洲，还是在拉美，人们对中国的兴趣都非常高涨，那么，您刚才提到的拍摄的这些关于中国的DVD，如果能把它翻译成好的英文片子，相信一定能引起西方国家观众的兴趣。

赵：我们能翻译成较正规的英文，文笔却不一定很优美。

帕：确实，如果把它翻译成外方能接受的英文，就更好。

赵：也许可用字幕解说。

帕：因为我下周要见美国基督教广播网主席罗伯逊，然后，七月还要见保罗·克劳奇先生，我想和他们进行一个交流，看看怎么样把您刚才说的事借助他们的相关设施，把它在西方国家加以传播。

赵：非常好。

如果全人类的人权都十分完美了，上帝就没有任务了

赵：还有另外一个事情，和政治有点靠近了，也许您没有兴趣。

帕：OK。

赵：实际上，美国和欧洲，特别是美国，在中国的政治制度、中国的宗教和新闻等方面，对中国的误解和攻击很多。最后把这些都放在一个篮子里就是人权问题。我想，人权问题，世界各国都不完美，美国和中国也不例外。如果人类的人权都十分完美了，上帝就没有任务了，人类自己就不必努力了。

帕：这点很有意思。其中有一点我倒要提出来，就是我们不应该把美国的媒体和美国的大众等同起来。那么，您有没有看到美国最近一期《新闻周刊》的一则报道？报道说，美国大兵亵渎《古兰经》，把《古兰经》

放到抽水马桶里冲掉。而这是一个捏造的故事。因为这件事，他们现在不得不道歉，承认错误。美国的大众对媒体的态度也是客观的批评的态度。有时，报界带来的是混乱。

有人设计政治“流行色”

赵：因为混乱有利于某些媒体，他们可以多卖报纸，从中获利。

帕：但这样也给政府带来很多麻烦。

赵：政府和宗教界的领导人不应该受报纸的指挥，因为报纸是总编辑们在小屋子里设计的，他们每天都要设计新的事件，每年的服装流行色，都是有人设计出来的。同样，也有人设计政治“流行色”。不幸的是，有很多政治家屈从于媒体，阿谀媒体，阿谀错误的舆论，有的政治家还利用媒体，这都不符合上帝的意愿。

帕：我完全同意。因为上帝相信真相，而不是谎言。为了扭转目前这种局面，我想和克劳奇以及罗伯逊先生碰碰头，怎样把中国基督教以及正在发展和变化的情况，正确地而不是通过媒体以这种扭曲的方式传达给西方的观众。

赵：这是非常好的主意。不仅我听了很支持，您将要见的叶小文先生[1]也一定很支持。

帕：OK。

宗教不是上帝设计的

赵：我也发现宗教界的上层人士，或是经过高级神学训练的人，逻辑

1 叶小文，中国国家宗教事务局局长。

性都很强，这可能是宗教本身讲究哲学的原因。

帕：您知道，因为哲学涉及人的精神上的需求，而宗教是关于人的内心，关于人的灵魂。《圣经》把人分为三个部分，人的身体、人的灵魂以及人的精神。因为人的身体是人的物理存在，那么，不信教的人认为身体就是一切，但对于我们信教的人来讲，还有精神，还有灵魂的存在。

很多情况下，人们更多地关心人的身体和灵魂的存在，而忽略了人的精神的存在。所以，整个哲学层面的东西更多地关心精神上的、情感上的和智力上的。正是由于人们精神层面相关的需求，让你去接近和了解上帝。

圣保罗曾经提到过，除非我们把心灵向上帝敞开，否则，在精神上来界定我们，我们是死人。所以，宗教更关心人的终极追求（ultimate concern），哲学关注精神层面的追求。

赵：Ultimate concern以往常常译成“终极关怀”，近来译成“终极关切”[1]就比较准确了。

我解释一下无神论者关于灵魂和精神的观点，供您比较。

帕：好啊。

赵：无神论者并不认为我们没有灵魂和精神，灵魂和精神和您解释的有相同的地方，但是也有不同的地方。从哲学上说，要分清两个概念，一个是religion（宗教），一个是religiosity（宗教性）。宗教有很具体的教义、教规、仪式、教堂、信仰者身份和神职人员等。而“宗教性”在许多中国人看来，与之相近而又不同，如一个人信奉儒学，但他不是

1　终极关切又称为终极关怀，是人们对事物的最初起因、最终结果或事物的本质的探求。如宇宙、人类和生命最初由何而来，最后如何终结。一些神学家认为终极关切与宗教信仰有关。

某个宗教信徒，他不是没有信仰。中国人认为，如果人只有物理的、身体的存在，而没有灵魂和精神的话，无异于一头牛、一只羊、一条鱼。

我们认为，人要有伦理意识，孔子说过“己所不欲，勿施于人”，孟子说过“老吾老以及人之老，幼吾幼以及人之幼”。这几句中文很漂亮的，但翻译起来就啰唆了。

帕：耶稣也说了一句和您刚才说的一样的话：爱你的邻居像爱你自己一样。在这方面，双方的教育非常一致。

刚才您提到了宗教和宗教性的区别，我常说基督教不是宗教，因为宗教是人们努力找到上帝，找到终极目的。那么，当我们谈到基督教的时候，实际上是谈基督和世人建立某种关系，而不是建立某种宗教。

赵：我还要对您的话作一个呼应。宗教不是上帝设计的，是人们设计的，以此来接近心中的上帝。

帕：没错。

中国的哲学和欧洲的哲学有互补性

赵：人们说，中国的孔孟之道，也有人称为儒教或孔教，但实际上它是哲理和精神，而不是一种宗教。它和宗教比起来，没有创世学说，没有宗教礼规。虽然有纪念孔夫子的活动，但它不是宗教性质。或者说他的语录也可以和教条相比，但他主要是讲和人们相处的哲学。和欧洲的哲学不同，它是入世的。欧洲的哲学有一部分是思考事物规律的，而孔夫子是思考人群规律的。

帕：是啊！

赵：所以中国的哲学更接近灵魂和精神，更有灵活性，它和欧洲的哲学有互补性。

帕：我来亚洲之前，也研读了一些关于儒教的教义，同时也拿它和基督教作比较。正像您刚才提到的，在儒教里没有关于基督教里的创世说。尤其是儒教的精华里涉及人生处世的态度、道德以及怎么样处理人际关系。我想，这是它的精髓所在，也是人们常加以引用的地方。

实际上，西方、欧洲关于终极的追求仅仅是在近代，也就是这250多年物质文明的发展。那么，耶稣给我们带来的是关于人的终极的生活，就是作为物质的人死了之后，人的灵魂和精神仍然还存在，这是他给我们带来的关于人的终极目标和教育。

赵：这当然是给每个活着的人最大的安慰，因此对死亡就不那么恐惧了。

帕：同时，人们也对人生的短暂，人只能活七八十年的失望感小多了。所以，像奥古斯丁、保罗·克劳奇和我都在不断地告诉世人：除了现世之外，我们还有一个更终极的世界，而不仅仅是我们所活的短短的七八十年，而且有一个光辉的未来，我们要为此作好准备。

赵：这样也许就乐观一些。

帕：确实如此。

我们的最终目标是和谐的地球，和谐的人类

赵：关于精神方面，我只引用中国孟子的话。他说："生亦我所欲也，义亦我所欲也；二者不可得兼，舍生而取义者也。"（《孟子·告子上》）舍生取义，有时候表现为爱国主义，有时表现为为了拯救别人而舍弃自

己的生命，这都是符合他的意思的。

奥地利总统托马斯·克莱斯蒂尔不久前去世了。他访问中国时曾跟我讲过一个故事：在奥斯维辛集中营，由于食品不够，德国军官对难民说，一、二，一、二、一、二，凡是“一”站出来，枪毙。有个“一”的人说：我有七个孩子，我希望不被枪毙。一个传教士说：我没有孩子，我替你吧。这和孟子的想法是一样的，但这位传教士没有读过孟子，可见人类崇高精神中的共同性是普遍存在的。

帕：您提到人类的共同性，因为您读过《圣经》了，所以我不用多说了。我们都是来自同一个父母，那就是亚当、夏娃。在我们的基因记忆里，都有共同的东西。比如说，在《圣经》里提到，耶稣为了我们的原罪，为了人而死，这和您提到的有很多相通的地方。刚才这个故事很触及我们的心灵，跟《圣经》的故事一样。本来应该我们去死，耶稣却代我们死了，想到这些，很多时候我们就不禁要流泪。在《约翰福音》里提到，你应该为他人的生命献出自己的生命。他还更进一步提到，你要为你的敌人祈祷，要爱你的敌人。耶稣为了我们而死，上帝就是爱。

赵：因此，信不同宗教的人，有神论者和无神论者不要相互敌视，要友爱，这样，地球村就比较和谐。我们的最终目标是和谐的社会，和谐的地球，和谐的人类。

帕：我最近一直在使用这个词，因为我看到中国的报章中最近使用得非常多，就是“和谐社会”。

赵：您太了解中国了。本来中国的传统是和谐的，但是从19世纪中叶以后很长的一段时间内，中国不和谐了。因为中国太弱了，一些外国太强了。它们对中国的战争约100年内都没有停过。

刚才您说到您愿意为中国做些什么，现在我送您一套由五洲传播公司出版的 DVD。其中，有河姆渡、三星堆、秦始皇兵马俑等中国历史遗产。如果您不嫌重的话，我送每人一套英文版《中国的宗教》。书很重，上帝让您受累，但不是惩罚您，是给您光荣。

帕：啊，我愿意，我肯定会好好地阅读的，谢谢。

一个有神论者和一个无神论者的对话

帕：我有一个建议，我们能不能把今天谈话的内容整理出来，然后出一本书，把它发表出来？

赵：完全没有问题。我们整理中文没有问题，但是变成英文我不知道有没有问题。我们整理出来要交换地看一下。联合出版和在美国出版都行。

帕：我相信，这会使人非常振奋。

赵：好极了。我们还要加一些注解。您注上《圣经》第几页，我注上《论语》《孟子》第几页。

帕：好极了。这是一个美国人和中国人的交流，而且是一个深刻的交流。

赵：题目就叫作“一个有神论者和一个无神论者的对话”。

帕：是面对面的交流。我喜欢这个标题。

在中国，宗教信仰自由

帕：我还有一个问题。我们在海外，在美国，在阿根廷，听说中国虔诚的基督徒有 1.2 亿～ 1.6 亿，不知这个数字是否准确？

赵：在中国，基督教徒有1600万。还有的可能有信仰，但没有参加宗教活动，这就没办法统计；又如佛教徒，中国信仰佛教的很多，但佛教没有洗礼的程序，所以没办法精确统计。大体上可以说，中国各种宗教信徒的总和大概有1亿多。我送您的书中有这些数字。

帕：我在这里需要得到您的授权，因为我到过全世界100多个国家演讲，我能不能告诉我的信众，中国的真实的基督教信仰以及其他信仰、其他宗教的真实情况？

赵：当然，完全没有问题。

帕：因为我觉得有必要让世界了解，在中国存在宗教信仰的自由。刚才您提到的基督教信徒以千万计，以及其他的宗教信徒数以亿计，有必要让世界了解到这些。

赵：这本书上写的和我说的，您都可以引用。

帕：不知道今年10月初您有没有计划去美国，因为我们最近计划在华盛顿特区搞一个极大的宗教活动，地点就设在华盛顿参议院大楼和林肯纪念碑之间，我估计至少有25万人参加。如果我们能有幸请您参加，我们会非常高兴。

赵：现在还没有具体计划。也许有一个比我还合适的人选，就是叶小文先生。他比我年轻，有学问，我鼓励他去。

帕：我肯定会很高兴地邀请叶小文先生参加，但是我更愿意您也能参加。这个集会的主要目的是整合社会力量，更多地关注年轻人。

赵：谢谢，您的想法很好。

帕：和我来的这两位都是美国的商人，但也是我们联合会的董事。您如果来，我会请保罗·克劳奇一块儿，把集会做得更好一些。

赵：这个集会上有音乐会吗？那是我最喜欢的。

帕：非常好。但不是古典音乐，是年轻人喜欢的现代音乐。

赵：音乐里面有没有宗教因素？

帕：确实，尽管是针对年轻人，但里面有基督教的成分，不过音响可能会很大。

赵：你们几位中有没有犹太人？

帕：没有。但是我有四个儿子，我的三儿子娶了犹太姑娘，现在她也信基督教。如果有一天，我们能在中国搞这样的活动，我相信我们的音乐会更加古典一些。

今天的对话太精彩了

赵：宗教的语言很难翻译，我今天请了最好的翻译。

帕：我太高兴了，今天的对话太棒了，太精彩了。在我很小的时候，我母亲就给我读很多中国的故事。我还是个很小的小男孩的时候，我们就在为中国而祈祷。我当时告诉我母亲说，我要到中国去的话，第一站要去上海。因为我当时读到一个故事，是说英国有个传教士叫泰勒，他非常喜欢中国，他在19世纪的时候到中国建学校、建医院，他当时就是从上海进入中国的。有一次我在香港，当时有人邀请我到中国大陆来，但是是通过广州来，我说我不来，我得从上海进入中国。后来，过了很多年，我终于实现了自己的夙愿。2000年，我终于从上海进入中国，这对我来说，就是美梦成真了。

赵：You are right. Shanghai, the key to modern China.[1]

帕：您又顺便赞扬了上海！咱们能保持联系吗？

赵：当然。

帕：感谢您在百忙之中接待我，因为我知道您有多么繁忙。希望能在华盛顿见到您。

赵：我也希望。再见。

1 这是美国马里兰大学教授罗兹·墨菲在 1953 年出版的一本书的书名：《上海，打开当代中国的钥匙》。

世界布道家说：我不能对您布道

中国国家宗教事务局局长　叶小文

路易·帕罗是美国著名的基督教领袖。在这位曾在70多个国家和地区举办过大型布道会的世界布道家面前，赵启正坦率而幽默地说："我不是信徒，为什么？因为我不能理解上帝。""我不知道上帝说英文、法文还是西班牙文，我也不知道他的形态如何。"

帕罗的回应是："我不能对您布道。"

帕罗如是说，是因为，他是带着崇敬的心情，来会见赵启正这位很受许多外国人欢迎、很使诸多记者折服的"大人物"的。帕罗一见面就说："赵先生，最近各大媒体都在报道您，您正在主办《财富》全球论坛，您成了报纸新闻的头条人物，所以我在报纸上和电视上多次看到您。"这是由衷之言，不是溢美之词。这是赵启正"果然功夫了得"使然。既然两位都不是等闲人物，都有功夫和水平，都愿意互相尊重，都是求同存异的"君子"(孔夫子说"君子和而不同，小人同而不和")，"谈笑皆鸿儒，往来无白丁"，这个"有神论者"和这个"无神论者"的对话，应该有场好戏看了。

帕罗如是说，是因为，不信宗教的赵启正却真懂宗教。启正关于宗教的一系列深奥问题的论述，对帕罗的观点作了行云流水般的回应。他博闻多识，在谈玄论道、话语机锋之间随处可见智慧的闪光。双方的话题从《圣经》《古兰经》到《论语》《孟子》，从耶稣、奥古斯丁到孔夫子，从中西文明和宗教的特征区别、比较，到中国今天的宗教信仰自由状况和构建和谐社会，从中国历史和传统文化到今天人类的数字化生存，可谓纵论古今，洋洋洒洒，让读者似乎在享受着一场丰富的文化大餐。赵启正关于"宗教"与"宗教性"的探讨、对"终极关怀"的关注、对奥古斯丁"神正论"的存疑，都已经进入到哲学和神学最核心和最深层的思考和辨析中，这些内容对于一个专业的宗教研究者或宗教工作者来说，也未必都能这样通俗地说出个所以然来。尤其难得的是，赵启正真正研读过《圣经》，而且当场就把《圣经》和奥古斯丁著作的中译本拿出来向帕罗请教和交换看法。对他所理解的，他就阐述自己的看法，对他不理解的，他便存疑，或提出自己的解释。他竟然在这位基督教的大师面前，剖析《圣经》的定律："物理学中牛顿定律只有三条，但《圣经》三条不够，我看有四条。一是上帝无时不在，无所不在，是全善的，是全能的；二是人是有原罪的，所以不能和人沟通；三是上帝派耶稣来和人沟通；四是人不要企图主导自己，要靠耶稣和《圣经》来主导自己。"帕罗折服了："您对《圣经》的概括实在是太完美了，我这个布道者也无法表达得这么完美、这么准确。您说的比我布道时说的还好，我说不了这么简练，我看您都可以布道了，所以我不能对您布道。"

帕罗如是说，是因为，赵启正谈笑之间，使人感到一种心灵的开放、文化的自信、性情的幽默，一种"君子坦荡荡"的胸怀的豁达，一种因为深刻、透彻而返璞归真的纯真。赵启正问帕罗："《圣经》说上帝是万能的，既然上帝是万能的，为什么上帝不能阻止邪恶和海啸，不能阻止自然灾害的发生呢？"对于这个有如童话《皇帝的新衣》中"童言无忌"的"傻话"，大布道家帕罗被弄得一时语塞："关于海啸的问题，我们可以交流看法，可以再想想。"赵启正是一位学理工出身的技术官员，专业是核物理，但他的言谈，却处处显得有文化视野、文化底蕴、人文精神、人性光辉。说到这个问题，我们不妨看一看刚刚发生的另一场对话。2005 年 7 月 29 日，温家宝总理去看望 94 岁的钱学森。总理给钱老介绍新一轮科技发展规划，钱老说："我要补充一个教育问题，培养具有创新能力的人才问题。一个有科学创新能力的人不但要有科学知识，还要有文学修养，没有这些是不行的。"总理深表赞成："现在学理工的往往只钻研理工，对文学艺术懂得很少，这不利于全面发展。"赵启正是学理工的，但他懂文学艺术，懂人文科学，甚至懂宗教。我们的时代，无论是搞科技、搞经济、搞宣传，抑或是做宗教工作，都需要多一点赵启正这样有底蕴、有涵养、有见识，干一行、爱一行、钻一行，在本行能让众人喜欢、让对手折服的“具有创新能力”的人才。

帕罗如是说，当然还因为，无论有神、无神，都需要一种开放的精神，只有开放和包容，才有尊重与和谐。诚如赵启正在对话中所言：“信不同宗教的人，有神论者和无神论者不要相互敌视，要友爱，这样，地球村就比较和谐。我们的最终目标是和谐的社会，和谐的地球，和谐的人类。”如果说真有上帝，上帝把人分为男人和女人，不是要让他们争吵不休，而是要让他们相亲相爱；把世界分为东方和西方，不是要让彼此对峙冲突，而是要让彼此团结和睦。

有了上述这许多“因为”，难怪帕罗在对话结束时说：“我太高兴了，今天的对话太棒了，太精彩了。”其实，因为是一篇对话，就像阳光下一面打碎了的镜子，或像一地散落的珍珠，闪亮却有点凌乱，阐述不能展开，精彩毕竟有限，但我们确实看了一场言犹未尽、意犹未尽的好戏。

当帕罗谈到他准备“在华盛顿特区搞一个极大的宗教活动”，邀请赵启正参加时，启正说：“也许有一个比我还合适的人选，就是叶小文先生。他比我年轻，有学问，我鼓励他去。”是的，我从这篇精彩的对话，从启正的更多、更精彩的文章和对话中，得到过良多的启示和教益。我会记住启正的鼓励，找机会把中国宗教的真实情况告诉美国人民。中国人和美国人，有神论者和无神论者之间，都应该摈弃偏见。偏见比无知更远离真理，偏见比万水千山更能阻挡双方的交流。

镌刻历史　捍卫和平

（2005 年 6 月 22 日与张纯如[1]塑像创作者王洪志的谈话）

要了解塑像放置的环境

张纯如是中国人的后裔，她的墓地在美国。她的塑像要有两尊，一尊放在南京，一尊放在美国，意义才比较深远。最好要有放置场地的录像资料，供雕塑家参考。放置的环境与主题有密切关系，不可忽略。放在花园里和墓地中不同，放在大厅里和广场上区别很大。了解塑像放置的环境，有利于塑像构思以及材质和比例等多方面的选择。

我想起一个例子：在 20 世纪 80 年代，上海要为当过市长的陈毅同志塑像，有过两个泥塑稿，一是面貌严肃、神态刚毅的塑像，一是面貌慈祥、微笑着与人们沟通的塑像。讨论审定时，有不少曾和陈毅共过事的老同志，他们有的倾向于前者，也有些人认为后者好。我认为这两种意见都对，因为每个人与陈毅同志相处的历史时期不同，感受和认识也就不同。我在会上说：如果塑像放在革命历史纪念馆中，用前者好，因为那是“横眉冷对千夫指”；如果放在鲜花绿草的公园里，用后者好，因为那是“俯首甘为

1　张纯如，美国华裔女作家，著有《南京暴行——被遗忘的大屠杀》一书，积极揭露日军在二战时的暴行。2004 年 11 月 9 日在北加州自杀。为纪念张纯如女士，中国人权发展基金会专请南京雕塑院为其创作塑像。本篇是赵启正主任在会见雕像的泥塑稿创作者王洪志院长时，与其就有关塑像和美学等问题所进行的谈话。标题为编者后加。

孺子牛”。最后放在黄浦江畔、面对广大市民的陈毅的塑像采用了后者，也就是那尊面貌慈祥的雕像。

最关键是面部

作为塑像，我觉得最关键是面部。张纯如是一个作家，是一个有思想、有感情、爱憎分明的人。罗丹的《思想者》[1]就发人深思。我去过巴黎罗丹雕塑馆，去了一次，又去一次，反复观看，反复欣赏。能够达到让人看了还想再看的效果，这就是说它具有了魅力。如果看了一次后就不想再看，就说明它不具吸引力。我觉得作家的塑像的面部特征最为关键。

这尊塑像应当体现历史使命感

（在询问王洪志院长是否参观过德国的奥斯威辛集中营，是否看过《南京大屠杀》画册后说）我们要善于广泛借鉴，以深邃的内涵丰富塑像。战后60年了，我们应该不仅仅是停留在牺牲者的控诉上，不能仅用固定的语言来表达对反人类罪行的愤怒和谴责，还应站在更高的层次上来表达中国人的认识。从人类价值观来说，我们不仅要控诉，还要承担保卫世界和平的责任，面对未来，要有历史使命感。这样保卫世界和平的立场和信念，就会更加坚定，我们就会更加勇敢、更加主动地承担可能带来的牺牲。因此，要把握住这尊塑像不是李秀英老妈妈。老妈妈是历史见证人，是受害人的代表。张纯如是一位美籍中国人，是新一代青年作家，两人各有不同的背景和内涵，塑像的表达自然有明显的不同。什么是使

1　《思想者》为法国雕塑大师罗丹的传世名作。

命感？就是她不仅要向全世界见证事实真相，而且警示不允许事件再度发生。张纯如塑像不应当着重苦难的表情，而是着重使命感的内涵。整个塑像要突出“铭记历史、启示未来”的思想主旨。张纯如的这尊塑像要把“世界和平，我们承担”的信息突出地传递给观众。

（王院长问赵主任对塑像的高度有何意见，赵主任回答说）

一个塑像的高低，只要与环境相称就好。单人塑像的服饰、基座不要太复杂。太复杂了，会分散参观者的注意力。巴尔扎克的塑像，我看过。它安放在巴尔扎克墓地，就是一个头像，给我的印象特别深刻。要特别突出头部，突出头部即突出思想，其他能略去的都可略去。人物的思想和感情是连带的，复杂的感情中最重要的是对人的爱。我看这尊塑像不宜太高，如果过于高大，就不利于人们与它交流。

不能影响塑像的整体平衡

（王院长说，有人提出，张纯如因写《南京暴行——被遗忘的大屠杀》而闻名，应突出塑像中书的位置。赵启正回答说）

书是表达思想的文字载体，但塑像中的书不能表达文字，所以有书就行了，注意放在一个适当的位置，不要影响塑像整体的平衡与条理。书是她捍卫和平的武器，塑像中有书，能够表达“书是她的成就象征”，这就足够。（为了使塑像中的人物形象与书有机地结合在一起，赵主任把这本英文版原著拿来，自己摆起握书的不同姿态，供王院长参考）张纯如的书写得很好，如果她的塑像也很好，那就在她身后，就能使她跃上一个新的高度。王院长，我企望您创作一个有影响力的塑像，至少我十分希望张纯如塑像能够影响雕塑界，感动看到的人们，成为传世之作。请您特别参考原版书封三上的作者照片，这是她自选的，最有代表性。我们注意到这照片是特别突出头部的。这段时间，您一定会苦思冥想、夜里做梦、白天做事想的都是这件事。

塑像的底座要删繁就简

这尊塑像应该具有亲和力、正义感、良知、历史使命感——捍卫和平。塑像前面最好不要题“历史的见证”等字，这几个字又不能表达全部思想，不如不要，塑像的底座要删繁就简，留着人们去思考的空间。法国有处周恩来同志曾经住过的旧居，门口的铜牌介绍说“某年中国总理周恩来曾经在此居住过”，就这样简单。我们这尊塑像下也只写她的简历，三四行足矣！

雕塑家是时代美的创造者

雕塑实际上是美学的范畴。美学教育是先进文化的重要内容。每个城市、每个公园、每尊雕像，都应当是生活中美学的具体体现。美学是在研究美、创造美。对我们来说，美是愉悦的感觉。美的东西让人看过后，会自然地在头脑中重复，也就想再次去看。美是抽象的，需要载体来体现其丰富的内涵。美具有层次性、类别性，有高低之分。美有自然界的美，如名山大川，这是自然形成的；美有人创造的美，如音乐、雕塑、绘画等，这类不需要用文字叙述；还有用语言表述的美，如小说、诗词等文学；最高一层的可能是科学和哲学的美。复杂的规律用简单的公式表示出来，这就是科学家创造的美。宗教，在教徒看来也是一种美——信仰美。中国特色社会主义更是一种美，是中国人民经过艰苦探索创造出来的美。美与每个人都息息相关。我是个缺少艺术细胞的人，不会演奏音乐，但喜欢听；不懂雕塑，但喜欢看。只是美的欣赏者，不是创造者。我们的雕塑家要成为时代美的实践者、创造者，要成为美学教育的研究者和传播者。

为张纯如塑像是一种爱国行为

张纯如，是一个很了不起的人。作为美籍中国人，作为一个年轻的女作家，为南京死去的30万同胞向世界呼唤。她不畏各种压力，坚守信念，最后选择自杀身亡。虽是悲剧，但有光辉。我们要通过对她的纪念，通过她的书和您的塑像来引导人们正确对待历史问题。为了表示我们的尊敬、追念和感激之心，中国人权发展基金会[1]策划和实施了此项活动，我十分赞同、支持。我们要通过文字描述，也要通过塑像这种形象艺术来展示她的人格、她的精神。文字与形象是互补的，以美的多面性，表达作家的精神之美的多面性。王院长，您很荣幸，第一，您赶上了一个好的时代，给您提供了创造的广泛空间；第二，您选择了一个非常值得，而没有人表达过的主题；第三，您赶上了中国人民纪念抗日战争胜利和世界人民反法西斯战争胜利60周年；第四，中国人权发展基金会选择了与您合作。

热爱祖国是中华民族每一个子孙（包括每一个华人华侨）的天职。张

1　中国人权发展基金会是具有法人资格的全国性民间团体，注册于1994年8月15日。其宗旨是发展和完善中国人权事业，增进中国人民和世界人民在人权问题上的相互理解与合作，共同推进世界人权进步事业；任务是广泛募集资金，进行国际人权交流，开展和资助人权交流，开展和资助人权宣传、教育与研究，举办公益事业，奖励为维护和发展人权事业作出突出贡献的集体与个人。

纯如写了一本有巨大影响力的书，这是一种热爱祖国的表现。为张纯如塑像是爱国者的责任。她的塑像会激励人们，义无反顾地承担起维护世界和平的历史重任。

欣赏者 思想者 传播者

南京油画雕塑院副院长　王洪志

赵启正主任针对张纯如塑像泥塑稿的创作，旁征博引论述了雕塑创作与环境、雕塑创作与人物性格的塑造、立意的高低与表现手法等重要环节。通篇谈话显示出赵启正主任特有的交流艺术，亲切透彻、形象生动。这是雕塑欣赏者与创作者之间的谈话，有利于创作者的构思和创作，对于专业工作者来说，也是一次难得的沟通。谈话从作者熟悉的话题切入，围绕雕塑展开，却不仅仅是谈雕塑。作为一个欣赏者，赵启正眼中的张纯如是一个有正义感的作家，是一个有思想、有感情、爱憎分明的人。他认为，张纯如之死，“虽是悲剧，但有光辉”，光辉就是体现了人类共同的价值观，体现了一个民族的思想和使命感。

同时，赵启正是以思想者的角度来欣赏雕塑的，他关注的是塑像的内涵。他认为，张纯如塑像“不应当着重苦难的表情，而是着重使命感的内涵，整个塑像要突出‘铭记历史、启示未来’的思想主旨”。在他眼中，塑像为后人留下的是中华民族生生不息的独立精神和人类渴望和平的共同信念。在这一点上，艺术欣赏者和创作者的心灵是相通的。

由艺术的表现形式，赵启正想到“要把‘世界和平，我们承担’的信息突出地传递给观众”。这源于他的职业责任感。因此可以说，他又是以传播者的角度看待塑像的。

我认为，这篇谈话的深意，已经超出了雕塑艺术本身。包括艺术家感兴趣的案例剖析，实则将谈话的内容和思想层面提升到了很高的艺术境界。一方面，寄希望于雕塑家不仅要通过张纯如塑像（艺术形式）传达出更高层次的主题内涵。“从人类价值观来说，我们不仅要控诉，还要承担保卫世界和平的责任，面对未来，要有历史使命感。这样保卫世界和平的立场和信念，就会更加坚定，我们就会更加勇敢、更加主动地承担可能带来的牺牲。”另一方面，更希望雕塑家提高美学素养和认识水平，创造出无愧于时代的艺术精品。“雕塑实际上是美学的范畴。美学教育是先进文化的重要内容。每个城市、每个公园、每尊雕像，都应当是生活中美学的具体体现。……我们的雕塑家要成为时代美的实践者、创造者，要成为美学教育的研究者和传播者。”字里行间无不充满真情实感，对雕塑家和对雕塑家如何表现这一杰出女性寄以深切厚望。

金字塔边的对话

(2005年8月8日在开罗与埃及《金字塔报》[1]主编乌萨玛·萨拉亚[2]的谈话)

萨拉亚(以下简称萨)：欢迎赵主任来金字塔报社做客。

赵启正(以下简称赵)：《金字塔报》与中国关系密切，我曾在北京多次会见过贵报的负责人和记者。这是我第一次访问埃及，在参观了金字塔和卡尔纳克神庙之后，对埃及悠久的历史文化有了新的认识。几千年前，中埃同为人类文明的发源地之一，而现在两国又都是发展中国家，如何重振文明古国的风采，是摆在我们面前的一个重要课题。

萨：我一直十分关注中国的发展变化。中国正在大力推进现代化进程，将崛起为一个世界大国。埃中友谊源远流长，两国文化基因相似，埃及人民对中国怀有亲近感，愿学习和借鉴中国发展的经验。

赵：对于传统文化，我们要继承其精华，摈弃其糟粕。中国传统文化中也有保守的一面，如不愿率先尝试新鲜事物。邓小平先生提出解放思想，才使中国的活力得以发挥出来。当时中国围绕检验真理的标准在媒体上展开了辩论，最终全社会形成共识，即实践是检验真理的唯一标准。解放思想不是一蹴而就，而是需要与时俱进，不断解放思想。值得我们思考的是，

---

1 《金字塔报》(Al Ahram)，1875年创刊，现为阿拉伯世界影响最大的报纸，日发行量50万份。

2 乌萨玛·萨拉亚(Osama Saraya)，《金字塔报》主编。

为什么人类文化发源地的古国，今天多是发展中国家。中国和埃及能分别建起长城和金字塔，可以相信今天两国拥有着巨大潜力。两国的政治家和媒体人士有责任激发人民把各自国家的潜力发挥出来。《金字塔报》在激发埃及人民活力方面承担着历史责任，祝愿您在这个新职上领导贵报实现一次新的飞跃。

萨：谢谢。在一个拥有古老文明的社会里激发活力并非易事。建议埃中成立一个古老文明联合研究中心，就有关课题共同开展研究，以促进埃中等文明古国在现代条件下重新焕发活力。我们有必要充分发掘和利用蕴含于古老文化中的精华，在谋求现代化的同时根植传统。

赵：您提出了一个很好的建议，要分别各找一个合适的合作单位。传统与现代存在冲突，如何协调两者的关系是一个挑战。在社会改革进程中，舆论环境的影响力很大。与十年、二十年前相比，媒体的作用更显重要。如果说一名教师可以影响 100 名学生，那么一份报纸则可能影响 100 万读者。不同年龄段的人每天都在看报纸，报纸的影响力不可低估。

萨：埃及愿借鉴中国进行现代化建设的思路和经验。那种认为现代化进程会使中国与阿拉伯国家渐行渐远的想法是没有根据的，事实上，埃中和阿中关系将焕发出新的光彩。《金字塔报》愿在加强埃及人民对中国的了解方面发挥积极作用。

赵：金字塔文化和长城文化同样辉煌，两者交相辉映，相信两个文明古国能够重振昔日风采。国务院新闻办公室愿向《金字塔报》派驻北京的记者提供必要帮助，也期待主编本人尽早访华。

七、尊重 理解 沟通

ZUNZHONG LIJIE GOUTONG

出席爱泼斯坦回忆录《见证中国》出版座谈会并讲话
（参见《他的伟大感动了中国》一文）

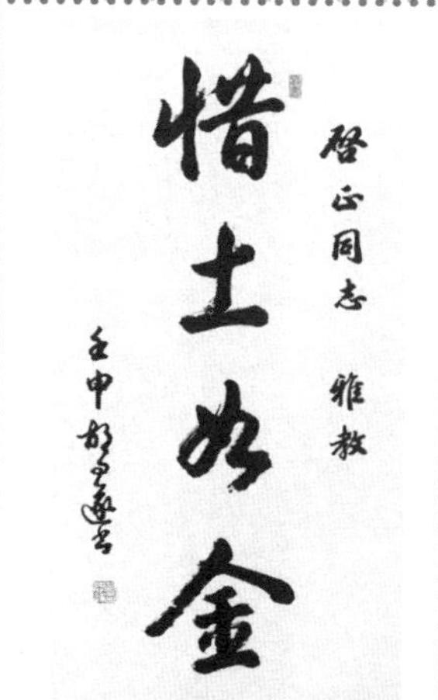

著名书法家胡同遂先生赠赵启正的条幅（参见《云山万重觅故知，惟有墨宝存人间》一文）

《犹太人在中国》画册（参见《让“铁娘子”感动的礼物》一文）

夏威夷花环

戈登·劳[1]先生是我和许多上海人的一位美国朋友，他因心肌梗死，于二日前突然逝世了。

他的祖父由中国广东省移居美国，他是在美国生美国长的华裔美国人。他也有个中国名字叫刘贵明。他爱中国，说起中国的事往往不能自已，说起中国的进步，往往不觉中会热泪盈眶。我第一次见到他，是1991年在美国旧金山机场，他和他的表弟为我们代表团每人套上了一个巨大的夏威夷花环。后来我听说，这是他们全家花了整整一个晚上，用大量的鲜花特意为我们精心编织的，所以十分珍爱。几天后，这些花环虽然变成了干花，但仍花香四溢。我们代表团成员把它们带回了上海。

他从1980年起，任美国旧金山—上海友好城市委员会主席，凡上海代表团访美，他必尽全力协助。精力消耗、金钱花费皆在所不惜。他有严重的糖尿病，脚肿起来穿不了普通的鞋，拖着病体也要为代表团开车。劝他休息，他说，我乐意和你们在一起。

前年10月，他开着一辆老爷车，载着我们在海湾大桥当中抛锚了，

1 戈登·劳（Gordon Lau）先生，曾任旧金山—上海友城会主席，律师。本文刊于上海《新民晚报》，作者于2000年访美时，将此文献于戈登·劳先生家中的遗像前。

多亏警察帮忙，才把车拖到修理站。他舍不得买辆新车。他是律师出身，也小有资产，中国人节省的传统在他身上得以继承。但为了朋友，他又慷慨无比。去年，他来沪时说，已买了新车，准备专用于上海友人访旧金山时使用。为了宣传浦东开发，他也曾慷慨地花费了许多时间，帮助我们成功地组织过多次研讨会。

今年2月，他带着两位美国朋友来浦东，说要试试把孙桥的蔬菜运到美国销售。此前，他听我们说过，孙桥现代农业开发区的蔬菜在国内销售不敷成本，他记住了。

他曾送我一张照片，是他45岁时舞龙的情景。他说那是他最后一次舞龙。当时，一位美国老太太说，这位老人舞得好！他听了别人评价为“老人”，十分沮丧，于是从此罢舞。

我一直想找个机会拍一张我也舞龙的照片送给他，并告诉他，同龄的我们并不老，只要心中保持着热情，就永远年轻。刚刚又收到他的信，谢谢我送给他治疗糖尿病的新药，还说知道我已由上海调任北京，夏天以前来北京看我。今晨，他逝世的消息传来，我很悲痛。我想起他送我的夏威夷花环。我想象着，用心灵的思念给他编织的一个红白相间的，也是夏威夷式的大花环，飞过大洋，直到他的灵前。

1998年4月20日于北京

与基辛格的书信往来

亲爱的基辛格博士：

法新社消息说，您心脏不适留院进一步观察，但是否真实我不得而知。如报道属实，首先让我对您的健康状况表示关注，并祈盼您已好转并康复。

我很高兴当初我们组织中国文化节时曾在美国与您会面。这次巡回活动是以纽约为中心，于 2000 年 9 月 5 日到 15 日举办的。再次感谢您 6 月 22 日邀请我以及我的代表团到府上赴宴。我们的谈话令人激动不已。

您诚挚的

赵启正

国务院新闻办公室主任

2000 年 10 月 31 日

亲爱的主任先生：

甫一出院回家便收到您十分亲切的来信，甚谢。您得到的消息是真的。我心脏病发作，但是不严重，现正在恢复之中。我期待着将来与您见面。对于您的亲切关怀，至诚感激。

谨致问候

亨利·基辛格

2000 年 11 月 3 日

让“铁娘子”感动的礼物

（2001 年 12 月 6 日会见巴尔舍夫斯基[1]时的谈话）

2001 年 12 月 6 日下午，赵启正主任在新闻办会见了来访的巴尔舍夫斯基。她此次拜访赵主任的主要目的是了解入世后中国媒体等领域的发展趋势，并愿意借助浦东与国际经济合作发展的丰富经验，作为她现在工作的参考。

中国媒体对巴尔舍夫斯基作了大量报道，在寒暄中，赵主任信手拈来几则有关她的趣事，令这位初次见面的“铁娘子”大感亲切。巴尔舍夫斯基十分喜爱孩子，无论工作再忙，每次出差都要给他们带回许多玩具。有一次来中国谈判就买了 40 多个，结果却被海关没收了。赵主任风趣地表示，如果喜欢中国的玩具，可以再送她一些。如果说开场白让巴尔舍夫斯基感到亲切的话，那么，赵主任赠送给她《犹太人在中国》就更加让她感动了。

赵启正（以下简称赵）：我曾向几个美国电影公司建议拍摄犹太人在中国的故事。在 1933 ~ 1941 年间，有大量的欧洲犹太人为躲避迫害，逃到了中国上海，总计有 3 万人之多（其中 5000 人又中转到其他国家）。

1　巴尔舍夫斯基（Charlene Barshefsky），美国前贸易谈判代表，在任贸易代表期间代表美国与世界主要经济体谈判，共达成 300 多项贸易协定，其中包括 1999 年 11 月与我国谈判达成关于中国入世的双边协议。中国媒体称其为“铁娘子”。现为美国威尔默、卡尔特和匹克灵律师事务所国际业务高级合伙人。

中国人当时生活也很困难，但还是把自己很少的粮食和房屋，让给了这些犹太人，保护了他们。珍珠港事变后，德国纳粹要求日本当局“最后解决”这些犹太人，由于多种原因，日本当时没有这样做，但是把他们圈入了“无国籍难民隔离区”。

（递给她一本《犹太人在中国》画册）这本画册是在我的建议下刚刚出版的，送给你，我想你是犹太人。

巴尔舍夫斯基（以下简称巴）：是的，我是。太谢谢你了。

赵：我是由你的名字（Charlene Barshefsky）判断你祖上是俄国犹太人的。我知道，欧洲有反犹的倾向，也有很多犹太人离开了俄国。中国人同情犹太人的原因有两个：一是中国人也曾经大量地被别的国家的人屠杀过，命运十分悲惨。（又送给她一本《外国人镜头中的八国联军》画册）第二点，中国人的家族观念和教育观念与犹太人很接近。我曾建议美国制片人拍犹太人在上海的故事，我相信会比《辛德勒名单》拍得还要好。你是不是考虑在影片中扮演一个角色，就作为当时上海犹太人的“领袖”吧？

巴：我很愿意。我真的非常感动，你把这本画册送给我。我的父母当年从俄国和波兰逃离完全就是因为你所说的原因，我的其他家庭成员已都在那场劫难中死亡。所以我对犹太人在中国的这段经历有很强烈的感受。据我所知，美国前任财政部长鲁宾的童年也是在上海度过的。

赵：有很多犹太人后来都回到上海，参观过他们的故居。我们保留了这些故居，包括东正教的教堂。你看了这本画册后会发现，其实犹太人到中国是在1200年前就有证据了。他们的后代已经和中国人完全融合在一起了，早已经不会说希伯来语了。

巴：（翻阅画册）这是在开封的犹太人的遗迹吗？

赵：是的，照片很珍贵。

巴：太好了。

赵：好像我们走题了，我们再转个话题谈谈你最熟习的经济问题吧。

……

（不知不觉一个小时过去了。巴尔舍夫斯基带着一位中国部长赠送的这份特殊礼物起身告辞。这段有关犹太人在中国的谈话会留给这位美国犹太人什么样的思考呢？）

与巴尔舍夫斯基的书信往来

亲爱的部长先生：

公历新年已经开始，中国的马年新年也即将来到。去年 12 月您热情会见了我，特写信向您表示感谢。我写了这么多，都是为了表达我的感激之情。

与您见面的那个下午是我这次访华的几个亮点之一。以前我已经听到有关您和您办公室的很多消息，这次我很高兴终于与您见面并了解了新闻办是如何运作的。您提到随着信息在全球范围内的快速流通，你们面临着巨大的机遇和挑战。我的同事和我在这方面也许对你们的工作有所帮助，并希望您能考虑访问我们。对于您办公室的帮助，我也很感激，并确信在未来的几个月中，我们一定会找到合作的机会。

从个人方面，我特别感谢您送我两本书，包括那本《犹太人在中国》。我深深地被感动了。这些书给我的全家带来了很多欢乐。我们对您都十分感激。

请允许我祝您和您的同事马年愉快，工作顺利，有个舒服的假期。如果您来华盛顿，我将荣幸地接待您，以感谢您对我的热情接待。

顺致祝愿

巴尔舍夫斯基

2002 年 2 月 5 日

尊敬的巴尔舍夫斯基女士：

您2月5日的来信已经收到。很高兴您喜欢我送给您的礼物。

中国已经加入世界贸易组织。作为美国的前贸易谈判代表，为此您也付出了许多努力。我相信，我们之间在许多领域可以合作。欢迎您来中国发展业务。

感谢您对我的祝福，也祝您、您的全家及同事有一个美好的马年。

赵启正

国务院新闻办公室主任

2002年2月25日

我们共同的苦难使友谊更强大

(2002年7月19日会见美国犹太人大会主席理思帮先生时的谈话)

(7月19日凌晨,纽约总领馆紧急电告:正在北京访问的美国犹太人大会主席理思帮(Michael Nussbaum)、纽约市总工会主席布莱恩·麦克劳林(Brian McLaughlin)、联合国开发公司董事杰夫·维森费尔德(Jeff Wiesenfeld)等一行急切希望拜会赵主任。来电说,理思帮先生是美重要人士,且对华友好;他希望能于7月19日当天拜会赵主任,并代表犹太人大会赠送一块感谢牌匾,感谢中国人民在二战期间对犹太人的帮助,并对在特拉维夫自杀性爆炸事件中伤亡的中国人表示哀悼。鉴于此,尽管时间仓促,赵启正主任仍于当日下午临时安排了这场会见。)

感谢中国人民在二战时期对犹太人的支持

(宾主此前并不相识,但因二战期间中国人与犹太人的"共同苦难"而使双方一见如故)

赵启正(以下简称赵):我们今晨收到中国驻纽约总领馆的电报,知道你们要来访问。十分欢迎。

理思帮(以下简称理):我知道您一直支持研究犹太人的历史,特别是二战中的那段历史,特来拜访。我此行的目的是作为犹太人大会主席,代表美国、以色列和其他地方的犹太人感谢中国人民在二战时期对犹太人的支持，并认为中国人民与犹太人民在二战期间的命运极为相似，值得记忆。但事实上，人们往往熟悉对犹太人的大屠杀，却不熟悉那时日本人对中国人的大屠杀，而日本人在中国的罪行是不应抹杀的。多年前，我曾以此为内容与人合作拍过一部纪录片，片名叫《日本人不能说“不”》。在前几日的特拉维夫自杀性爆炸事件中，有中国人受到了伤害。我代表犹太人向中国人民表示深切的慰问。

赵：感谢理思帮先生的谢意和对几位中国同胞遇难的慰问，中国也为犹太人在中国的这段历史制作了一本画册《犹太人在中国》。如你们携带方便，先赠送 20 本。今年 10 月我的同事赴美时再送 200 本。

理：非常荣幸和感谢。我们不会嫌重的。

麦克劳林：对犹太人的大屠杀已成为历史载入美国的中学课本。目前，我正致力于促使纽约州立法，将南京大屠杀收入课本，并明确这一举动不是要指责日本，而是要让全人类铭记，避免类似事件发生。现任上海市的领导曾说过一句话：“我们共同的苦难使友谊更强大。”因而，我们应当共同用道德力量大力指责屠杀行为。（随后，美方向赵主任赠送牌匾）

赵：（略读匾文后）我们会将牌匾转交北京市。

理：尽管匾文有“赠北京市”字样，但赵主任是中国人的一员，也是北京人的一员。不必再转赠了。

赵：非常感谢。许多二战时期在上海的犹太人和他们的子女希望能举行这段故事的图片展，在适当时候我办将赴美举行犹太人在上海、哈尔滨和天津的历史图片展览。

理：希望能在纽约举办，我们愿意提供方便。

我们会非常珍惜您送的20本书。要随身携带，回到美国后，我们将赠送给一些重要的犹太人。如果赵主任赴美，请务必通告我们。我们将安排美国的犹太人和工会组织举办一次活动，并请赵主任作为重要发言人出席。

附：牌匾文字

美国犹太人大会

负有集体感谢的使命

赠北京市

犹太人在中国的历史可追溯到几千年前，自公元8世纪以来犹太人社区就一直很兴盛。中国文化因犹太人的存在而愈加丰赡。大屠杀时期，中国人民向成千逃离欧洲到中国定居的犹太人打开大门。中国人民与犹太人民之间的预警与支援关系长期存在，并直至今日。我们的使命就是促进我们两种文化间持久的友谊，答谢中国人民几个世纪以来的尊重和在大屠杀时期对从战争中四分五裂的欧洲逃出来的犹太大众的庇护，继续并加强纽约犹太人社团和北京人民、政府之间的联系。

美国犹太人大会主席　理思帮

2002年7月

令人尊敬的杜尼约克先生[1]

Dolorfino 女士：

我谨通过您向杜尼约克先生的家人和他的朋友们表示哀悼之情。

我上周还给杜尼约克先生去信，讨论在柏林的中国公园安放孔子雕像一事，但他未及读到此信，便与世长辞了。杜尼约克先生了解中国，他为中德友好做了太多的事情。杜尼约克先生爱中国，我们之间有着心灵的交汇。

孔子像已在他的家乡制作好，按照杜尼约克先生生前与我讨论的方案，将安放在他最喜爱的“得月园”[2]内。不仅我感谢他代表德国人欣然接受了本人最初的这个倡议；而且，今后孔子像永远矗立在那里，每当我们读到基座上孔子的格言“己所不欲，勿施于人”的时候，都会想到这位中国人的朋友——令人尊敬的杜尼约克先生。

谨向认识杜尼约克先生的每一位德国友人致意！

赵启正

2003 年 3 月 14 日

1 曼弗雷德 · 杜尼约克（Manfred Durniok），德国著名电影制片商、导演，北京市荣誉市民。他一直致力于推动中德两国的文化交流，赵启正主任曾在柏林和北京两次会见他。2003 年 3 月 7 日，杜尼约克在柏林病逝。这是赵主任在得知他去世的消息后，给他的德国朋友写的信。标题为编者后加。

2 系北京市赠送给柏林市的礼物，由北京市园林局设计，于 2002 年完成，也是欧洲最大的一座中国园林。

学会交流[1]

（《交流学十四讲》[2] 序言）

“交流”是人类生活中必不可少的基本活动。我们无法想象一个没有交流活动的人是什么样的。古代西方哲学家苏格拉底通过与学生们交谈传授他的观点，中国儒学的鼻祖孔子通过与弟子们对话传播他的思想。若没有交流活动，人类的智慧如何得以激励、传承、积累和发展？

“传播学”的单向性和“交流学”的双向性

由中国学术界近年盛行的“传播学”衍生出“交流学”可以说是吴建民大使主政外交学院后的又一项开创。

交流，在本质上应该是人与人之间信息的传递、交换，人或人群可以分别是或同时是发送者、接收者和反馈者。然而，近年来，随着communication这个词在被翻译成中文“传播”以后，在学术界和新闻界也产生了一些偏差，使得一些人误认为“传播”就是communication的全部含义，减弱了communication中交流、沟通的意思，而被更多地理解为一种单向的信息流动，“传播”又回到了过去的那种信息单向流动

1　标题为编者后加。

2　《交流学十四讲》，吴建民主编，浙江人民出版社出版，2004年。

的宣传模式。比如：传统的报刊的传播，虽然也有读者来信栏目，但它是经过编辑选择的大量来信中极少的一部分，其互动性相当勉强。而事实上，即使是重要的国际交流首先也是人际间，如首脑间、外交官之间、外事参与者之间开始的，然后经媒体传播的；但“交流”这项人类最基本的活动的内涵研究却一直为人们所忽视，没有登堂入室成为“学问”。实际上个人与个人之间的信息交流是人与人社会关系的直接体现。这种交流传递信息的渠道多，方式灵活，感觉直接，互动性强，是一种高质量的传播活动。交流的效果小到只是传递一个信息给对方，有时可以影响一个人的思想，大到可以影响国际关系以及一个国家和政府的国际形象。

有效的交流应该是：信息的传递者将自己想要讲的话以接收者容易理解的方式告诉他，在传递信息中也能激发起对方的“兴趣”，引起对方的关注。如何做到这一点呢？

在交流过程中，我们应该坚持朴实和诚实，从而建立交流中的信任感。建立“信任”是人与人交往中的第一步。不够朴实的语言将会拉大彼此之间的距离，套话、空话和卖弄是有效交流的大忌。高效的交流是通过思想新鲜、语言简洁、重点突出来实现的。在讲话或写作中，高手总是把复杂的问题简明化，能够用一句话表达的就不用两句话。另外，相关性也是有效交流的要素之一。这是指在交流中，理解了对方的背景才容易把我们想说的变成对方想听的，把我们传递的信息变成对方需要的。具有针对性的交流，才可以达到事半功倍的效果。

还需要强调的一点就是“以人为本”的交流原则。在交流中，我们要牢记，我们谈话的对象是人，我们谈论的即使是典型的政治、经济、文化问题，也是关于人和人的活动的。让我们再学习一下邓小平同志是如何与中外人士交谈的，我们会从中学到很多。

新闻发布会是引导和影响境内外主流媒体报道的成本最低和最有效的方式。作为新闻发言人，面对记者就需要有更多的交流学训练，不懂交流就无法取得记者的信任和认同。比如，有时候发言人在面对镜头时，会下意识地以为不是在与人交流，而是在进行“人机对话”，从而失去感觉，此时发布信息就会态度冷漠；遇到某些记者蓄意挑衅时，不能在落落大方中保持镇静从容；有时候不善于挑选恰当的语汇抓住记者的注意力。其实，发言人与媒体交流的基础是在日常生活中与周围人们的交流经验的发展。发言人经过严格的训练和实践、磨炼才能培养出来。

各科大学生都要学会交流

不仅政府发言人要掌握交流学，中国的记者也要学习交流学。在新闻发布会上往往外国记者较中国记者更显得踊跃提问，针对性强且表达顺畅。在国际会议场合，中国参与者往往过于谦让，甚至羞于提问。我曾与美国大陆谷物公司总裁斯泰里先生在上海主持一个食品全球流通的讨论会，法国达能公司总裁Frank Riboud先生作了一个精彩的主旨发言，提问时间开始后出现了很长时间的静场，令我十分尴尬。《交流学十四讲》可以使读者掌握交流所涉及的基本要素和常用手段，增强他们进行言语交流、非言语交流和跨文化交流以及处理与媒体关系的能力，由此培养中国大学生（不限于外交和新闻专业）进行沟通的良好习惯、态度和能力。

在外交部当新闻发言人应该说是吴建民同志辉煌的时期之一。90年代初，那时正是中国外交困难时期，他却能收放自如地控制着发布会的现场气氛，准确把握国家利益所在。吴建民作为发言人乐意接受采访，认真对待每一个面对公众的机会。他喜欢记者提带有挑战性的问题，在他看来，问题越尖锐，越能碰撞出有意思的回答。他认为新闻发言人语言上犯点错误比拒绝发言要强得多。

随着我国的快速发展和对外说明中国的强化，国际舆论对我国的报道和看法出现了一些好的变化，对我国经济发展报道较为客观。然而，在政治意识形态领域对我国的成见仍然很深。要想改变这种状况需要长期不懈的努力。我相信，这本书对培养我国的外交和外宣工作者会有新的贡献。

2004 年 8 月 25 日

云山万重觅故知，惟有墨宝存人间

展现在大家面前的“惜土如金”字幅，是胡问遂先生[1]写给我的。这幅字记载着他与上海浦东开发开放的一段情缘。

那是1993年元旦，伴随着邓小平同志视察南方讲话的和煦春风，浦东新区作为上海的一个行政区域正式成立。在此前不久，我刚刚领命于浦东新区的开发建设。

我们面对的这一方沉寂了千年的万顷沃野，波澜壮阔的开发战略蓝图已经展开。我深深感到，这是时代赋予上海的难得机遇！浦东的土地要承载振兴上海、服务全国的使命，前途无限，令人激奋。

尽管一时间国内外投资者蜂拥而至，然而，本地资源却极为有限，尤以土地弥足珍贵。要把浦东建设成为能与世界经济对话的具有国际水准的城区，必须精心策划，不允许在土地使用上有任何的偏差。当时我和胡炜同志（时任浦东新区党工委副书记、浦东新区管委会副主任）就是这样思考和讨论的。为此，我请求其父胡老题写“惜土如金”四个大字以自警。

不几天，一幅经装裱的“惜土如金”字轴送到了我的办公室。字体

1　胡问遂先生是著名书法家和书法教育家，2004年12月8日～12日在上海举办了胡问遂作品纪念展。本文刊于《解放日报》2004年11月29日。

舒展而坚劲，其力度跃然纸上。我把这幅字挂在办公室最显眼的地方，表明它是浦东规划的金科玉律。每一位来我办公室的人的目光都会在这幅字上停留，引发思考，受到启迪。此四字一经胡老点墨，如附双翼，一时传遍沪上。

十年过去了。在邓小平理论的光辉指引下，浦东集约型的规划正一步步变为现实：陆家嘴核心城区以一流的风采迎来了 APEC 元首峰会，张江宁静的科学园内透射出不眠的灯光，外高桥港的巨轮带来了滚滚物流，金桥加工区把高科技产品源源不断地供应到了国内外市场。面对让世界喝采的浦东，我就会想起众多战友以及千万个为浦东开发竞献智慧和汗水的劳动者，也自然会想起胡老十年之前写下的“惜土如金”。

爱国主义的内涵既博大精深又具体生动。胡老经历过抗战时期人民失去土地的颠沛流离，也曾目睹土改时期农民分到土地的万分欣喜。他老人家对土地有着比许多后辈人更加深刻的理解。在几十年的艺术求索中，他把对祖国的赤诚，对人民的热爱，对土地的依恋，全部倾注在中国书法艺术的研究和教育上。正因为有了这样的阅历、境界和胸怀，他的作品才显示出了浑厚凝重、雄健苍劲的大家风范。也许可以这样说，这四个大字具有集中表达胡老德艺双馨的象征意义。他高尚的人品和书品，生前身后备受世人的敬重。

云山万重觅故知，惟有墨宝存人间。“惜土如金”——我愿胡老的这四个滚烫的大字能为更多管土地、用土地的人们所铭记，成为一句永恒的警语。

这一幅还散发着淡淡墨香的艺术品，寄托着我对他的深切怀念，也是我的永久珍藏。

谨以此文献给胡问遂先生作品纪念展。

他的伟大感动了中国[1]

（2005年6月9日接受《对外大传播》记者采访）

天鹅之绝唱

66年前，毛泽东曾撰写了《纪念白求恩》一文，这使得中国人民永远铭记住了白求恩高尚的国际主义精神。今天，爱泼斯坦先生的逝世同样引起了中国人民的怀念之情，他是世界上为数不多的，把自己的一生都献给了中国、献给了自己挚爱的新闻传播事业的外国血统的中国人。

在爱泼斯坦回忆录《见证中国》的最后一章《夕阳之歌》中，他写道："我的回忆录在这里就结束了——就目前而言。在以后的十年里——如果我能活这么长的话——我也许还会写一段'尾声'，如果活不到这么长，那我的这一工作就算完成了。"每当读到他这段话，感觉就像是天鹅之绝唱——这最后奋力的飞扬，令人感伤，但却是那么壮美。

他同白求恩一样伟大

中国人都知道有位加拿大人叫白求恩，不远万里来到战火纷飞的中国，为中国人民的解放事业贡献出了最后的力量。白求恩在中国生活工

1　伊斯雷尔·爱泼斯坦先生于2005年5月26日逝世，赵启正主任于6月9日接受了《对外大传播》记者的专访。本文根据采访录音整理，标题为编者后加。

作了两个年头。爱老为中国人民的伟大事业奋斗了七十年。现在知道爱老的人还远不如知道白求恩的人多，但在知道他的人们的心里，他同白求恩一样伟大。他们是用不同的形式表达着为人类服务的志愿，表达着对人类的热爱。白求恩在与中国人民一起抗战的日子里，期待着反法西斯战争的胜利，而爱老在二战胜利后，回到了在美国居住的父母身边。但他的心在中国，情在中国，于是他又回到了中国。此后一生都与中国人民的革命和建设事业在一起。

在《见证中国》中他这样写道：“在我生命的夕阳余晖里，有人也许会问：你对于自己选择的生活道路是否后悔？”人们为什么会这样问，因为他有选择舒适生活的机会。爱老用一生经历从容而清晰地回答了这个问题。他说：“在历史为我设定的时空中，我觉得没有任何事情比我亲历并跻身于中国人民的革命事业更好和更有意义。”我曾在爱老九十寿辰的盛宴祝词中这样说道：“我深知您爱中国，从而爱世界；您贡献于中国，从而贡献于世界。”因为在爱老心里，中国人民占全人类人口的五分之一，在整个世界的命运中有举足轻重的地位。

邱茉莉是爱老的患难伉俪，当自己的这位英国妻子患急症、病危时，爱老写下了这样的诗句：

为了中国人民
历经四十个春秋
你献出了你的全部心血
现在你自己在向死神抗争

中国儿女的鲜血
不断地流进
你的血管
在你体内
东方和西方的精华
汇聚成一道长河

爱老在回忆录中提到这首诗时写道:“我现在最大的愿望,就是要像我的邱茉莉那样生活下去,像她那样忠诚,并且用她那种乐观坚毅的精神去面对危险、疾病和死亡。”我们如果把这“四十个春秋”改成“七十个春秋”,就是我们献给爱老的诗。

1951年,爱老是从美国绕道波兰再从那里的海港出发,航行了四十九天,才到达中国港口城市天津的。他在船上有许多思考,(正值中国抗美援朝时期,世界在问:中国能胜利吗?)作为波兰人,来到与美国正面作战的中国,并决定为其贡献一生。我们能不为他这种崇高的精神境界感动吗?

作为一个犹太人,后来成为中国籍的公民和中国共产党党员,他对我们负责外国专家工作的人员多次表示:我不是外国专家,不要像照顾外国专家那样照顾我。

爱老完全把自己置身于一个普通中国人的位置,他的许多报道从大处、小处都提出了不少建设性的意见。他喜欢北京,对北京干净优美的环境印象深刻,但同时也指出了医疗制度上的缺憾。他用诚实的眼睛见证着中国，用平实的语言描述着中国。凡是读到他的书的人都会对他列举的事实心悦诚服。比如他写西藏，他写 1955 年第一次由成都到拉萨，坐吉普车、卡车，一路景色如画，但十二天后才到达目的地；1965 年，是坐中国民航的班机，由成都飞到拉萨，同样的路程只用了两个半小时；最后一次是 1985 年，可以从北京直飞拉萨了，国外数以万计的旅游者都是乘坐巨型客机来的。他在文章中并没有直说中国民族政策多么伟大，西藏进步多么快，但看完之后，你却明明白白地看到了中国民族政策的伟大和西藏的进步。

我们大多数人是通过读他的文章了解他的，而在文章之外，爱老在我心目中，是位长者，也是位导师。他总是同所有和他相处的人平等而亲切地对话。

爱老从不提出任何特殊的要求，在他病重的时刻，关于后事的安排，一句没说。在九十寿辰那一天，他也没讲多少话，更没有对自己进行任何评价。他，一个慈祥的老人用微笑回答着人们的祝寿，如果有人向他这边的座位望过来，爱老看到了，就会报以更灿烂的微笑。当时我发言只用了五六百字，因为在我前面已有四人发过言，我不用再重述爱老的生平，只能在祝辞中表达内心的情感，我父亲是 1917 年出生，爱老是 1915 年出生，我父亲也还在重病卧床，我的心情很自然地祈祷爱老健康。我说我祝愿他再活九十岁。

一般来说，我现在较多的是以年长者的身份与年轻的新闻工作者叙“忘年交”，而在与爱老的“忘年交”中，我又被称为“年轻一代”。于是有人问我：处在这样一个中间地带有什么感悟？我回答：知识需要一个积累过程，年轻人如果努力，他的知识积累可以很快，但阅历却不如老年人丰富。人的悲哀之处也就在这里，当经验丰富之时，却老之将至！如果年轻人与有智慧的长者勤于交往，三十多岁就可以有四十岁的人生体验，那他就可能取得更大的成功。而年轻人同时也可以把社会新的信息、对生活的热情传递给老年人。

在上一代和下一代人中，我都有忘年交的朋友。上一代人有爱老（爱泼斯坦）、汪老（汪道涵）等这样的老前辈。每当见到汪老，他就问："你又读了什么书？这本书有什么观点？""你的评论是什么？"我回答之后，他就再加评论，他还会告诉我或送我几本新出版的书。

说起和这两位老人的交往，我要提到一本叫《犹太人在中国》的画册。这本书是爱老写序，汪老题写书名。

我在上海工作期间接触到很多犹太人的故事，就想倡导出这样一本书。当我对爱老说了这本书的初步构想后，爱老马上说，应该做这件事，并慷慨地答应为之写序。这篇序是非常感人的。

爱老还在另一个场合仅用了十几分钟就向我讲清楚了犹太人四批次迁移到中国的背景，这使我在运筹这本书时就有了成功的预感。他又告诉我，有几位在中国牺牲的犹太人，他们的照片没有找到，很是遗憾。

他的伟大感动了中国

爱泼斯坦先生的居室里一直保存着毛泽东在延安时签名相送的石版画像，这幅画像寓意着主人和中国共产党人近70年的朋友关系。50年代，周恩来总理亲自批准爱泼斯坦加入中国国籍，从此，新中国就成为了他自己的国家。在他 70 大寿的时候，邓小平于人民大会堂为他举杯；80 大寿的时候，也是在人民大会堂，江泽民送上了祝福；90 大寿时，胡锦涛来到爱泼斯坦家中送上了插满鲜花的花篮。

有人说，为何一位老人的生日会牵动几代中国领导人的情感？是他的伟大感动了中国，感动了我们。他的伟大表现在几十年如一日的默默奉献中。70 年，他没有停止过工作，没有停止过思索。他对中国的思考是建立在以全球视角进行比较、观察和分析的基础上的。他对中国的贡献，他的工作成果是世界意义上的。我们对他的尊重是对他伟大精神的尊重。

中国新闻人的一面旗帜

爱老当之无愧是中国新闻人的一面旗帜！当他生命的最后一个美丽音符结束的时候，我考虑最多的是我们新闻工作者如何学习爱老，如何将爱老手中的火炬传承下去！

在我看来，新闻工作者最好认真读读他的著作，首先是读懂他的思想，再去读他表达的方式。这样就可以使没有机会接触到爱老的人，分享爱老的精神财富。在学习过程中，每个人都可以有自己的感悟，也可以让别人分享你的感悟。爱老事业做得好，是因为他热爱着中国，并热爱着人类；又是因为他勤于思考。中国有句古话："勤思之，明辨之。"这是他一生工作上的特点。他的语言朴实无华，尤其适合我们"向世界说明中国"时所提倡的"中国立场，国际表达"或"中国故事，国际传播"。

爱老有许多朋友，中国的、外国的，他都是认真对待他们，以诚相见，数十年如一日。说到这里，我就想起有这样一种情形：有些人与人往来，限于表面应酬，时间、精力、花费就白白付出去了，这对本来可以成为朋友的人是一种怠慢，应当保持联系的渠道。表达中国要有渠道，渠道要积累，还得善待，才能畅通，这些方面爱老也是我们的榜样。

学习爱老，自然要学习他的出色的知识积累、逻辑思维和语言艺术，除此之外，更重要的是要具有“人民立场”和“人民情感”，就像学习白求恩的毫不利己、专门利人的精神一样。

燃烧在爱情和战火中的文字

（《我最亲爱的洛蒂》序言）

结识格里斯特先生是在2002年10月。那年为举办“历史的记忆”系列活动，我去美国访问。随行的有曾任中华人民共和国驻休斯顿总领馆发言人的徐英同志。他把格里斯特先生的书介绍给我，我便成了出版此书中译本的推荐者之一。

格里斯特先生在第二次世界大战时期是一位年轻的美国军械师。1944年圣诞节前夕，他告别新婚仅4个月的爱妻，先乘船登陆印度，再飞越危险的“驼峰航线”，来到战火纷飞的中国。为了排解远方爱妻的孤寂和担忧，在17个月里，他写下并设法寄出了大量信件，包括大量根据所见所闻创作的漫画和速写。这些图文并茂的记述令人感慨良多。

本书仿佛让人们看到了一场场历史活剧。读者会感受到扑鼻的战争硝烟，亦会领略到中美军民并肩战斗的友谊与合作、勇气和幽默。他看到农民的艰辛、妇女的痛苦、耕地的水牛、尘土飞扬间上演的戏剧、路边卖糖人的小贩、来来往往的黄包车、令人应接不暇的通货膨胀，还有那碾出机场的石碾子。他发现国民党对“剿共”比对抗日更有兴趣，他目睹“抓壮丁”，他还看到国民党的“饿兵”如何乞讨。他记载了自己夜访一位嫁到中国贵阳小镇的美国才女的经历，也谈到罗斯福总统一家从祖辈起就与中国有交情。

通读译稿，觉得本书视角独特，图文并茂，情感丰富，内容厚重。我以为，此书对读者尤其对年轻读者会有吸引力。旧时中国的情景早已烟消云散，而格里斯特先生的文字和图画让人们又看到了过往烟云，回忆了历史沧桑。60 年前，由于空间距离，格里斯特先生对中国之种种颇有感触；60 年后的今天，读者也许会因为时间距离而同样感到一种冲击力。

过几天，格里斯特先生和夫人洛蒂就要来华参加纪念反法西斯战争胜利 60 周年的活动了。我期待着再次见到他们。

2005 年 8 月 24 日

附录：中外媒体眼中的赵启正

FULU: ZHONGWAI MEITI YANZHONG DE ZHAOQIZHENG

DEALMAKERS

Shanghai Express

Zhao Qiheng, vice mayor of Shanghai and chief administrator of its Pudong New Area — a 500-square-kilometer region stretching east of Shanghai to the East China Sea — spent a snowy day in New York recently, pitching his city to anyone who would listen. He was visiting the U.S. to talk to companies who may want to build a business in Shanghai, as well as to greet investors who might want to invest in infrastructure projects.

Zhao, a nuclear engineer and city planner, had a polished and persuasive rap, yet another example of the increased sophistication shown by Chinese officials trying to attract money and business to develop their country.

Clearly, Shanghai is central to China's economic plans. "The object of these investments will be to strengthen Shanghai's position as the engine of growth for China," says Zhao. The vice mayor expects to transform Pudong from farmland to what Zhao calls "another Manhattan."

The story behind Pudong is simple: The central government has chosen to build a new city. "There have been many problems and difficulties resulting from Shanghai's high pace of economic growth, which hit 15 percent in 1992 and 1993," explains Zhao. "The most serious one is that we have not invested enough money in infrastructure. We decided that to renovate an old city was more difficult than to create a new one."

Historically, efforts to attract foreign businesses to Shanghai have been immensely successful. By the end of February 1994, some 54 countries had invested almost $7 billion in businesses and projects. To support this growth, Shanghai plans to invest approximately $17.5 billion in infrastructure development by the year 2000.

Shanghai's Vice Mayor Zhao: Two lights shining are better than one

One of the key projects in the Pudong area, home to a new free-export manufacturing zone, will be the expansion of the Hongqiao International Airport to 26.5 square kilometers, five times its current size. The plans include a second 4,000-meter runway and the expansion of the airport terminal. That, city officials hope, will clinch their goal of making Shanghai rival Hongkong as the commercial center of East Asia. When asked whether Shanghai's growth poses a threat to the future of Hongkong, Zhao demurred: "Two lights shining are better than one."

In addition to the airport, Shanghai's infrastructure development includes 120 kilometers of inner and outer beltways for the city, a 40-kilometer subway, expressways to Nanjing and Hangzhou, a container terminal, and two bridges.

One bridge, the newly completed $285 million Yangpu over the Huang Pu river, is now the world's longest cable-suspension bridge, measuring 605 meters. It connects the old city with Pudong.

Although Zhao clearly relishes his starring role in the road shows designed to drum up investment interest in China, he also makes it clear that he is no pushover. He understands full well that China's market of about [illegible] billion people has an enormous appeal for international companies looking for growth.

"You know," he told an audience of bankers and developers recently, "a few months ago, the Canadians told me they had the best telecommunications in the world. But just yesterday, AT&T told me this may not be true."

Zhao gives the impression of analyzing investors, as much as investors are analyzing the possibilities for profit in China.

— F.R.

INFRASTRUCTURE FINANCE 7

徐建设一家终于找到了当年的“救命恩人”赵启正

（参见《迟到八年的谢意》一文）

赵启正在日本东京与香港动作明星成龙合影

（参见《中国在图片展上看到中日关系光明一面》一文）

西方主流媒体广泛报道赵启正批驳《考克斯报告》

1999年5月31日和7月15日，国务院新闻办公室主任赵启正两次面对中外记者批驳《考克斯报告》，驳斥考克斯的胡言乱语，澄清事实，引起国内外媒体的广泛关注。境外媒体对赵启正所作的发言和答记者问作了大量报道，通过他们的渠道，传达了中国的声音，取得了积极的影响。

一位中国官员的发言，能引发国际媒体的关注，令他们纷纷转载中方的声明并自己写出报道，这本身就是一种成功。同时也说明，只要我们敢于及时面对记者，拿出论据，理直气壮但是讲究方式，就能以理服人，引导国际舆论作出对我有利的报道。

随着中国国际地位的提高，今天西方主流媒体对中国的报道比过去充实、客观，这已经成为事实。然而，在1999年，中国面对的国际舆论环境远比今天严峻，西方主流媒体的态度远比今天恶劣，对我国的误解甚至歪曲远比今天严重，正是在这种情况下，赵启正登上新闻发布会的讲坛，及时地阐述我方的观点，以事实和数据反驳考克斯的胡言，特别是利用互联网当众展示《考克斯报告》中所谓中方从美国窃取的核武器技术在美国自己的网上根本就是公开的材料，取得了立竿见影的效果，在当时的形势下，这是难能可贵的。

两次新闻发布会西方主流媒体都作了报道，虽然他们的立场和角度不同，但他们都引用了赵启正的原话，英国广播公司如此，美国有线电视如此，美国之音如此，通讯社和印刷媒体更是如此。在此，摘取英国路透社和美国之音的两篇报道的少数段落，说明赵启正的批驳引起了西方媒体的关注，达到了对我有利的效果。

比如，英国路透社记者 Matt Pottinger 5 月 31 日的报道说："中国今天嘲讽美国关于中国窃取美国核武器秘密的说法，表示核弹头技术在图书馆和网上都公开存在。"

"内阁发言人赵启正告诉记者，七种核弹头的资料在美国早就公开发表了。这些资料根本就不是秘密，所以也不存在窃取的问题。"赵启正在对记者发表这番谈话之前，当众上网演示互联网上就有这种技术。

"在美国科学家联合会的网页上，他指着图标和资料，列举了《考克斯报告》中所涉及的有关原子弹的规格和系数。"

这篇报道说："这是北京对上周发表的长达 872 页的《考克斯报告》最为翔实的驳斥。"

美国之音记者 Roger Wilkison 在他的长篇报道中说："一位高级中国官员今天说中国自己研发了国防技术，没有必要偷窃其他国家的技术。"

"中国的内阁发言人赵启正用'荒唐''可笑'和'一派胡言'这样的词汇嘲弄了美国国会的一份报告。"对于报告的内容，"赵启正通过一位翻译予以否认，表示中国人民是一个勤劳智慧的民族，从来不需要靠偷窃别国的资料来发展自己的武器。"

该报道大段引用赵启正的原话，如"中国完全有能力独立发展任何一种高端国防技术。考克斯以及美国其他反华政客不顾事实，竭力贬低中国人民发展先进国防技术的创造能力。”

“赵先生说，中国没有必要偷窃任何东西。他说，美国核弹头和其他武器的蓝图是公开发表的东西，在互联网上可以直接看到。”

（树芝 编译）

因为“中国文化周”，联合国教科文总部一天来了1500人

（原载《大公报》1999年9月3日）

9月2日下午，中国国务院新闻办主任赵启正在塞纳河边的联合国教科文组织总部大楼作了题为《面向21世纪的中国人》的演讲。

他以二十多张幻灯片来演示不同时代的中国人，20世纪初的两个缠足妇女；20世纪末中国女足队员孙雯的临门一脚；中国的大家庭和小家庭；上海证券交易大厅；中国人对法国葡萄酒情有独钟。

倒数第二张幻灯片是新近出版的中文版《巴尔扎克全集》。赵启正说，巴尔扎克是有名的“中国迷”，并著有洋洋万言的论文《中国·中国人》。理解一个人不容易，理解一个民族就更难，赵启正向700多位来宾提起戴高乐将军的一句话：人和人之间的距离比地球和月亮的距离还大。他说，但我希望世界上不同国家、不同民族能够克服地理和文化上的距离，走得更近、走得更亲密。

赵启正说：“一个多月前，我到了巴尔扎克墓前，告诉他中文版全集出版的消息，告诉巴尔扎克，他的作品在中国的发行量已经远远超过了在法国的发行量，我想他会很高兴。”

赵启正演讲和回答提问的时间远远超过了预定的时间，与会者用长时间的掌声回赠。一位法国媒体的记者则称，赵启正像一位大使。

在赵启正看来，让外国人正确地认识中国是他的责任，他认为，各民族间文化的了解最为重要，不了解很难成为朋友。也许正是基于此种考虑，才有了此次“’99 巴黎中国文化周”。据说，9 月 1 日傍晚开幕的文化周当天的参观人数就超过了 1500 人，9 月 2 日上午人数又在千人左右。

“中国和中国人在这一世纪的变化巨大，是中国自有文字以来 3500 年中，任何一个世纪都不曾有过的，今后任何一个一百年恐怕也难有能与之相比的变化。”

赵启正说：“人类文化的相互影响是有益的，不同文化的互补是主要的，而它们的冲突是次要的，面对 21 世纪，中国人已经有了与全世界各国人民并肩前进的思想基础和物质基础，将以完全不同于 1900 年的观念与姿态进入 2000 年。中国人愿意在人类的进步中与全世界的人们携手前进，并期待着与法国人、欧洲人进一步开展更加卓有成效的合作。”

性情赵启正

(原载《凤凰周刊》2000 年第 16 期)

采访赵启正先生,不是件容易的事,作为国务院新闻办公室主任,他实在太忙了——去年在法国巴黎的“中国文化周”我有所耳闻,今年在华盛顿、纽约、洛杉矶、旧金山的“中华文化美国行”我则亲眼所见。他马不停蹄穿梭在国与国之间、城与城之间、各大小宴会与演讲厅之间,身边永远包围着记者、话筒、闪光灯,耳边永远充斥着各种各样尖锐甚至刁钻的问题。

抵美近半个月,我约他的专访时间迟迟未定,又刚好在几个不同场合听了他的演讲及答记者问,颇见风采,也借机有了更多感性认识。

赵主任思维敏捷而严密,表述清晰而富逻辑,或许这来自他主攻物理学的训练。在华盛顿演讲中,我举实例向他提问:“在美国街头采访,人们对于中国所知甚少,有美国年轻人竟说中国到处是庄稼地,妇女似乎缠足。赵主任对此怎么看?”赵启正先生答曰:“这更让我们体会到举办这样大规模文化推广活动的必要性、重要性。中国在发展。我们希望通过这样的活动把这种变化展现给美国,展现给全世界。”

赵主任亦坦诚直率,绝不拐弯抹角。有西方记者提出西藏人权问题,赵启正马上告诉他:“我说了你可能也不相信。那么,欢迎你到中国来,到西藏来，在那里你随便找几个人问，他们的回答你不应该不信。”

其实作为一名高级新闻官员，赵主任最为难得的是他身上十分性情的一面。在联合国总部会议大厅举行的中国民族音乐会上，安南秘书长作为主人，陪同赵启正先生一道欣赏，而作为记者的我，自然不想放过借此采访安南的机会。可惜当天大会保安十分严密，音乐会期间所有摄像机一律离场，安南的几个保镖更是寸步不离，贴身保护。虽然我的座位和主宾席只有一排之隔，却始终难以接近安南。音乐会结束，观众们在掌声中纷纷起身。看到安南携夫人已欲离去，我急得几次直想冲过保安的防线。这一切被赵启正先生看在眼里，他心领神会地冲我低低摆了两下手，分明告诉我：别急，时机未到。接着他转身和安南夫妇热情地谈论起刚才的音乐。这时，左边的保镖看到一名记者挤过来要采访安南，连忙过去制止。就在这瞬间的空当儿，赵启正先生异常敏捷却又十分优雅地跨前一步，为安南夫妇让出一条路，做了个手势：您请。这一来，刚好用自己的身体把右边的保镖挡在了背后，却把安南夫妇展现在我的面前。而当保镖们再度想履行他们的职责时，却发现并排走在贵宾通道上的安南秘书长、赵启正主任和夹在中间的我侃侃而谈，叫他们实在左右为难。而这一段对谈，被早就守候在会议大厅门口的我们的摄像师抢入了镜头，凤凰卫视成了这场被誉为“文化外交”的音乐会上唯一采访到安南的媒体。

（许戈辉）

中国在美国的巡回演出旨在交朋友

（原载《纽约时报》2000 年 8 月 23 日）

随着多年来抱怨中国在美国一直不公正地遭到中伤和误解，而今中国政府正开展一项公关和文化的巡回演出，旨在向美国人介绍中国。

这一活动是由中国国务院新闻办和文化部共同组织的，并由在华有大量投资的一些美国公司承担了部分费用。在两国关系发展的关键时刻，这次活动看来明显要在美公众中改善中国的形象。

下个月内，美参议院将对是否给予中国永久贸易地位进行投票，这将是中国完全加入 WTO 的最后一个障碍。而且中国官员似已意识到中国问题将成为美将举行的总统大选中主要的外交政策问题。国务院新闻办主任赵启正说，“美国选民应该了解我们，人民间的相互了解是双方关系发展的基础”“我希望有一天美国总统会说些中国的好话。这还要等 10 年、20 年或 50 年吗？不应该这么长时间吧，所以，我们带一点中国的东西到美国来让美国人看看”。

很可能中国的这次公关活动至少会有助于使中国变得仁慈一些，而这些国家在美国人心目中经常被描绘成恶魔，是一个充满恐惧的毫无生气的国家。

赵启正是新一代文雅的中国官员之一，他的兄弟是美国一所大学的系主任。西方的外交官对他的相对开放态度均印象深刻。

美驻华大使普里赫说，不管美国人对中国先入之见怎样，他们到这里来参观时所见的会是不同的。普里赫与赵启正于星期五为展览会共同主持新闻发布会。赵还说："我们两国关系间的障碍很大，这是因为距离遥远、偏见和我们处理问题时的思维方式的分歧。"

这次"中华文化美国行"活动将突出中国发展的积极一面以及中美两国间的关系（展览部分还包括克林顿 1998 年的国事访问）。两国间"真正的分歧"是十分明显的，但在中国文化的展览中并没有这部分重要内容，因为政府不同意。近几年中国的文学艺术界变得更加活跃且具有冒险精神，但是如果要在中国公开出售或表演，艺术家们必须对其作品中的政治内容小心谨慎。虽然稍微间接地违反政治的许多东西还被默许，但是越线的书或艺术展品仍被禁止，特别是如果这些东西很流行而为政府所注意的时候。中国所有的杂志和出版社均为国家所有。电影内容受到严格的审查。中国大陆作家、艺术家和导演最近一些十分令人振奋的作品已获得国际上成功的声誉，但是在中国仍是禁区。

在发布会上，赵启正对这种管制轻描淡写地说："中国有 8000 多种杂志，认为我们可以控制这么多，这是愚蠢的。"

此次活动的大多数资金来自美国公司，这些公司急切希望中国顺利加入 WTO，并向国际实业界开放中国巨大的市场。

展览会的名誉委员名单读起来像美国大公司的名人录，有美国国际集团、维亚康姆、通用汽车、时代华纳、波音等公司的主席。

北京的形象大师

(原载 *Asia Week* 2000 年 9 月 22 日第 1 期)

作为中国政府的公关总领，执策了江主席美国魅力攻势的赵启正个人背景非同寻常。赵是核物理学家，毕业于中国科技大学。其事业生涯的大部分时间都是在上海的党政部门度过的，而上海则是中国最主要的大都会。作为上海市副市长，他曾主持了以外资为主的浦东新区的开发。

1998 年，身为北京人的赵启正被调回北京，担任国务院新闻办公室负责人，从而成为中央政府的主要新闻发言人。记者们发现，自从赵接管国务院新闻办公室以来，官方信息的发布方式已发生了巨变。他不仅倍增了记者招待会的次数，而且敦促中方官员给记者提供更多的便利。他甚至还采纳了一些西方的做法，如非正式谈话不供发表等。赵还恢复了在官方记者招待会上使用英文的制度。

但是赵结朋交友、对外国人施加影响的最大创意还是那场历时二十余天异乎寻常的“2000 中华文化美国行”活动。该活动在时间上与江主席的纽约之行偶合，包括一场突出中国少数民族风情的时装表演、中国艺术与历史展、舞蹈表演、管弦乐以及儿童歌舞。艺术家们在纽约及其他八个美国城市进行了表演。

中国领导人长期以来一直抱怨美国的主流媒体对待中国不公正客观，

一门心思盯着中国的人权问题。他们还不得不忍受台湾上足了油的游说机器及其与美国国会的密切关系。据《亚洲周刊》方面的消息称，赵启正在最近所作的这些努力中没有依靠美国公关公司的帮助，尽管北京曾雇用 Hill & Knowlton 公关公司在国会对中国贸易权力进行年度审议时出谋划策。（如果国会如人们所预料的那样批准给予中国永久性正常贸易关系地位，那么以后就再也没有必要这样做了。）

当然，在形象战中中国绝非孤立无援。许多在华有业务的美国大公司都有内部或外聘的公关顾问向北京提供个案帮助。一些美国政界核心人物，如前国务卿亨利·基辛格，就曾在一些重要的美国论坛上为中国说话。据报道，“中华文化美国行”所花费的数百万美金有一部分就是一些活跃于中国市场的美国大公司负担的。

在江访问期间，赵启正深入虎穴，在华盛顿国家新闻俱乐部给 100 多个美国记者作了演讲。他的讲话老调重弹，强调了中美两国人民之间的长期友谊，也包含了一些抱怨之词：“美国主流媒体为什么要反华？美国为什么总是要干涉中国的台湾、西藏、宗教问题？美国到底能不能成为中国的朋友？”赵言辞颇坦率，但是这位中国的形象大师如果想更有效地传达信息的话，还得继续努力。

用智慧和文明开发西部

（原载美国《侨报》2000 年 11 月 16 日）

在成都参加“2000 · 中国西部论坛”的中国国务院新闻办公室主任赵启正在百忙之中，接受《侨报》记者高为采访。

高为（以下简称高）：中国西部很容易让人联想到美国的西部，中国的西部大开发与美国的开发西部有什么不同？

赵启正（以下简称赵）：这可是个用一本两本书也写不完的话题！中国和美国的西部开发首先是开发区域不同，美国的西部临海，有很多好的港口，而我们的西部没法相比；还有一个不同是我们的开发对西部各民族利益考虑得非常充分，不仅要让生态环境得到保护，还要让民族文化得到发展。我们的西部开发是用智慧和文明，特别是充分利用了在现代中国建立起来的新文明，使各民族的文化不仅可以得到保存，还可以发扬，得到融会贯通。

我有个“比喻”，亚太经济走廊是一路明灯，上海、台北、香港、新加坡等，距离合适，相互照耀。“路灯”嘛，个个都亮，都是天空上的明星，彼此照应，共同发光，浩瀚的星空能容纳无数的星星，但最耀眼的还是超大城市。美国西部大港口城市要参与亚洲开发也必然通过这条走廊。

高：您怎样评价上海《财富》论坛和西部论坛？

赵：不要比较。西部论坛是我们自己主办的，上海《财富》论坛是外国人办的，讨论的主题也不同。作为我们自己办的会议，已经非常不错了，成都能办这样的国际会议，也是一次质的飞跃。

高：西部论坛明年、后年还会办下去吗？

赵：视情况而定，现在还没有说每年召开一次。这个会是四川成都自己提出来的，现在还没有形成一种制度。

高：您希望海外媒体怎样报道西部？

赵：西部是个朴实的地方，海外媒体的报道应是朴实的。报道不要过分渲染西部开发指日可待，应报道西部的现状和中国政府对开发西部的战略决心等。

高：您在圆桌会议上的风趣、幽默成为会议的亮点。有香港记者称您为“中国首席公关”，您感觉怎样？

赵：我绝不是首席公关。这个词美国、香港的报纸用过，但我未同意，只是我在以往的工作中，接触外国政要、外国跨国公司领导多，参加国际会议比较多。中国懂得幽默的人很多，只是他们碰上了我，感觉比较好，仅此而已。

记：您用“你的信心＋西部市场＋政府优惠政策＝我们共同的财富”这个简单的公式，对中国的西部开发作了画龙点睛的概括，令人不忘！

赵：是吗？谢谢。

中国第一新闻官——赵启正

(原载《中国侨网》2001 年 5 月 17 日，本文略有删节)

活跃的国务院新闻办

近年来，在中国的政治生活和对外交往中，国务院新闻办的工作十分活跃。赵启正表示，作为中共中央、国务院统一管理对外宣传工作的办事机构，国务院新闻办要努力把一个团结、稳定、开放、繁荣的中国介绍给世界，使中国和世界更好地沟通和交往。

如何向世界说明中国？赵启正娓娓道来：

其一，编辑说明中国的书籍、杂志、音像资料、影片资料；不断举行新闻发布会，包括邀请各部部长，将来也许还要邀请各省省长直接出面，他们会讲得更清楚、准确。这种新闻发布会是有中国特色的。

其二，不断组织有关部门一起发布多种有关中国国情的白皮书。白皮书影响大，每次发布后，全世界主要的通讯社都及时报道，世界主要国家的许多机构甚至政府也会有所评论。白皮书尽量多说明事实，留下相当空间请读者自己评判，力求准确、朴素、及时。

其三，分析世界媒体对中国和国际重大事件的报道、评论，从中分析当前外国人对中国的理解深度和对国际问题的观点，从而指导中国的对外宣传工作，避免无的放矢。

其四，和世界各国驻京新闻官、记者以及外国主要媒体加强交往，除记者会外，还不定期地开一些吹风会和其他见面会，解疑释惑，介绍新情况。因为所有国家的人们绝大多数只阅读本国报纸，看本国电视，想让外国人知道中国，最好是让外国记者把中国的事情讲准确。

用了“说明”这个词

赵启正的热情、爽朗、健谈，感染着与他交谈的每一个人，言谈举止中透露出浓厚的学者气息。

他认为，各国对中国的了解远远没有达到应当的程度。一方面，中国开放得较晚，深入了解中国这样一个大国确实需要时间，另一方面，有许多西方媒体对中国误解很深，往往有意贬低中国，致使一些国家的读者对中国的许多基本问题的理解与事实不符。对此，就十分有必要把中国的历史、现状、政策原原本本地告诉世人。

存在着怎样的误会？赵启正说，比如中国并不存在西方所认为那样的西藏问题，存在的是达赖喇嘛叛逃后，他在世界上讲解出一个不真实的西藏问题。事实是，西藏在实行民主改革后，解决了上千年的奴隶制问题，这是具有非凡意义的，是人权的大解放。但在欧洲、美国却被说成是西藏人失去了人权。

赵启正说，每年来中国访问的大概有1000万人次，不到世界人口六百分之一。因此，只靠外国人访问也不能解决了解中国的问题。那么，就需要加强对外说明中国。

过往，人们习惯于说向世界“宣传”中国，而赵启正用了“说明”这个词，以免被外国人误译。对此，他解释说，英文的 propaganda（宣传）一词与中文“宣传”一词的正面意义相去甚远，是个贬义词。

到浦东怎么走?

在调任新闻办之前，赵启正做过二十多年的科研工作，后来又担任政府行政工作，没有做过专业的外宣工作。他说，非专业的外宣工作做过不少，但不够“专业”水平。

在上海时，赵启正不但分管浦东开发，还分管上海的外事工作。他见过很多外国首脑，比如加利、安南、叶利钦、希拉克、金泳三、戈尔，还有日本的多位首相。至于跨国公司的总裁们会见的就更多。赵启正坦称，与他们接触前，要准备功课，了解他们的背景、特点等。

每次与这些外国人交谈后，赵启正都用卡片记录下时间、地点、交谈的内容。他说他并不辛苦，使浦东能短期内扬名世界是许多人辛苦出来的，其中中国大小媒体的记者们功不可没。

当初，其实除了上海人，很多外地人并不知道浦东。赵启正谈起这样一件事:“1993 年，美国一位国内航空公司的总裁问我，到浦东怎么走?是乘飞机还是坐汽车？那时我们正在黄浦江外滩的和平饭店，江那边就是浦东。”1995 年，美国 AT&T 总裁艾伦先生送给赵启正一本纽约出版的世界分册地图，他在那上面看到了有“浦东”的一页，可是中国出的分册地图上还没有浦东的标记，由此可见我们对外开放宣传的成功及外国地图社的敏感。

赵启正说："这就是非专业的外宣工作。外宣的对象是外国人，要以准确的中国的实际告诉外国人，要用他们习惯的表达方式；决不能用我们的习惯去表达，否则一定失败。"

中国记者却在聊天

赵启正笑言，在上海时，每年收到的新年贺卡有700多张，而到了国务院新闻办，贺卡数量锐减，可见工作还需努力。赵启正提倡宣传工作要"内外有别"。也就是说，受众内外有别，受众所关心的问题、所要求解决的问题、阅读的习惯都要有所不同。比如，一篇文章原封不动译成几种文字，针对性就差了，因为受众不同。像日本人与英国人，对中国的了解就不一样。而同样是英语国家，加拿大人和美国人对中国的了解也不一样。

他特别指出，对外宣传人员要"内知国情，外知世界"。"内知国情"就是要知道中国的实际情况。"外知世界"就是要了解世界的进展、文化和对中国的经济、政治、文化应掌握相当的广度与深度，包括用得当的数字，否则宣传会失准，会干巴。当我们说这是世界第一，必须有充分的信息为根据。宣传的失准会令人误会到全部报道的可信度，实际上这是知识面不够和主观武断引起的。

对于中国记者，赵启正希望能够加强训练，特别是要有竞争力。他任职上海时，曾陪同澳大利亚总理基廷到浦东参加一个合资啤酒厂的开工仪式。他和基廷一走下主席台，不少记者一拥而上，争相提问，一些中国记者却在一边聊天。有一个像是中国记者的拿着录音机，挤不过来，于是，他伸出手帮那位记者拿着录音机。事后问是哪家报馆的，答案却是澳大利亚媒体的雇员。

赵启正“笨鸟先飞”

在20多年的科研工作中，赵启正阅读了许多外国文献，对外国人的叙述、表达方式很熟悉。后来在上海工作又接触了大量的外国人，现在从事外宣主管工作，可谓轻车熟路。

赵启正一直认为，中西方文化有冲突，但是可以协调，冲突为辅，互补为主。“对此，我是乐天派。”赵启正说。其实在他家里，就体现出这种融合。他的两个兄弟，一个是美国大学的系主任，一个是中国大学的系主任。他的父母都是大学物理教授，而他，是唯一脱离科学研究走入公务员行列的人。

1963年毕业于中国科技大学近代物理系后，赵启正在核工业部和航天部工作了20多年，一度是上海市最年轻的高级工程师，曾多次荣获原航天部、上海市劳动模范称号以及多项发明奖。后来走上行政工作岗位，担任过上海市委组织部部长、上海市副市长等职。去年，他出面驳斥诬陷中国盗窃导弹和核机密的《考克斯报告》时，他的科学知识背景，使他的发言逻辑清晰，对记者的提问对答如流。当时，内地和香港媒体报道热烈，并上了《国际先驱论坛报》头版头条。

赵启正说：“技术工作对我是一种朴素和实事求是的训练，因为面对的是物质和物质的运动，必须按自然规律来对待、研究，来不得一点主观主义，这对克服主观主义有好处。而行政管理工作，面对的是人和人的思想。科学研究不会与研究对象不和谐相处，而与人相处却没有这样简单的自然规律可以寻求，必须理解和以诚相待，因此也深感公务员的工作与原来从事的科研工作相比，有新的难度和新的艰巨性。科研工作和行政工作尽管对象不同，要干出成效，都要兢兢业业，都要有一种良好的精神状态和严谨的科学态度。”

适应这种角色的转换，有什么窍门呢？他谦称，“笨鸟先飞”。他常常晚上八九点钟才回家，每天阅读书籍和资料在 4 小时以上。他的办公室里摆放着一摞已发黄的旧报纸。那是他自己花钱买的，都是五六十年代的报纸。他说，想看看当时的语言与现在有什么区别。

（陶 岚）

迟到八年的谢意

（原载《解放日报》2003年2月7日）

大年初六，国务院新闻办公室主任赵启正在上海收到了一件特殊礼物：一只绒毛玩具小羊。这只“小羊”饱含了上海浦东居民徐建设一家三口的真诚感谢。“为了这一天，我们一家人整整等了8年。”徐建设说。

1994年12月20日晚上8时，冷雨纷飞，时任上海市副市长、浦东新区管委会主任的赵启正刚刚与新区残疾人吃过年夜饭，坐车经过浦东大道源深路口时，看见前面围了一堆人。司机陈树声经验丰富，说：“看样子是出了车祸。”赵启正说：“你快下车去看看。”一看，果然出了车祸：一名骑自行车的男青年倒在地上，皮夹克上全是血。

赵启正说：“赶快送他去医院。”陈树声把受伤的男青年扶起，赵启正拉开车门，一起将伤者放在后座坐好。小车迅疾驶向东方医院。

这名受伤男青年就是徐建设，当时是国家海洋局东海分局向阳红十号船员，骑车回家途中被一辆黄色客货两用车从侧面撞倒。

“那时下着雨，我被撞出了20多米远，腿骨开放性骨折，头上也破了好几个口子。”徐建设回忆说，“我不知道自己坐在赵启正副市长的车上，他问我家里的电话，我挣扎着说了，那时神智已经有些模糊，说的是一个分机号码。”

徐建设说的这个号码赵启正自然拨打不通，这时车已到东方医院，赵启正给伤员挂好号后，又与陈树声一起将伤员扶到外科急诊。在外科医生紧急抢救的时候，赵启正又找人设法联系上了徐建设的家人。

“我接到消息赶到医院的时候，赵副市长还在急诊室里等着。”徐建设的妻子孙爱华回忆说。

抢救很及时。医生说，徐建设失血过多，如果晚到 20 分钟，也许性命不保了。

当时，医生与孙爱华都没有认出赵启正来，直至一切安排妥当后，陈树声嘱托医生说：“赵副市长还有事要先走了，你们好好照顾病人。”大家这才反应过来。

8 年后的今天，徐建设已经是中国极地考察船“雪龙号”轮机长，8 年来的每一个 12 月 20 日，徐建设都在念叨着自己的救命恩人。

“可惜这 8 年时间里，我一直找不到机会面谢他，7 年冬天我都不在上海，大多数时候待在南极，每逢 12 月 20 日，我都在地球最寒冷的地方，为他默默祝福。”

6 日，在《解放日报》报业集团和上海新闻摄影协会联合举办的一次慈善活动中，徐建设全家与赵启正终于见面了。拥着热泪盈眶的徐建设，赵启正笑道：“你应该感谢东方医院的大夫，他们手脚很麻利，立刻组织抢救，还没有找我要押金。”

中国人能够做到

（原载《圣彼得堡晚报》2003 年 8 月 20 日）

很显然，圣彼得堡“中国周”的筹备和举行是一件具有国家意义的大事：有 300 人参加，投资 250 万美元，国务院新闻办公室主任赵启正亲自参加。今天赵启正主任在斯莫尔尼宫就中俄文化交流与合作发表了精彩的演讲，下午 5 点在马涅什中央展览厅参加了“中国周”暨《中国的世界遗产展》的开幕式。

此前，8 月 18 日赵启正主任还曾参加了“中国周”的新闻发布会。在会上，他饶有兴味地回忆起了他在学生时代所受到的俄罗斯文化的影响（确实，很难猜测这到底是多少年前的事，因为我们尊贵的客人显得十分年轻，很难让人相信他是一个老者），他说：“当时，外语就意味着俄语，外国电影就意味着俄国电影。肖斯塔科维奇的《第七交响曲》给我留下了深刻的印象，从中我更多地理解了你们这座城市。”早在少年时代，赵启正就从书籍和电影中知道了列宁格勒，但直到如今他才首次访问俄罗斯。在会上，赵启正主任介绍了改革开放 20 年来中国在新闻领域所取得的一系列重大成就。比如，改革 20 年来，中国媒体数量增加了十多倍（真是惊人）。现在，中国有 2000 多种报纸，8000 多种期刊，400 多个电视台，2000 多个频道，450 家广播电台用母语和 20 种外语进行广播。国务院新闻办公室主任强调指出，互联网在中国已成为信息传递的工具，有 6800 万个用户，47000 多家网站。有关中国媒体的状况，赵启正将从圣彼得堡赴莫斯科作演讲。随同他一起来到圣彼得堡的还有很多中国的记者，显然，有关“中国周”的消息将及时被传送回国内。

为了能让我们更多地了解中国，国务院新闻办公室花费了不少心思：向记者们散发了如此之多的书籍、画册和光盘（内容包罗万象，从统计数字、名胜古迹到 2002 年的国防），以至于我们都拿不动了。其中有一本书叫《中国水上旅游》，就我个人来说，我会首先去翻阅它。尽管圣彼得堡已有 70 多家中餐馆，但我们的目光已不再只局限于此了。

他们还向我们散发了俄语的《伙伴》杂志，这是特意为圣彼得堡“中国周”出的一本专刊，在倒数第二页上用字母注音的方式教说汉语，其中有一句话是：“我们俄罗斯欢迎中国朋友举办中国周活动！”

真是让人拍案叫绝。

赵启正笑言“班门弄斧”[1]

（原载香港《文汇报》2003年9月26日）

特写：人权过招中国应对美国

一直以来，人权问题是美国等西方国家攻击中国的惯用手段。国务院新闻办主任赵启正今天披露了中国与美国之间就人权报告问题展开的针锋相对的斗争，令香港传媒界高层人士访问团大开眼界。

赵启正介绍道，美国国务院每年都会发表一份《国别人权报告》，这一报告是针对全球100多个国家的，批评他国不讲人权，然而其中却没有美国自己人权状况的记录。

针对美国国务院发布的《国别人权报告》，中国不得不还击。赵启正指出，中国也开始广泛收集资料，每年都会发布《美国人权纪录》，署名中国国务院新闻办。该记录根据世界各大媒体的报道，记录了美国枪支管理问题、人权问题、社会吸毒现象等，并注明资料来源的出处，中英文都有，每年三月份写好，发布时间与美国发布《国别人权报告》的时间基本相同，材料即时上网。

赵启正风趣而自信地说：“每次看到美国发表（《国别人权报告》）

1 综合2003年9月26日香港《文汇报》有关报道，本文有删节。标题为编者后加。

了，我们也摁一下按钮，资料全部上网。”

这一针锋相对的做法引起了美国的不满。赵启正介绍，曾经有一位美国大使馆人士批评说：“你们写的都是报纸上的！”我们问道：“那你们写的都是哪里来的？”

赵启正还引述一则新加坡的精彩评论说，“美国和中国都不是真正关心对方的人权问题。双方不是同时做下去，就是同时停止”。赵启正亦坦言，确实如此。他说，我们中国还有一大堆的问题要解决，哪有精力关心美国的问题？

面对在座的香港传媒，赵启正突然灵机一动，说：“我看，以后我们可以给香港早点摁按钮，给香港传媒多点头条！毕竟我们和美国也有个时差问题。”在座的传媒高层均表示非常欢迎，更有人喊道：“哪怕早一天也行啊！”

中国：不蹈日本覆辙

国务院新闻办主任赵启正今日与本港传媒高层举行了亲切会谈。在谈到人民币汇率问题时，赵启正表示：“美国不要在大选之前找他们经济不振的替罪羊。”

赵启正重申，目前人民币应该保持稳定。他介绍，十几年前，日本受到美国压力，令日元升值，结果受了十几年的苦。自美国提出人民币应升值后，日本是继美国之后最积极的一方，但后来美国又说，日元也应该跟着一起升值，日本马上就不好说话了。

赵启正介绍，对于人民币是否升值的问题，美国和欧盟内部意见亦不统一。他表示，香港媒体也可以就人民币升值利弊问题展开讨论，据他了解，目前香港媒体认为人民币升值有好处的占少数。

赵启正笑言“班门弄斧”

“面对在座众多的传媒高层，讲新闻真是有些班门弄斧。”国务院新闻办主任赵启正今日与本港传媒高层会见时的开场白显得非常谦虚。赵启正表示，传媒对市民的导向性很强，建议各媒体能多研究内地发展和香港发展如何配合的问题，多多展望内地市场，为市民指路，相信对香港经济发展会有正面帮助。

展望内地市场

赵启正说：“舆论是反映大家意见的，任何人的看法不通过媒体报道，不能构成舆论。市民都是通过媒体感觉世界的，媒体报道得准确，市民掌握的信息就准确；反之，媒体报道偏激，市民也就会比较偏激。”

赵启正介绍说，中国内地市场将出现新“热”：“购房热”和“购车热”。内地市场庞大，购买力不断增强，很多配套设施和系统也亟须完善，在这些方面香港如何配合？如何寻找新商机？这是一个非常值得媒体探讨和关注的问题。

修筑青藏铁路成本极高

国务院新闻办主任赵启正今天在会见本港传媒界高层人士访问团时表示，达赖是分裂分子，我们坚决反对“藏独”活动，也不允许外国干涉，我们也不会通过外国与达赖对话。

赵启正指出，现在国家动用巨资，为西藏修铁路，但却遭到境外一些人的非议，认为破坏了西藏的自然环境。他表示，铺铁路一定要夯实土地以后再铺，而我们铺到有草原的地方，就将草皮一块一块切下来，存放到其他地方进行培育，等铁路铺好，再把这些草运回来，一块一块铺好。这样成本极高，但我们仍然坚持这样做，为的就是将铺铁路引发的环境影响，降低到最小。试问："世界上除了中国，有哪个国家这样铺铁路？"

花絮：主任工资不足四千元

国务院新闻办是本港传媒界高层人士访问团一行的最后一站。有访问团团员希望了解中国内地大学毕业生的工资情况，并要求赵启正主任介绍中国官员的薪金额。赵启正立刻叫起一位在座的女职员，并命令她如实反映工资情况："不能多说一块，也不能少说一块！"

该女职员介绍，她从大学硕士研究生毕业工作已经三年了，她的薪金分为两部分：一部分由国家财政部支出，共1400元；一部分是国务院新闻办发的，有800元，加起来每月收入2200元。

赵启正感慨道："我们公务员这些工资（少得）可怜啊，光靠国家支出，像她这样工作三年的同事只有一千多元。不过我要解释，我们国务院新闻办给的800元补贴，是正道来的，都是我们单位写稿出书后的稿费，发给职员作福利。"

据赵启正透露，连他这样一位参加工作已经40年的部长级官员，工资目前每月也不足4000元。据悉，内地公务员工龄工资每年只增加1元钱。这么低的收入，令在场的本港传媒高层瞠目结舌。

总统也洒常人泪

——赵启正接待奥地利已故总统克莱斯蒂尔访沪追记

（原载《人民日报》2004 年 7 月 16 日）

2004 年 7 月 6 日，只剩两天就将离任的奥地利总统托马斯 · 克莱斯蒂尔因病去世。消息传来，中国国务院新闻办公室主任赵启正不禁回想起当年担任上海市副市长时接待克莱斯蒂尔总统的一段往事。

1995 年 7 月 6 日，克莱斯蒂尔总统来华进行国事访问期间，20 日抵达上海。在时任上海市副市长的赵启正的陪同下，先参观了浦东开发区后，又来到了当年的虹口犹太难民居住区。

路上，赵启正副市长向客人介绍：20 世纪 30 年代到 40 年代，为躲避德国纳粹的残酷迫害，大批欧洲犹太人纷纷涌入中国上海。当时，不少国家都将犹太难民拒之门外，而上海则成为全世界唯一向犹太难民敞开大门的大都市。据记载，从 1933 年至 1941 年，上海先后接纳了 3 万多来自德国及德国占领地的犹太难民。除几千人转到第三国外，到 1941 年底，有 2.5 万犹太难民居住在上海。上海一地接纳犹太难民就超过了澳大利亚、加拿大、印度、南非和新西兰 5 国接纳犹太难民的总和。而当时的中国大片国土（包括上海）正处在日本法西斯的蹂躏之下，中国人民帮助犹太难民是承担了极大风险的。善良的上海人民将自己的安危置之度外，节衣缩食，尽其所能帮助犹太难民。对许多犹太人来说，“上海”一词成了“拯救”和“避难所”的代名词。

总统一行来到当年犹太人的摩西会堂旧址，这里已成为纪念馆。馆内展出了大量的犹太难民在上海生活和工作的照片以及他们的身份证等物品。赵启正介绍说，多年来，曾经在上海避难的犹太人及其子女不断地从世界各地来这里参观。其中有当年照片中的人物，也有他们的后代，特别是有一位身份证的主人，来到纪念馆，触景生情，恸哭不止。克莱斯蒂尔总统听了这些介绍十分感动。

赵启正进而谈到，战后的德国人敢于承认错误，德国勃兰特总理亲自到当年关押和屠杀犹太人的奥斯威辛集中营赎罪。德国人的这种态度得到了欧洲人民的谅解。然而在亚洲，却有人至今不愿明确承担责任，甚至还有人公开否认有过南京大屠杀。对于这种态度，中国和许多亚洲国家的人民当然不能接受。

克莱斯蒂尔说，当年奥地利维也纳当局也是德国纳粹的帮凶。他自己本人也多次代表奥地利向犹太人表示过忏悔。接着他讲了一个发生在奥斯威辛集中营里的动人故事。德国纳粹屠杀犹太难民采取抽签的方式，凡是拿到奇数号码的马上处死。一个有 7 个孩子的父亲抽到了判处死刑的号码，他可怜地请求免于一死，因为还有 7 个孩子等他抚养。这时，同被关押的一位犹太神父挺身而出，表示为了孩子，他愿意替这位父亲去死。他大义凛然换来了孩子父亲的生存，而他自己则被纳粹活活饿死。

当克莱斯蒂尔总统讲完这个故事时，天空悄悄下起了毛毛细雨。赵启正说："您看，我们今天讲的故事感动了上帝，他落泪了。"此时此刻，现场细心的德语翻译肖军告诉赵启正："总统哭了。"其实，在场的人都已经热泪盈眶。

离开摩西会堂旧址，赵启正继续对克莱斯蒂尔总统说，你是总统，也是一个有着同情心的常人。克莱斯蒂尔同意主人的评价，又补充道，他来自奥地利南部，而南奥人都富有激情。他在给一个妇女选民回信时曾经说过："不论是当选总统之前，还是在那之后，我都将是一个常人，不会因为当选总统而变化。"

这时，毛毛细雨变成了倾盆大雨，克莱斯蒂尔总统仍深深地沉浸在刚才的激动之中。回宾馆的途中，他从车窗看到路旁的市民，突然要求停车，向马路边上的人群走去，并热情地与他们握手。他边握手，边对赵启正说："这些是慷慨帮助过犹太难民的上海人的后代，我衷心地感谢他们。"当总统在锦江饭店下车时，才发现大家的衣衫已经被大雨淋湿。遗憾的是，由于当时是总统临时要求停车，随团采访的摄影记者没来得及拍下这一令人感动的场面，但克莱斯蒂尔对中国及上海人民的缱绻深情却让所有在场的人都难以忘怀。

（友　义）

上海机场劝阿翁

——赵启正回忆与阿拉法特的难忘接触

（原载《环球时报》2004年11月12日）

阿拉法特病逝的消息牵动了世界上许许多多的人。国务院新闻办公室主任赵启正的思绪也不禁回到了1991年12月23日凌晨。

在此之前几个月，苏联解体。阿拉法特大概是世界上受到震动最大的几位领导人之一。1991年12月21日，从苏联分离出来的11个加盟共和国在哈萨克斯坦当时的首都阿拉木图签署了成立“独立国家联合体”的协议。苏联剧变和“独联体”成立直接影响到巴勒斯坦解放事业的前途。阿拉法特急忙亲自赶往阿拉木图了解情况。当他乘坐向一个阿拉伯国家借来的飞机，从越南前往中国首都北京时，机组得到通知，北京因为降雪，飞机不能降落。于是，阿拉法特的专机于12月22日23时40分降落在上海虹桥机场。飞机加油，机组短暂休息后，又接到通知，大雾降临上海虹桥机场，飞机不能起飞。

“总统先生，飞机不能起飞”

经历过多次危险、此时心急如焚的阿拉法特不愿被一场大雾吓倒，他要求“以革命的名义立即起飞”。上海市外事办公室主任徐兆春上前劝阻未果。当时分管外事工作的副市长赵启正迅速赶往机场。雾越来越大，当他的汽车在23日凌晨3时抵达机场时，能见度低得连机场标志性的大门都看不清。赵启正一行摸进大门，立即赶到指挥塔。工作人员汇报说，这么大的雾，飞机确实无法起飞。况且，阿拉法特提出，既然飞机已经在上海加油，为了节省时间就没有必要再飞北京，而应从上海直接飞往阿拉木图。改变航线，上海机场虽然理解并愿意帮忙，但必须向有关方面申请批准。

鉴于这种情况，赵启正副市长与阿拉法特一见面，第一句话就说：“我是上海市副市长。总统先生，飞机不能起飞。”赵启正坚定的口气令阿拉法特不由得发问：“为什么？”赵启正回答说：“天气这么恶劣，如果是我们国家的领导人，比如江泽民总书记，他坐的飞机也不能起飞。”急于奔赴阿拉木图的阿拉法特又问了一句：“为什么？”赵启正直率地答道：“因为他是我们的领袖和同志。”

大概阿拉法特听出了中方对他的尊重之意，口气缓和了，说：“你不让我起飞，但我有个条件：你必须陪我聊天一直到起飞。”在场的中巴双方人员谁也没有想到，这一聊从凌晨3点开始，一直到上午10点。在机场聊天长达7个小时，这大概是机场交谈的最长纪录了。不难想象，这两位能言善辩的人物7个小时的谈话内容会多么丰富广泛。

鉴于当时的国际形势，长期得到苏联帮助的阿拉法特对苏联的变化，以及由此给巴勒斯坦解放事业带来的严重影响感慨万分。他十分关注苏联解体的原因。他向赵启正表达了对当时苏联领导人的强烈不满。他认为苏联领导人出卖了国家，忘却了历史。他还强烈谴责西方势力从外部推动苏联的垮台。他称赞中国领导人珍惜历史，认为中国人是有精神的。阿拉法特说，中国人的高贵精神不是用金钱可以买来的。

"我就是斯巴达克思"

随后，阿拉法特话锋一转，问道："斯巴达克思是什么人？"他自己回答说："是巴勒斯坦人。"又问："萨拉丁是什么人？"他再次自己回答说："他也是巴勒斯坦人。"他告诉赵启正副市长，他本人崇拜这两位历史上的巴勒斯坦人。斯巴达克思在古罗马领导了公元前 73 年到 71 年的起义，而萨拉丁领导了 12 世纪伊斯兰军队对十字军的抗击。阿拉法特说，这两个人都具有反抗精神，不向强权低头。他说："我就是斯巴达克思。我就是要坚持反抗外来压迫。"

两人交谈一个多小时后，阿拉法特的随行人员也参加了进来。后来，曾任巴勒斯坦驻华大使的穆斯塔法说："市长先生，我们都劝不了他。他已经一夜没有睡觉了。"赵启正请阿拉法特到机场附近的龙柏饭店休息，阿拉法特不同意。于是，阿拉法特的随行人员拿来毯子，为他铺在沙发上，但他仍然拒绝睡觉，而与赵启正继续促膝交谈。

天蒙蒙亮时，赵启正邀请阿拉法特到龙柏饭店共进早餐。阿拉法特问坐哪辆车，赵启正说："请坐我的车吧。"阿拉法特欣然同意。一名中方警卫坐到了汽车的前座上，紧跟着巴方的一名保镖也挤到前座上。于是出现了这么一个奇特的现象：一位国宾乘坐的汽车前座上，加上司机竟挤了三名彪形大汉。早餐时，细心的主人发现阿拉法特特别喜欢中国的蜂蜜，马上向他赠送了两瓶。阿拉法特则向赵启正回赠了一个瓷瓶。

早餐后，阿拉法特挽起赵启正的手臂，迎着东方的黎明，一同步出餐厅，沿着饭店草坪间的小路边走边谈。他说："我认为工作最重要，而睡觉相比之下就不重要。当初，我们决定推动'土地换和平'的计划，我的一些同事不同意。我就找他们一个一个地谈话，连续谈了三天三夜，直到我们终于取得了一致。今天我很高兴能与你畅谈。这比睡觉重要得多。"

"我等你到巴勒斯坦来"

上午10点，终于云开雾散，飞机可以起飞了。巴方改变航线的要求也得到了满意的答复。阿拉法特与好客的主人赵启正热烈拥抱。赵启正说："您的热情也激发了我，我一定尽力促进中巴友好事业。"阿拉法特先是称赞上海的美丽和上海人的好客，然后诚恳地说："我等你到巴勒斯坦来！"

不久，阿拉法特给赵启正寄来手书一封，对于在上海受到的接待表示由衷的感谢，并再次邀请赵启正赴巴勒斯坦访问。

回想到这里，赵启正似乎又看到了13年前那架腾空而起的飞机，载着充满斗争精神的阿拉法特飞向远方。

（黄欣然）

微笑着向世界展示中国

（原载《中国新书》2005 年第 2 期）

最近赵启正出了一本书，名字就叫《向世界说明中国——赵启正演讲谈话录》，里面可以说篇篇精彩，妙语连珠，可读性不亚于那些畅销书，深度与智慧的光芒却远远胜出，读来无疑是一种享受。为了能让读者朋友在第一时间了解这本书里里外外的故事，我们对赵启正进行了专访。

《中国新书》：赵主任，首先非常荣幸能有这个机会采访您，您的表达艺术我们都是非常钦佩的，我的第一个问题就是：现在许多政府官员出书，要么就在卸任之后，要么会在某一重大事件之后。您 1998 年上任，到现在正好第 8 年，为什么会选择这个时候出书，有没有什么特殊的考虑？

赵启正（以下简称赵）：有。我深感我们在向外表达中国的时候，往往忘了对象是外国人，而用中国的方式，这里包括用我们的思维，用我们的语言（不是指汉语，而是指我们的词汇和表达习惯），甚至不顾对方想知道什么，一味地输出，不注意对方的反应，那么效果就不会理想。

对外宣传工作，实际上是一个对话过程，即使是演说，也要知道人家想听什么，要事先有一个调研。演讲中也要注意对方的表情、会场的气氛，随时调整讲话的内容和语气。如果是小的会场，是即席发言，也要听人家说什么，你才能给人恰当的回应。外国人想知道的，和我们要说的，中间有一个交集，如果我们说得好，使外国人的兴趣进一步扩大，那这个交集就变大了。咱们谈话的目的，一是想让人知道事实、一个真实的中国。第二，我希望你能接受我的观点，也就是说我能影响你的思想。

由于我们的表达常常过于中国式了，外国人会不知所云，不知道你在说什么。我这本书不是专门写的，是多年积累的结果，如果计算起来，花的时间恐怕在1000小时以上。在几年前就有多位同志建议出书，但我一直觉得未必有那么好，可能会误人子弟。但后来几位有出书经验的同志认为这本书出来后可能对一些年轻人，或者从事对外交往的同志，在如何沟通和表达的问题上有参考价值。所以出版社就从资料目录中挑了这60篇，主要的目的就是以案例的形式提供一个如何与外国人沟通的参考。

《中国新书》：这本书推出后应该说反响非常之好，刚上市就连续加印，这些都在您的预期中吗？

赵：没有，因为我觉得读者面可能比较窄，但结果不是这样。我给你说个趣闻。有位女同志买了一本给她正上初三的儿子，孩子看了一篇《面向21世纪的中国人》，一开篇我就说："理解一个人不容易，理解一个民族就更难。颇受中国人尊敬的戴高乐将军曾说过，人和人之间的距离比地球和月亮的距离还大，但我希望世界上不同的国家，不同的民族，能够克服地理上和文化上的距离，走得更近，走得更亲密。"他就把这句话记住了，很适当地用在了作文中，结果考了全班最高分。她高兴之余，又买了几本，全家一人一本。她还说，现在中学的语文课本，培养孩子交流能力的课文非常少。本书可能提供一些课余的帮助。

老同志也有喜欢的。前上海市委组织部部长周克同志已经88岁了。他说了，不仅文章耐读，这本书每篇之后所附的点评总的来说也很有水平，有些点评可能有意对文章中的语句的逻辑关联不予点破，而给读者留有回味空间。读者这样广泛确实没有预料到。

《中国新书》：看过这本书或者听过您的演讲的人，都会被您的博学、机敏和幽默所折服，而您在上任之前好像并没有专门从事过新闻宣传工作，那么这种优秀的职业素养是如何形成的呢？您此前的经历对此有什么帮助？

赵：我担任上海市副市长时，负责外事，负责外贸，负责浦东开发，最多的时候我一天接待过13批外国人，我现在都不能想象是怎么安排的。在和外国人交往的过程中，我弥补了读书所不能得到的知识，体验了那些外国的政治人物、经济人物，或者记者，他们怎样表达自己的观点，或者说那些精英们的语言是什么样的。这样交往多了，就知道如何表达外国人才更容易明白。比如说，我向他们介绍中国政府决定以浦东开发为龙头，带动长江流域的经济发展……外国人不明白"龙头"是什么，是动力呀，还是大脑，还是先锋？于是我往往不大说龙头，而说以浦东开发为契机，带动周围地区进步。我还会这么说："中国在发展中，中国需要加强同世界的对话，政治的对话通过首都来进行，经济的对话通过少数大的经济城市来进行，中国目前还没有像纽约、伦敦、巴黎、东京、法兰克福那样的城市。要让上海成为那样的城市，就得加强建设，开发浦东就是这种建设的一部分。浦东就新加坡那么大小的地方，要把它建设成具有先进城市功能的新区。我们的飞机已经在跑道上了，愿意上飞机吗？"如此，已大体说明了为什么要开发浦东。

《中国新书》：现在各个部委都有新闻发言人，外交部主要谈国际政治关系，经贸问题有商务部，您却要从经济到政治、到文化、到环保样样涉及，这么多内容怎么准备，有什么诀窍吗？

赵：资料肯定是每天都要看的，现在有了网络就更方便了。我和日本 15 位议员座谈，每个人哪个大学毕业的，什么观点，我都清楚，所以一见如故。

《中国新书》：在一般人的印象中，有的政府发言人念发言稿，措辞官腔，语气生硬沉闷。而您给人的感觉却是非常亲切并且充满激情，您如何定位您的角色，您期望的理想状态是什么？

赵：咱们中国有句话，叫理直气壮。什么意思呢，这个“壮”是有信心，但不必是壮在表面。表面是理直气和，理直气顺，以理服人。你说“不”了，已经是很尖锐了，不一定要声色俱厉，理直气和地表达效果可能会更好。

《中国新书》：我看您这本书每篇文章后面都有专人作点评，或者新华社记者的，或者资深人士的，别人对您的表达艺术作了很多总结，比如开门见山，比如釜底抽薪等等，您自己怎么概括您的表达理念？

赵：我认为，第一，你要注意对象的背景，他是什么阅历，什么文化，要选择对方能够接受的方式；第二，表达的时候，要做到“中国的立场，国际的表达”，或者说“中国故事，国际传播”；第三，用通俗的语言来表达，而避免使用过于专业深奥的术语。这本书里唯一一篇用术语较多的就是驳《考克斯报告》，那是没有办法。我写过一篇主要是给农民看的预防“非典”的画册的序言，序言和解说都用初中以下的词汇。词汇用的范围要和对象相适应。

《中国新书》：您在对外交流的过程中，肯定会遇到对方怀有敌意的情况，这时候您怎么征服他们？

赵：我认识的哈佛大学的一位名教授，听说我要去华盛顿全美新闻俱乐部演讲，给我写了一封信，他说，你选择了一个非常危险的地方，应对不妥很容易失败。依他的经验，他有三条建议：第一，不能太意识形态化；第二，需要幽默，但不要勉强的幽默；第三，不要表现得过于聪明，记者们会决心打倒你。也就是说在答问场合不能感情用事，对方刺激你，你不能生气，一生气，你就不能正确地思考，这样的事我遇到过。在日本的一个国际论坛上，有个台独分子以一口流利的日语问我："你刚才说你们是亚洲和平的维护者，是吗？你们扩军备战要打台湾，台湾是你们的吗？"说完就坐下了。我说："你表达了观点，忘了提问题，但是，我还是要告诉你，台湾是中国的一部分，这是全世界都知道的。如同身体上的胳膊，有人要砍掉它，大脑不答应，身体也不会答应。任何一个国家，都有国防力量，在我们建设国防的时候，还有人说台湾要独立，我们会愚蠢到不发展国防吗？！"会后日本方面的主办者对我说，"这位提问者确实蛮横无理，你冷静的回答，令人不能不同意"。

（赵大恒）

中国批评美国干预以色列对华售武

（原载 BBC Chinese.com）

北京对美国干预以色列售卖武器给中国提出了批评，并且称事件损害了中以关系。

国务院新闻办公室主任赵启正是在接受以色列《国土报》采访时发表上述言论的。

他说："我们对美国的干预感到愤怒，这是美国霸权主义的又一个例子，这显然违反了国际法。"

赵启正还指出："我们对以色列（放弃对华售武）的决定表示失望，这对两国关系来说不能算是一件正面的事情。"

不过赵启正拒绝透露中国是否会要求以色列就毁约作出赔偿。

以色列在 1990 年代把一批"哈皮"（Harpy）无人驾驶飞机卖给中国，中国去年把飞机的一些零件送到以色列的制造厂商进行翻修。以色列表示，这是例行的维修工作。

华盛顿则反驳说，这是一次技术升级，并对此表示愤怒。

"哈皮"无人驾驶飞机由以色列国有企业"以色列飞机公司"生产。

以色列当局今年 6 月决定不会把无人驾驶飞机的重要部件交还给中国，并且向华府道歉。

《国土报》当时引述不愿表露身份的以色列国防官员证实，以色列同意没收这些部件，并将与美方签署备忘录，允许美国有权否决以色列向某些国家出售军事产品。

美国驻特拉维夫大使馆证实，美国和以色列双方正进行有关对华军售的讨论，但拒绝披露进一步细节。

早在 2000 年，以色列就在美国的强烈反对下，单方面撕毁了跟中国签订的价值 20 亿美元的预警飞机合同。

另一方面，赵启正在接受《国土报》采访时指出，英国广播公司（BBC）在过去有关中国的新闻报道经常是道听途说，而非按照事实。

不过他接着说："我必须指出的是，BBC 近来对中国的态度有改变的迹象。目前 BBC 新闻网在中国并没有受到封杀。"

中国在图片展上看到中日关系光明一面

(原载《日本时报》2005 年 7 月 30 日)

政治家热情握手，儿童欢呼雀跃，公众明星登台表演。上述日本人和中国人共度快乐时光的情景似乎与中日两国目前紧张的官方关系没有关联。而两国关系紧张正是中国在东京六本木新城举办图片展的原因。

中国国务院新闻办公室主任赵启正指出：“由于两国关系不好，我意识到我们有必要强调两国友谊更为积极的一面。”国新办是此次图片展的主办单位。他说：“这将帮助年轻人对中日友谊的未来更有信心。”

中日关系在今年早些时候跌至 30 年来的最低点，当时有数千中国人参加了反日游行。

中国人在一系列问题上对日本感到愤怒，许多问题与日本在 20 世纪上半叶侵略中国有关。这段历史使得两国关系难以修复。

赵主任指出：“两国间不只有战争，我们有很长的友好历史。必须从总体上看待中日关系，才能有准确的认识。”

香港动作明星成龙和在中超乒乓联赛打球的福原爱出席了开幕式。一些政治家也出席了开幕式，包括日本众议院议长河野洋平和参议院议长扇千景。

此次图片展纪念二战结束 60 周年，主题是“和平友好，共创繁荣”。

一些参观者也对图片展表示了怀疑。一位不愿透露姓名的日本老妇说：“如果你们看了这些图片展，你会觉得我们是很好的朋友。事实上两国间存在着很多问题。我怀疑这个图片展在多大程度上是真诚的。”图片展在森大厦的 52 层举行，展示了日本明仁天皇夫妇于 1992 年参观中国长城的图片以及日本歌星滨崎步和谷村新司在中国举行演唱会的照片。

本次展览将于 8 月 7 日结束。